国家自然科学基金面上项目（71672031）资助

解码中国情境下的

人力资源

管理强度

DECODING THE STRENGTH OF HUMAN RESOURCE MANAGEMENT IN CHINA

贾建锋　闫佳祺　唐贵瑶◎著

经济管理出版社

ECONOMY & MANAGEMENT PUBLISHING HOUSE

图书在版编目（CIP）数据

解码中国情境下的人力资源管理强度/贾建锋，闫佳祺，唐贵瑶著．—北京：经济管理出版社，2022.7

ISBN 978-7-5096-8637-9

Ⅰ.①解…　Ⅱ.①贾…　②闫…　③唐…　Ⅲ.①人力资源管理—研究—中国　Ⅳ.①F249.21

中国版本图书馆 CIP 数据核字（2022）第 133302 号

组稿编辑：赵亚荣
责任编辑：赵亚荣
责任印制：黄章平
责任校对：陈　颖

出版发行：经济管理出版社
　　　　　（北京市海淀区北蜂窝 8 号中雅大厦 A 座 11 层　100038）
网　　址：www.E-mp.com.cn
电　　话：（010）51915602
印　　刷：唐山昊达印刷有限公司
经　　销：新华书店
开　　本：720mm×1000mm/16
印　　张：16.25
字　　数：261 千字
版　　次：2022 年 9 月第 1 版　　2022 年 9 月第 1 次印刷
书　　号：ISBN 978-7-5096-8637-9
定　　价：60.00 元

推荐序

近年来，我国企业普遍认识到人力资源管理活动有助于塑造组织稀缺、难复制、难模仿的战略资源，进而形成竞争优势。越来越多的企业在人力资源管理实践中倾注了大量心血，投入了足够的资源支持，力求建立更加完善的人力资源管理体系。然而，随着外部环境日益易变、复杂、模糊和不确定，若人力资源管理政策未能被员工有效感知并形成共识，再好的人力资源管理政策也难以在实际落实中达到预期效果。在管理实践中，企业不仅应当重视制度本身的重要性，更应该强调各项政策实施过程的科学性，以及员工对于政策措施意义的有效理解与共享，如此才能使企业人力资源管理活动发挥最大功效。作为多年来持续探索人力资源管理理论与实践的研究者，我深感从过程观视角探究人力资源管理的相关问题具有更加重要的理论价值和现实意义。

2022 年，我在《赵曙明：我的人生感悟与管理观》一书中提到，进入 21 世纪后，随着外部环境发生重大变革，人力资源管理的改革也在进一步深化，人力资源管理对企业效益的作用过程和作用方式正被理论界和管理实践领域所关注与重视。特别是在 VUCA 时代，随着人工智能和大数据技术的普及，一味追求"哪些人力资源管理政策是好的"的组织管理已难以适应当下发展与变革的新节奏。因此，对于人力资源管理过程的关注，特别是该过程中员工对人力资源管理信息的理解和共享则显得越来越重要。我很高兴看到东北大学贾建锋教授团队和山东大学唐贵瑶教授所著的《解码中国情境下的人力资源管理强度》一书即将出版。该书通过关注过程观视角下的人力资源管理，探讨了中国情境下人力资源管理强度的内涵和特征，并在此基础上从人力资源管理强度与领导力的共建视角、人力资源管理强度对员工行为的塑造视角和人力资源管理强度对组织与员工效能的涌现视角，对人力资源管理强度作用机理与效能实现路径做出了非常翔实的阐述。

过程观视角下的人力资源管理研究中，如何将动态的管理过程进行具像化与量化是理论界亟须攻克的重要课题，也是管理实践领域关注的一大难点。为此，作者在展现企业实践调研结果的基础上，探讨了人力资源管理强度与不同领导风格的匹配作用，解析了人力资源管理强度对于组织与员工行为及效能的影响机制，并结合研究结论在发挥领导者作用、疏通信息传递渠道、优化人力资源选用育留机制等方面提出了具体可行的措施。在我看来，该书具有以下三大优点：第一，以扎实的理论深度，全面系统地解构了中国情境下的人力资源管理强度议题。该书深入浅出地剖析了中国情境下人力资源管理强度的特征，以及如何与领导力相互作用、如何塑造员工行为、如何影响组织与员工效能，为人力资源管理强度在中国情境下的实际应用提供了很好的理论指导。第二，以丰富的案例素材，生动形象地演绎了人力资源管理强度的作用机制。该书通过选取具有典型性和代表性的管理案例，帮助读者理解人力资源管理强度的作用过程，掷地有声地讲出了中国企业的管理故事。第三，理论结合实践，提出了富有建设性的管理启示与建议。该书在采用严谨的实证研究范式的同时，结合实证研究结果和中国企业现实，提出了针对性强和操作性佳的启示与建议以服务企业管理实践，这对于指导企业人力资源管理政策落地和人力资源管理过程优化具有非常强的借鉴意义。

本书作者贾建锋教授承担4项国家自然科学基金项目和1项国家社会科学基金项目，具有深厚的理论造诣，近年来深耕人力资源管理实践，积累了丰富的理论和实践经验。唐贵瑶教授以广阔的国际化视野、扎实的学术水平，近年来一直扎根于人力资源管理政策研究之中，致力于为我国企业人力资源管理发展建言献策。闫佳祺博士是人力资源管理领域的一位青年学者，具有较强的学术潜力。他们在本书编写过程中付诸了大量的心血，相信本书一定能对企业人力资源管理活动提供理论参考和实证支持。

习近平总书记多次强调企业的高质量发展意义重大。人力资源管理是高质量发展背景下激活我国企业内生动力的关键举措，是我国企业实现高质量和可持续发展的重要途径。作为人力资源管理的研究者，我们有责任、有义务同企业管理实践者一道，优化人力资源管理过程，促进人力资本价值的提升和转化，进而推动企业变革，以应对环境的复杂性和不确定性，实现企业的持续发展和员工自我价值的持续增值，用智慧和担当谱写新时代人力资源管理的崭新篇章。

南京大学人文社会科学资深教授、商学院名誉院长、

行知书院院长、博士生导师

2022 年 6 月 24 日于南京大学商学院

目　录

绪论篇

领导共建篇

行为塑造篇

效能涌现篇

绪论篇

讲好中国人力资源管理故事：
从人力资源管理强度谈起

【高强度人力资源管理系统助力海信创新战略达成】

1969 年，青岛无线电二厂成立，1994 年其正式更名为海信集团有限公司（以下简称海信集团），开始进入快速发展时期。置身于我国竞争激烈的电子信息行业，海信集团始终坚持"诚实正直、务实创新、用户至上、永续经营"的核心价值观和"技术立企、稳健经营"的发展战略，业务涵盖多媒体、家电、IT 智能信息系统和现代服务业等多个领域。为了打破跨国企业对高端市场的垄断，海信集团成立了技术、人才和薪酬特区（即技术研究中心），建成了国内较为完善的研发平台体系，包括应用基础研究中心、产品开发中心、工业设计中心、模具开发中心、检测中心、中试中心、数据信息中心、技术培训与学术交流中心和产学研合作基地（联合实验室和联合研发中心），并设有数字显示技术、智能多媒体技术、数字电视技术、光学投影技术、智能家电技术、移动通信技术、智能交通技术、网络安全技术、计算机技术、光电子通信技术和医疗设备技术等研究机构，此研发平台体系承担着海信集团核心技术与前端技术的孵化、新产品开发和产品结构调整的重任。在"技术立企、稳健经营"发展战略的引导下，海信集团作为国家首批创新型企业，始终居于以家电为核心的 B2C 产业前列，空调、电视、冰箱等产品销量在市场上遥遥领先，连续多年获得"中国品牌价值评价信息"自主创新品牌第一名，2020 年更是荣获"全国质量标杆企业"称号。与此同时，海信集团在智慧交通、精准医疗和光通信等新动能 B2B 产业的成绩也同样亮眼，牢牢占据着全国乃至全球的领先地位，城市智能交通市场占有率连续多年国内排名第一，产品和解决方案应用于全国 147 个城市。如今，家电板块与科技板块相得益彰，海信集团正在一步一步实现由传统"家电公司"向"高科技公司"的华丽转身。

在取得全国瞩目成就的同时，海信集团也十分重视人才的发展，强调"技术是根、创新是魂、人才是本"。海信集团构建了一套独特的、为创新战略服务的人力资源管理系统，为盘活企业中最重要的资产——人才提供了制度保障。海信集团的创新战略对人力资源管理系统产生了根本性和方向性的影响，使其具备了高强度的特征，形成了能够信息共享的"管理信号"，塑造了高强度的人力资源管理氛围。海信集团高强度的人力资源管理系统具有独特性、一致性和共识性三个方面的特征。

第一，在独特性方面：海信集团的人力资源管理政策内容清晰，而且在集团清晰而明确的战略导向下被切实执行。海信集团一直坚持将人才作为企业发展的创业之本、竞争之本和发展之本，实施了颇具特色的"人才特区制度"，并着力推动该制度的充分贯彻落实。在海信集团内部，研发人员的平均工资是集团人均工资的 3 倍以上，工资较高的甚至可以与副总裁级别的集团领导工资比肩。关于人才的选拔、使用，海信集团也坚持公平、公正、公开的原则，建立了科学的人力资源管理体系，使每一个有能力、有事业心的人都能在建设海信集团的事业中发挥自己的能力，实现自我抱负。海信集团的"人才特区制度"与一系列高强度人力资源管理系统的特征相吻合，即操作透明、便于理解，同时因围绕组织战略制定、受到高层支持和员工认可而拥有较高的合法性。

第二，在一致性方面：海信集团的多种人力资源管理措施均在明确的公司战略指导下，因而具有良好的内部一致性和协调性。举例来说，海信集团施行了"创新提案计划"，该计划涉及全体员工，鼓励员工在实际工作中发现问题、提出改善方案和创新计划。与很多企业"运动式""口号式"的全员创新计划不同，海信集团的人力资源管理措施保持高度的一致性，通过各项措施相互配合、一以贯之，将这项创新改善工程真正落地。这种人力资源管理措施间的一致性表现在以下三个方面：首先，在绩效考核政策上，创新提案的数量和质量都会列入员工表现的指标。员工每次提案都会获得相应的积分，作为考核的量化依据。其次，在奖励政策方面，海信集团采用物质与精神奖励"双管齐下"的做法，员工提出提案会获得相应积分，积分可以兑换现金或奖品表彰奖励，对于重大改善创新，集团还会考虑给予特别奖励。另外，海信集团还会定期评选优秀提案，举办"海信集团提案大赛"，设置创新提案一、二、三等奖以及优秀奖，获奖人的姓名、所在公司名称、提案标题都在海信集团内刊《海信时代》显著位置公示。最后，在选拔晋升方面，优先考虑和重用积极发现问题、提出改善方案、为企业创新提效做出重要贡献的员工。

第三，在共识性方面：海信集团的高层管理者与员工之间形成了高度共识。为了保证人力资源管理政策切实推行，海信集团主要采用了两种做法促使多方利益相关者形成共识。一是人力资源部门广纳贤才，吸收来自各职能岗位（如生产、研发、营销、战略规划等）的优秀员工加入人力资源部，保证人力资源部门制定的政策能够切实地"设身处地"和综合各方面的意见，不会因变成"空中楼阁"而难以落地。二是在人力资源政策出台之前广泛征求各方意见，重大机制的变化都会经过职工代表委员会讨论表决，"并不是企业老板想怎样就怎样，程序上都有规矩"。基于此，人力资源管理政策是由职能背景多样化的人力资源管理队伍经过严格讨论制定的，势必更容易促进政策在主要决策者与员工之间形成高度共识。

海信集团兼具独特性、一致性和共识性的高强度人力资源管理系统为创新战略的落地提供了人力资源保障，较高的人力资源管理强度在日常管理中更是有效发挥了与领导共建、塑造员工行为以及促进效能涌现的关键作用。

在人力资源管理强度与领导共建方面：高强度的人力资源管理系统能够促进员工和管理者之间建立一种稳定的信任关系，员工会在心中形成稳定的心理契约，他们信任领导并愿意按照领导所要求的方向努力。海信集团的领导者在日常管理中时常释放鼓励创新的领导行为，鼓励和认可员工的学习行为、钻研行为和创新行为，致力于为企业注入创新基因。在较高的人力资源管理强度下，员工能够充分理解组织和领导的期待，认为只要按照企业所要求的方向努力，便不会受到"亏待"。在海信集团高强度的人力资源管理系统与领导力的协同作用下，一大批勤于钻研技术研发难题、市场开拓手段、财务管理实务的员工在工作中主动学习、善于学习、根据企业战略方向有目的地学习。他们在不断提升自身知识技能的同时也得到了企业的重用，例如，有的从普通维修工人成长为子公司总经理，有的从普通的研发工程师成长为公司的科研专家。

在人力资源管理强度塑造员工行为方面：海信集团的人力资源管理系统围绕集团以创新、创业为导向的战略方针制定相关措施，并保障切实执行，在企业中成功创造了一种"强情境"或"强氛围"。在这种"强情境"下，员工在工作中如果发现改善工作的新方法、预判到未来的问题、出现工作说明书之外的新情况，往往会更加自信地主动改善现状，释放一系列主动性工作行为。以"海信日立"为例，一位驻外办事处经理在发现"与房地产企业建立稳定的战略伙伴关系并将海信日立在商用空调上的优势延伸到民用领域可能会成为企业新的利润增长点"这一商机后，受公司创新创业导向的人力资源管理制度的鼓舞，立刻积极主动向公司高层建议此事。公司高层非常重视，在经过分析调研后决定积极推进这一经营模式的确立，而这位办事处经理在整个战略关系建立的过程中也扮演了重要的推动者和协调人的角色。

在人力资源管理强度促进效能涌现方面：高强度的人力资源管理系统能够释放统一的信号，员工会对自己应该学习的内容有清晰的认识，从而更加关注知识和能力的提升。海信集团的人力资源管理系统通过对创新的鼓励释放出一致的管理信号，即创新是重要的，创新在企业中是受重视的，创新是海信集团的文化和导向。这种信号强度越大、越明确，员工也就越清楚自己应该加强哪方面的技能。例如，早在2008年，青岛海信宽带多媒体技术有限公司某研发工程师就认为，提高对新技术的敏感性必须经常性地直接亲身尝试、使用和体验最先进的产品，甚至包括生活中出现的新游戏、新应用。基于此，海信集团便建立了一个"新产品体验室"，让研发工程师有专门的场所和硬件条件去了解市场上的最新产品，甚至包括与自己从事的开发工作看上去"不搭边"的游戏、娱乐新产品，以供大家体验和讨论感受。实验室建立之后，研发人员对最新产品的操作系统、人机交互以及其他软硬件系统的特点展开分析。这样一来，大家在不断的讨论、分享和学习中提升了自身的知识技能，也提升了产品开发的效率。

从案例中可以看出，海信集团在创新战略的指引下，关注高强度人力资源管理系统的构建，着力提升人力资源管理系统的独特性、一致性和共识性。较高的人力资源管理强度有力地支持了创新战略的推行与落地，达到了与领导共建、塑造员工行为以及促进效能涌现的效果。基于此实践背景，本书将首先通过理论研究梳理人力资源管理强度的研究现状，并构建中国情境下人力资源管理强度的理论架构，重点从领导共建篇、行为塑造篇和效能涌现篇三大篇章入手，探讨中国情境下人力资源管理强度的实践应用和理论解释问题。

案例来源：

［1］冯梅，朱宇晴，周龙涛，李晓辉，陈楚．海"内"无双：海信式内部技术孵化与创新之路．中国管理案例共享中心案例库，2021.

［2］李鹏程．集团公司创业导向、人力资源管理系统强度与自主创新能力——基于海信集团的案例研究［D］．山东大学硕士学位论文，2014.

【问题缘起】

在管理实践中，随着组织竞争要素由物理要素向人力资源要素转化，人力资源管理措施对组织目标和组织绩效的作用日益凸显（Jiang 等，2012）。在此背景下，企业在人力资源管理过程中涌现出两类问题：一方面，企业倾注大量心血建立了一套完善的人力资源管理制度，但由于企业环境的动态性和不确定性，人力资源管理制度在实际落实的过程中往往难以令人满意；另一方面，考虑到企业内外部环境的动态性，企业的人力资源管理部门建立了符合各个时期不同管理需求的人力资源管理实践组合，但这又提高了管理的复杂性。那么，有没有一套完善的人力资源管理系统，既能够弥补制度的缺陷，又能体现管理环境的动态性呢？

有鉴于此，Bowen 和 Ostroff（2004）基于社会影响理论（Social influence theory），从动态整合视角出发提出了"人力资源管理强度"（The strength of human resource management，HRMS）的概念，这一概念弥补了上述人力资源管理实施过程中存在的不足之处，用于反映企业人力资源管理的整体实施情况。他们认为，人力资源管理不仅应当重视制度本身的重要性，更应该强调各项措施的实施过程及"人"在其中的作用（Bae 和 Lawler，2000），这样才能使人力资源管理的措施发挥最大功效。

基于 Bowen 和 Ostroff（2004）的研究发现，国内外学者进一步围绕"人力资源管理强度"这一概念，对其内涵及作用机制进行了深入的探讨与检验，为人力资源管理强度的相关理论研究与实践探索提供了理论指导和实证支持（Delmotte、De Winne 和 Sels，2012；唐贵瑶等，2016；Hauff、Alewell 和 Hansen，2017；贾建锋、周舜怡和唐贵瑶，2017；陈岩、张尧和马秋莹，2020；朱飞、章婕璇和朱曦济，2020）。本部分作为本书的开篇，将对"人力资源管理强度"这一概念进行全方位的审视，并试图对以下问题进行系统性的梳理：①什么是人力资源管理强度？②人力资源管理强度应该怎样测量？③哪些因素能触发人力资源管理强度？④人力资源管理强度具有何种效能？⑤中国情境下人力资源管理强度具有何种特征？⑥中国情境下人力资源管理强度的未来研究应怎样开展？

【研究现状】

1. 人力资源管理强度的概念

先前学者关于人力资源管理的研究多从整体、系统的视角出发，探讨各种人力资源管理实践措施之间的协同作用。这其中主要有两种观点，即普适观和权变观。普适观认为，存在一种最佳的人力资源管理实践组合，例如：营造较高的工作氛围、提高员工参与度等（Huselid，1995），这些人力资源管理实践措施对组织绩效的提高有着积极的作用，其适用性也能够得到很好的保证。进一步地，学者们将这些人力资源管理实践组合不断凝练和升华，提出了"高绩效工作系统"（High performance work system）的概念（Huselid，1995），并有学者系统研究了中国情境下的高绩效工作系统（苏中兴，2010；苏中兴和杨姣，2016）。权变观则认为，不存在一套适用于所有情境的人力资源管理实践组合，企业的人力资源管理应该依据不同的情境而改变（Gong 和 Chang，2008；Subramony，2006）。为此，学者们从不同的组织战略（程德俊、蒋春燕和戴万稳，2006；Chow、Huang 和 Liu，2008）、组织结构（Wood，1999；Wei 等，2008）等方面，对不同情境下的人力资源管理实践进行了深入探讨。

　　然而，无论是普适观还是权变观，都存在相应的不足。普适观过于强调人力资源管理的普适性，忽视了人力资源管理与组织环境的动态作用过程；而权变观过于强调人力资源管理的动态性，忽视了人力资源管理制度本身的重要性。为了弥补上述不足，Bowen 和 Ostroff（2004）整合了内容型人力资源管理实践和过程型人力资源管理实践，提出了"人力资源管理强度"的概念。他们认为，人力资源管理强度是指能够影响组织传递人力资源管理信息的效率，并创造高强度组织氛围的人力资源管理的一系列元属性。从人力资源管理强度的内涵可以看出，人力资源管理强度涉及人力资源管理过程中的一系列元属性，这一系列元属性的实现一方面能够帮助具体人力资源管理措施传递出有效的信息，另一方面将影响员工对这些信息的有效感知和共享。

　　Bowen 和 Ostroff（2004）提出的"人力资源管理强度"概念对于克服普适观和权变观两种研究视角割裂开来的局限性具有重要意义。人力资源管理强度强调了人力资源管理的相关措施能否被员工有效地感知与认可，并最终形成共同的信念与认同感。其关注的不仅仅是措施本身，还包括人力资源管理措施的实施过程，即人力资源管理的政策、制度等如何被员工有效地感知与认可（Hauff、Alewell 和 Hansen，2017）。因此，人力资源管理强度是一个评判人力资源管理系统综合质量的指标，不能简单按照字面意思将其理解成人力资源管理的力度、制度的严格程度等。与人力资源管理理论的普适观和权变观相比，人力资源管理强度更加强调的是成功人力资源管理系统的特征，并不过多涉及具体的管理措施，因而不仅能克服普适观视角下人力资源管理模式不够灵活的缺点，而且其对人力资源管理系统特征的描述能够为企业提供纲领性的指导，使管理者不必陷入权变观视角下过多的权变因素中，达到纲举目张的目的。

　　从社会影响理论出发，Kelley（1967）认为情境的强度一般会受到独特性（结果的影响显而易见）、一致性（在时间和形态上结果保持一致）和共识性（个体对于某一事件及其影响具有共同的认知）的影响。Bowen 和 Ostroff（2004）在 Kelley（1967）的研究基础上，明确了如表 1 所示的人力资源管理强度的三个维度，同时对这三个维度的定义做了详细的论述和更为细致的划分。

表1 人力资源管理强度各个维度的特征及具体内涵

维度	特征	具体内涵
独特性 （Distinctiveness）	可视性 （Visibility）	可视性是指人力资源管理的各项措施被员工感知到以及其本身公开透明的程度。其不仅受到员工对人力资源管理措施本身关注程度的影响，还会受到员工个体认知水平差异的影响。因此，有学者指出，增加人力资源管理活动的数量与扩大人力资源管理活动的范围对提高人力资源管理强度的独特性具有积极的作用
	可理解性 （Understandability）	可理解性指员工对于组织人力资源管理措施的可理解程度，即人力资源管理措施是简单的、清晰的和易理解的，员工知道某项人力资源管理措施操作的目的和方式
	职权正当性 （Legitimacy of authority）	职权正当性指组织成员需要承认人力资源管理（人力资源系统和人力资源管理的操作者）的合法地位，接受或服从人力资源管理所提出的要求和期望。合法权力的影响是一个知觉过程，即当人们知觉到合法权力时，他们才会按照权力持有者的要求去行动，因此简单的上下级关系并不能使下属对领导产生绝对的服从，而真正的服从需要让下属知觉到上级确实能影响到自己
	相关性 （Relevance）	相关性指员工认为人力资源管理措施与组织目标的实现是有密切联系的。也就是说，组织成员不仅认为人力资源管理措施支持战略目标的达成，而且有助于个体目标的实现
一致性 （Consistency）	充分性 （Instrumentality）	充分性指人力资源管理过程能够在员工的知觉中建立某一或某些清晰且牢固的因果关系，即当组织成员表现出人力资源系统所要求的行为时，与之相对应的结果（惩罚或奖励）就会紧随其后
	有效性 （Validity）	有效性是指人力资源管理信息能降低人们做出不准确归因的可能性。为了传递出有效的信息，并营造一种强情境，人力资源管理必须使其打算做的与实际做的保持一致。另外，如果组织成员看到人力资源管理者的言行是一致的，那么人力资源管理者将会获得他们的信任
	一致性 （Consistency of HRM messages）	人力资源管理信息的一致性是指在不同时期，渠道的差异并不能造成人力资源管理信息的失真。人力资源管理信息的一致性分三种：一是高层管理者所支持的组织目标和价值观与下属基于自己知觉所总结的组织目标和价值观之间的一致性；二是人力资源管理措施之间的一致性，从系统的观点出发，人力资源管理系统内部的各项措施之间需要相互补充和匹配；三是人力资源管理措施的稳定性

维度	特征	具体内涵
共识性 （Consensus）	共识性 （Agreement among principal HRM decision makers）	人力资源管理决策者之间的共识是指人力资源管理中的主要决策者意见一致。当人力资源管理决策者之间共享相同的愿景，一致地认同他们所做出的人力资源管理决策，且员工得到相似的人力资源管理措施时，组织成员对人力资源管理的理解更容易达成共识
	公平性 （Fairness）	公平性是指人力资源管理系统的公平性，其主要包括分配公平、程序公平以及互动公平。分配公平主要是指员工感知到的组织中收益与资源公平分配的程度；程序公平是指员工感知到的组织决策过程与结果分配中的公平程度；互动公平是指管理者真诚且开放地与员工沟通，尊敬员工的解释和意愿

2. 人力资源管理强度的测量

国内外一些学者尝试开发了人力资源管理强度的测量工具，对于推动人力资源管理强度研究进一步发展做出了贡献。目前，对于人力资源管理强度的测量，理论界主要采用指标法和李克特量表法两种形式，具体如表 2 所示。指标法是指通过测量不同来源对于人力资源管理实践的评分，进行差异性比较，生成人力资源管理强度测量指标。李克特量表法是指按照量表开发程序，开发人力资源管理强度测量量表。

表 2　人力资源管理强度的测量

测量方式	开发者	主要内容
指标法	Chen 等（2007）	主管和员工对于人力资源管理实践评分差值的绝对值
李克特量表法	Frenkel、Li 和 Restubog（2012）	3 维度，12 题项
	Coelho、Gomes 和 Correia（2015）	3 维度，15 题项
	Delmotte、De Winne 和 Sels（2012）	3 维度，31 题项
	Hauff、Alewell 和 Hansen（2017）	单维度，7 题项
	林新奇和丁贺（2017）	单维度，7 题项

目前，国内外较为常用的测量量表为 Delmotte、De Winne 和 Sels（2012）在 Bowen 和 Ostroff（2004）的理论内容演绎基础上开发的人力资源管理强度量表。该量表包括了 3 个维度、31 个题项，其中独特性维度包含 10 个题项，一致性维度包含 9 个题项，共识性维度包含 12 个题项，如表 3 所示。

表3 Delmotte、De Winne 和 Sels（2012）的人力资源管理强度量表

序号	维度	题项
1	独特性	人力资源部开展的工作完全符合我们的需要
2		人力资源部能够为企业带来较高的附加价值
3		在企业里，我能切身感受到人力资源管理措施的重要意义
4		人力资源部门出台的许多措施并没什么用处
5		我经常怀疑人力资源部门出台的措施是否有用
6		大多数员工不了解人力资源部门的真正职能
7		人力资源部门会定期把他们采取的举措向我们通报
8		人力资源部门经常"暗箱操作"
9		在整个企业中，大家都很清楚人力资源部门该干什么、不该干什么
10		在我们的企业中，人力资源管理人员一般都比较受大家尊敬
11	一致性	我们的人力资源部门采取的措施不能激励员工
12		人力资源部门不能积极地改善员工的行为
13		我们的企业中，实施的人力资源管理措施听着很好，实际不实用
14		人力资源部门开发的测评程序未能实现预期效用
15		人力资源管理措施的预期效果与实际效果有很大差异
16		我们的人力资源政策经常变动
17		各种人力资源管理举措释放的"信号"很不一致
18		人力资源部门出台的举措经常前后矛盾，产生严重冲突
19		在我们的企业中，人力资源部门不会"说一套、做一套"，所说的和所做的非常具有一致性
20	共识性	在我们的企业中，人力资源管理与各业务部门的管理协调一致
21		人力资源部门的成员能够就管理其他员工的方式达成共识
22		人力资源部门和高管层有共同的愿景
23		我们的管理层一致支持人力资源管理政策的实施
24		在我们的企业中，人力资源管理制度是人力资源部门和各级业务管理部门共同制定的
25		我觉得奖金和其他报酬的分配都很公平
26		我认为晋升是公平的
27		如果表现良好，我们会得到应有的赏识与奖励
28		我们的奖惩和绩效严格挂钩
29		人力资源部门在制定决策时，经常存在"偏心"的现象
30		某些员工会受到优待，因为他们和人力资源部门的职员有"关系"
31		我们企业的人力资源部门在制定决策时总是使用"双重标准"

虽然 Delmotte、De Winne 和 Sels（2012）的人力资源管理强度量表对其测量起到了积极的推进作用，但是该量表在实际操作中也存在两点问题：第一，该量表问项过多（共31个题项），当与其他变量共同构成研究问卷时，给填答者增加了工作量，容易造成填答者的倦怠，进而影响填答过程的认真程度，降低量表的测量信度；第二，该量表反向问题较多（共15个题项），反向问题涉及的人力资源管理相关问题较为敏感，虽采用匿名方式，并已告知仅供学术研究之用，但也不能完全消除填答者的顾虑，造成无法获得真实评分的可能。考虑到上述问题，有学者开始采用 Hauff、Alewell 和 Hansen（2017）开发的7题项人力资源强度量表对其进行测量（Yan 等，2019；贾建锋、赵雪冬和赵若男，2020）。Hauff、Alewell 和 Hansen（2017）开发的7题项人力资源管理强度量表发表于 *Human Resource Management* 杂志，在具有题项精简优势的同时，也能够全面反映人力资源管理强度独特性、一致性和共识性的特征，如表4所示。

表4　Hauff、Alewell 和 Hansen（2017）的人力资源管理强度量表

序号	题项
1	我知道企业的人力资源管理目标和实践
2	我理解企业的人力资源管理目标和实践
3	我接受企业的人力资源管理目标和实践
4	我的直接主管和人力资源部门在进行人力资源管理工作时遵循同样的原则与指导方针
5	我能够感受到所在企业的一系列人力资源政策带来的积极影响
6	我们企业的人力资源管理人员之间能够实现协调一致
7	我们的企业十分重视对人力资源管理工作的投资

3. 人力资源管理强度的实证研究

（1）人力资源管理强度的触发因素

深入挖掘人力资源管理强度的触发因素，对于构建高强度的人力资源管理系统具有重要的理论价值和实践意义。人力资源管理强度的触发因素可以归纳为以下四类：领导行为、人力资源管理实践、组织战略导向、组织成员互动。

A. 领导行为

领导行为是触发人力资源管理强度的一类关键变量。研究表明：第一，真实型领导有助于促进员工的沟通、维护组织公平正义，并且能够保持价值观与外在行为的协同性，从而提升人力资源管理的独特性、一致性和共识性，即提升人力资源管理强度（贾建锋、焦玉鑫和赵若男，2018）。第二，创业企业领导的创业激情传递出积极的情绪，使员工受到情绪感染，对于领导者的态度和行为能够有更加清晰的感知和理解（周键，2016）。第三，高层管理者的支持有助于塑造组织一致性氛围，从而提升组织成员对于企业政策的了解，并能统一执行，有助于人力资源管理强度的提升（Stanton 等，2010）。

B. 人力资源管理实践

人力资源管理实践是触发人力资源管理强度的又一类关键变量。研究表明，支持创新的人力资源管理实践有助于提升组织成员的创新能力和激发组织成员的创新意愿，有助于人力资源管理过程的独特性和一致性，促进企业高层对于创新达成共识，提升人力资源管理强度（王艳平、刘效广和张亚莉，2014）。同样地，García、Martín 和 Sánchez（2016）也发现，人力资源管理实践能够通过塑造共享氛围感知来实现人力资源管理强度的提升。

C. 组织战略导向

组织战略导向同样能够显著触发人力资源管理强度。Tang 等（2019）研究发现，市场导向型战略有助于在组织内形成以市场为关注点的共同认知，企业制定的满足市场需求的政策更加清晰可见，对于以顾客为中心的服务意识被广泛认同，决策者之间也能够达成共识，因此市场导向型战略有助于提升企业人力资源管理强度。

D. 组织成员互动

触发人力资源管理强度的最后一类变量为组织成员互动。研究表明，组织沟通质量（唐贵瑶等，2016）和社会互动（李鹏程、唐贵瑶和张丽敏，2018）能够显著提升人力资源管理强度，主要是因为较高的组织沟通质量和频繁的社会互动有助于组织成员对组织信息进行交流、理解，便于形成共识，进而有助于人力资源管理强度的提升。

（2）人力资源管理强度的作用效果

人力资源管理强度的作用效果主要包括近端影响结果和远端影响结果两个方面。

A. 近端影响

对于人力资源管理强度的近端影响，研究主要探讨了人力资源管理强度如何影响绩效要素、行为要素和情感要素。在绩效要素方面，人力资源管理强度有助于提升组织绩效（Cunha 和 Cunha，2004；García、Martín 和 Sánchez，2016）、工作绩效（刘继红，2012；陈岩、綦振法和唐贵瑶，2015；周键，2016）和创新绩效等（Cunha 和 Cunha，2004）。在行为要素方面，人力资源管理强度能够显著提升员工的积极行为，主要包括反馈寻求行为（凌森、余璇和张芸子，2021）、创新行为（林新奇和丁贺，2017；唐贵瑶等，2016；陈岩、张尧和马秋莹，2020）、组织公民行为（朱飞、章婕璇和朱曦济，2020；朱飞、郑晗和谢健乔，2020）和建言行为（贾建锋、焦玉鑫和赵若男，2018）。在情感要素方面，人力资源管理强度对于员工的情感要素具有显著的影响，如人力资源管理强度有助于提升情感承诺（Bomans，2013；Sanders、Dorenbosch 和 Reuver，2008）和来源于主管支持的感知（李敏、刘继红和 Frenkel，2011），以及降低员工的离职倾向（Li、Frenkel 和 Sanders，2011）。

B. 远端影响

在近端影响的基础之上，人力资源管理强度同时具有远端影响。Sels 等（2006）考察了小企业的人力资源管理强度，通过结构方程模型分析，发现人力资源管理强度对组织绩效的正向影响作用将分别通过员工离职意向和企业生产力这两个因素来实现。李敏、刘继红和 Frenkel（2011）的研究发现，人力资源管理强度正向影响主管支持感，且主管支持感部分中介人力资源管理强度与员工工作满意度和组织认同感之间的关系。Frenkel、Li 和 Restubog（2012）以中国制造型企业为研究对象，发现在企业的人力资源管理强度中，一致性这一维度将通过提高员工的组织公平感来降低其产生情绪耗竭的可能性。Pereira 和 Gomes（2012）运用回归分析的方法研究发现，人力资源管理强度与组织绩效正相关，组织氛围部分中介人力资源管理强度与组织绩效之间的关系。陈岩、綦振法和唐贵瑶（2015）对 6 家制造型企业中 526 名员工的实证研究发现，组织高强度的人力资源管理措施将通过组织承诺和工作满意度这两个因素来显著提高员工的工作绩效水平。Hauff、Alewell 和 Hansen（2017）进一步拓宽了人力资源管理强度的研究视角，通过分析德国企业的访谈数据发现，人力资源管理强度的作用不仅体现在员工承诺、组织沟通等绩效目标上，而且体现在人力资源管理系统本身的组成结构将影响人事成本、企业灵活性等绩效目标。

C. 匹配机制

人力资源管理强度与领导力和组织管理实践存在匹配机制。就人力资源管理强度与领导力的匹配机制而言，已有研究发现，变革型领导（Pereira 和 Gomes，2012；闫佳祺、贾建锋和罗瑾琏，2017）、授权型领导（Jia 等，2020）、悖论式领导（Jia 等，2018）与人力资源管理强度的匹配能够有效提升组织管理效能。就人力资源管理强度与组织管理实践的匹配机制而言，人力资源管理实践（Chen 等，2007；Russo、Mascia 和 Morandi，2015）、高承诺型组织（Yan 等，2019）、绩效考核质量（Bednall、Sanders 和 Runhaar，2014；Waheed、Abbas 和 Malik，2018）、组织共识（Bomans、Bos-Nehles 和 Bondarouk，2014）与人力资源管理强度的匹配对于发挥人力资源管理系统优势具有积极作用。

通过对上述问题的探讨，笔者相信大家对于人力资源管理强度这一概念已经具有了初步认知。管理领域的研究需要充分考虑情境因素，在跨文化的情境下部分研究成果并不具有普适性（Tsui，2004）。不同于西方的低情境文化，高情境文化在中国表现较为明显。在高情境文化背景下，沟通过程中只有少量信息能够通过编码清晰地传递出来，人们在相互的交往中更加注重"情境"作用，而忽视了"内容"本身，更加注重社会信任、关系评价以及关系建立等。因此，人们往往通过较为含蓄的方式进行相互之间的交流，久而久之对含蓄的信息较为敏感，个体也逐渐培养起了含蓄信息解读的能力。从信息传递的角度来看，企业人力资源管理信息的传递往往通过以下两种形式：一是规章制度；二是等级链中的直线领导（Delmotte、De Winne 和 Sels，2012）。虽然重视规章制度的现代企业管理理念和方式逐渐被中国企业采纳，然而受中国传统文化的影响，人际关系在中国企业的管理实践中仍扮演着重要角色，尤其是与不同层次员工直接相关的等级链中的直线领导，他们肩负着执行日常人力资源管理措施及传递人力资源管理信息的重要任务。因此，在中国情境下，员工会更加看重与关注等级链中的直线领导传递的人力资源管理信息。已有研究证实，中国情境下的领导比组织具有更强大的现实影响力（郑晓涛等，2008；段锦云和凌斌，2011）。相比西方低情境文化下的人力资源管理强度，高情境文化下的人力资源管理强度有望表现不同，因此建构中国情境下人力资源管理强度的理论框架就显得非常重要。

【理论架构】

1. 中国情境下人力资源管理强度的特征

高情境文化下的人力资源管理强度与西方低情境文化下的人力资源管理强度相比至少表现出三方面的不同，这使人力资源管理强度的特征更趋复杂。

第一，从人力资源管理强度的独特性维度来看，其主要指原因与结果之间的关系是显而易见的。在中国高情境文化下，员工在接收人力资源管理信息时通常并不完全出于对规章制度本身可视性、可理解性、相关性（这些都是人力资源管理强度独特性维度的重要特征）的认知，而是更多地表现为对领导"尺度"的把握或"意图"的解读，这将提高员工知觉中主观因素的力量，不同的员工可能运用不同的知觉分类去选择性地理解人力资源管理措施所传达的信息（Obeidat，2012），基于自身经验的选择性知觉将导致员工对于接收到的信息和周围的环境存在不一致的解释，从而形成各种不同的因果归因。

第二，从人力资源管理强度的一致性维度来看，其主要指原因与结果之间的关系不随时间和形势的变化而变化。人力资源管理措施作为一种情境刺激，人们总是在经历过之后才知觉到它的意义。心理学研究发现，人们处理相同或相似刺激的经历将决定他们对情境的回应方式，当唤醒条件保持稳定时，行为方式和行为结果也将保持稳定（Anderson，2005）。在高情境文化下，较为注重人情与关系，重人治而轻法治（Yama 和 Zakaria，2012），因此在人力资源管理的措施（打算做的）与实施结果（实际做的）之间会出现"因人而异"的情况（比如在员工职位晋升方面），从而不能有效地在员工的知觉中建立某一或某些清晰且牢固的因果关系。

第三，从人力资源管理强度的共识性维度来看，其主要指人们对原因和结果之间关系的看法是一致的。当人力资源管理决策者之间建立共同的愿景，做出一致的人力资源管理决策，并向员工传递相似的信息时，组织成员对人力资源管理的理解更容易达成共识。与西方国家不同，中国是一个情理社会，高权力距离和"等级"观念明显（Farh、Cannella 和 Lee，2006）。因此，与低情境文化下以制度和刚性实现秩序与管理规范不同，中国情境下，企业人力资源管理决策的出台不易在相关决策者之间形成共识，在向员工进一步传递这些人力资源管理信息时往往有不同的口径、分歧或议论，从而难以达成共识。

2. 中国情境下人力资源管理强度的未来研究

（1）个体特征视角

个体特征是一种潜在的定向的结构，其差异会导致不同的个体对人力资源管理信息的理解和表现不同。根据特质激活理论，个体的这种认知和行为会受到相关情境因素的影响（Lievens 等，2006）。因此，想要开展基于中国情境的研究，就应当探究中国的传统文化特征。传统性被认为是最能体现中国人价值观的一个概念（刘军、富萍萍和吴维库，2005）。在中国高情境文化下，具有高传统性的员工往往表现为传统社会所普遍强调的遵从权威、孝亲敬祖、安分守成、宿命自保等（Farh 和 Lin，1997）；反之则为具有低传统性的员工。由此可见，处于传统性这一情境下，企业中的员工有望对人力资源管理强度表现出不同的认知和反应。

以员工的自我效能感为例，具有高自我效能感的员工往往更有主动性和冒险精神，他们会积极寻求管理信息（Webster，2015）。然而，当企业中的员工普遍具有较高的传统性时（这在国有企业中尤为凸显），具有高自我效能感的员工会被认为是"不守规矩"的代表，这就使他们在"大胆尝试"的过程中有所顾虑，从而降低了对人力资源管理强度的正向影响。

（2）领导—成员交换视角

在中国高情境文化下，员工在接收人力资源管理信息时通常不是出于对规章制度本身的认知，而是更多地表现为对领导"尺度"的把握或"意图"的解读。因此，根据领导—成员交换理论，与领导建立良好关系的"圈内人"相比"圈外人"更能得到领导的信任和关照，如工作更有自主性、灵活性及更多的升迁机会和报酬等（任孝鹏和王辉，2005），而工作安排、晋升、报酬以及绩效奖励均是重要的人力资源管理措施。此外，由于交换关系的差异，"圈内"下属会比"圈外"下属更能感知到人力资源管理的有效性及其与自身的相关性，通过对自己的付出和回报进行比较，他们会感知到更多的分配公平（刘巨钦和易明，2012）；同样地，为了维持与"圈内"下属的关系，领导也会付出更多的努力使下属感知更多的程序公平（Erdogan、Liden 和 Kraimer，2006）。

从领导—成员交换视角出发，领导类型不同，其与员工的互动效果也存在差异。如中国企业往往受到传统儒家思想的影响，在企业管理过程中表现出家长式的领导行为。Farh 等（2014）将家长型领导分为仁慈型、德行型和威权型三个维度。仁慈型领导对员工往往表现出家长般的关怀，德行型领导更注重自己的职业操守，这两类领导者在与员工的互动中更加"亲民"，对员工更加包容，因此很容易与员工建立良好的关系（Reilly 和 Robinson，2009），而根据领导—成员交换理论，良好的关系将促进组织人力资源管理强度的提升。相反，权威型领导更注重自身的权威性，因此一旦员工犯了错误或者不合领导的意愿，就有可能受到批评，进而也就很难与员工建立轻松融洽的关系，最终不利于组织人力资源管理强度的提升。

（3）社会认同视角

员工的组织认同感以及主人翁精神直接影响着人力资源管理的实施效果，即当员工认为自己是组织的主人，并从内心上接纳组织时，就会对组织的人力资源管理信息有清晰的感知与认可。尤其是在中国高情境文化下，员工普遍对组织具有一种"家"的文化情结，十分看重"归属感"。原因就在于，在中国的传统文化中，家作为一种基本单元存在，会产生"亲朋友人关系网"及相应的伦理道德规范（王业立，2013），在这种集体主义文化的熏陶下，企业的管理文化也会受到影响。

从组织的管理模式来看，在深受家族文化影响的企业管理中（如家族企业），最有价值的信息往往只在具有血缘关系的家族内部传递，这将极大地阻碍高强度人力资源管理的形成，从而进一步增大组织管理模式对人力资源管理强度的负向影响。例如，当组织在人力资源管理活动中采取外包（如大量的员工培训活动由外部机构承担）时，深受集体主义文化熏陶的员工的组织认同感就会凸显出来，他们对于"外包"这种"外来者"会产生排斥心理，而这种具有负效应的凝聚力将阻碍高人力资源管理强度的形成。

从组织结构来看，严谨的组织结构形成了严格的决策机制及正规的信息传递途径，原则上有利于组织信息的传递。但在家族企业文化下，家族决策机制表现为非制度化，组织的决策往往是家族成员的决策，"族长"具有绝对的权威，这就使信息传递的随意性增大，进而不利于高人力资源管理强度的形成。尤其是在中国高集体主义文化的影响下，即便下属认同这样的决策，也同样不利于信息在组织成员间、领导与员工间流畅地传递，因而这种负向效应将进一步增强。

至此，相信大家已经对"人力资源管理强度"具有了一定的认识，接下来请大家进入领导共建篇、行为塑造篇和效能涌现篇，全方位地理解人力资源管理强度，品读中国人力资源故事！

本篇参考文献

［1］Anderson J R. Cognitive Psychology and Its Implications ［M］. London：Macmillan Press，2005：79-83.

［2］Bae J，Lawler J J. Organizational and HRM Strategies in Korea：Impact on Firm Performance in an Emerging Economy ［J］. Academy of Management Journal，2000，43（3）：502-517.

［3］Bednall T C，Sanders K，Runhaar P. Stimulating Informal Learning Activities through Perceptions of Performance Appraisal Quality and Human Resource Management System Strength：A Two-wave Study ［J］. Academy of Management Learning & Education，2014，13（1）：45-61.

［4］Bomans M，Bos-Nehles A C，Bondarouk T. Re-visiting the Conceptualizing of the HRM System Strength ［J］. Academy of Management Proceedings，2014，13（1）：13438.

［5］Bomans M. Unlocking the Black Box of HRM System Strength ［D］. Doctorial Dissertation，University of Twente，2013.

［6］ Bowen D E, Ostroff C. Understanding HRM - firm Performance Linkages: The Role of the Strength of the HRM System ［J］. Academy of Management Review, 2004, 29 (2): 203-221.

［7］ Chen S, Lin P, Lu C, et al. The Moderation Effect of HR Strength on the Relationship between Employee Commitment and Job Performance ［J］. Social Behavior and Personality: An International Journal, 2007, 35 (8): 1121-1138.

［8］ Chow I H, Huang J, Liu S. Strategic HRM in China: Configurations and Competitive Advantage ［J］. Human Resource Management, 2008, 47 (4): 687-706.

［9］ Coelho J P, Gomes J F S, Correia A G. Strength of The HRM System: The Development of a Measure ［J］. Journal of Industrial Engineering and Management, 2015, 8 (4): 1069-1086.

［10］ Cunha R C, Cunha M. Impact of Strategy, HRM Strength and HRM Bundles on Innovation Performance and Organizational Performance ［J］. SSRN Electronic Journal, 2004: 1-32.

［11］ Delmotte J, De Winne S, Sels L. Toward an Assessment of Perceived HRM System Strength: Scale Development and Validation ［J］. The International Journal of Human Resource Management, 2012, 23 (7): 1481-1506.

［12］ Erdogan B, Liden R C, Kraimer M L. Justice and Leader - Member Exchange: The Moderating Role of Organizational Culture ［J］. Academy of Management Journal, 2006, 49 (2): 395-406.

［13］ Farh J L, Cannella A A, Lee C. Approaches to Scale Development in Chinese Management Research ［J］. Management and Organization Review, 2006, 2 (3): 301-318.

［14］ Farh J L, Cheng B S, Chou L F, et al. Authority and Benevolence: Employees' Responses to Paternalistic Leadership in China ［M］. China's Domestic Private Firms. Routledge, 2014: 230-260.

［15］ Farh J L, Lin S C. Impetus for Action: A Cultural Analysis of Justice and Organizational Citizenship Behavior in Chinese Society ［J］. Administrative Science

Quarterly, 1997, 42 (3): 421-444.

[16] Frenkel S J, Li M, Restubog S L D. Management, Organizational Justice and Emotional Exhaustion among Chinese Migrant Workers: Evidence from Two Manufacturing Organizations [J]. British Journal of Industrial Relations, 2012, 50 (1): 121-147.

[17] García C N, Martín A F, Sánchez G G. The Views of Spanish HR Managers on the Role of Internal Communication in Translating HR Strategies into HRM Systems [J]. European Management Journal, 2016, 34 (3): 269-281.

[18] Gong Y, Chang S. Institutional Antecedents and Performance Consequences of Employment Security and Career Advancement Practices: Evidence from The People's Republic of China [J]. Human Resource Management, 2008, 47 (1): 33-48.

[19] Hauff S, Alewell D, Hansen N K. HRM System Strength and HRM Target Achievement—Toward a Broader Understanding of HRM Processes [J]. Human Resource Management, 2017, 56 (5): 715-729.

[20] Huselid M A. The Impact of Human Resource Management Practices on Turnover, Productivity, and Corporate Financial Performance [J]. Academy of Management Journal, 1995, 38 (3): 635-672.

[21] Jia J, Yan J, Cai Y, et al. Paradoxical Leadership Incongruence and Chinese Individuals' Followership Behaviors: Moderation Effects of Hierarchical Culture and Perceived Strength of Human Resource Management System [J]. Asian Business & Management, 2018, 17 (5): 313-338.

[22] Jia J, Yan J, Jahanshahi A A, et al. What Makes Employees More Proactive? Roles of Job Embeddedness, the Perceived Strength of the HRM System and Empowering Leadership [J]. Asia Pacific Journal of Human Resources, 2020, 58 (1): 107-127.

[23] Jiang K, Lepak D P, Hu J, et al. How Does Human Resource Management Influence Organizational Outcomes? A Meta-analytic Investigation of Mediating Mechanisms [J]. Academy of Management Journal, 2012, 55 (6): 1264-1294.

［24］Kelley H H. Attribution Theory in Social Psychology ［M］. Nebraska Symposium of Motivation Press, 1967: 213-254.

［25］Li X, Frenkel S J, Sanders K. Strategic HRM as Process: How HR System and Organizational Climate Strength Influence Chinese Employee Attitudes ［J］. International Journal of Human Resource Management, 2011, 22（9）: 1825-1842.

［26］Liao J, Wang L. Face as A Mediator of the Relationship between Material Value and Brand Consciousness ［J］. Psychology & Marketing, 2009, 26（11）: 987-1001.

［27］Lievens F, Chasteen C S, Day E A, Christiansen N D. Large-scale Investigation of the Role of Trait Activation Theory for Understanding Assessment Center Convergent and Discriminant Validity ［J］. Journal of Applied Psychology, 2006, 91（2）: 247-258.

［28］Obeidat B Y. The Relationship between Human Resource Information System （HRIS） Functions and Human Resource Management （HRM） Functionalities ［J］. Journal of Management Research, 2012, 4（4）: 192-211.

［29］Pereira C M M, Gomes J F S. The Strength of Human Resource Practices and Transformational Leadership: Impact on Organizational Performance ［J］. International Journal of Human Resource Management, 2012, 23（20）: 4301-4318.

［30］Reilly J, Robinson S L. The Negative Impact of Ostracism on Thwarted Belongingness and Workplace Contributions ［J］. Academy of Management Annual Meeting Proceedings, 2009, 44（1）: 1-7.

［31］Russo S D, Mascia D, Morandi F. Individual Perceptions of HR Practices, HRM Strength, and Quality of Care ［J］. Academy of Management Proceedings, 2015, 11（1）: 11022.

［32］Sanders K, Dorenbosch L, Reuver R D. The Impact of Individual and Shared Employee Perceptions of HRM on Affective Commitment: Considering Climate Strength ［J］. Personnel Review, 2008, 37（4）: 412-425.

［33］Sels L, Winne S D, Maes J, et al. Unravelling the HRM-Performance Link: Value-creating and Cost-Increasing Effects of Small Business HRM ［J］. Journal of Management Studies，2006，43（2）：319-342.

［34］Stanton P，Young S，Bartram T，et al. Singing the Same Song：Translating HRM Messages across Management Hierarchies in Australian Hospitals［J］. International Journal of Human Resource Management，2010，21（4）：567-581.

［35］Subramony M. Why Organizations Adopt Some Human Resource Management Practices and Reject Others：An Exploration of Rationales［J］. Human Resource Management，2006，45（2）：195-210.

［36］Tang G，Yu B，Chen Y，et al. Unpacking the Mechanism Linking Market Orientation and Corporate Entrepreneurship：The Mediating Role of Human Resource Management Strength［J］. Asia Pacific Journal of Management，2019，36（3）：593-614.

［37］Tsui A S. Contributing to Global Management Knowledge：A Case for High Quality Indigenous Research［J］. Asia Pacific Journal of Management，2004，21（4）：491-513.

［38］Waheed A，Abbas Q，Malik O F. Perceptions of Performance Appraisal Quality'and Employee Innovative Behavior：Do Psychological Empowerment and "Perceptions of HRM System Strength" Matter［J］. Behavioral Sciences，2018，8（12）：114.

［39］Webster J. The Missing Links：Cultural，Software，Task and Personal Influences on Computer Self-Efficacy［J］. International Journal of Human Resource Management，2015，26（7）：905-931.

［40］Wei L，Liu J，Zhang Y，et al. The Role of Corporate Culture in the Process of Strategic Human Resource Management：Evidence from Chinese Enterprises［J］. Human Resource Management，2008，47（4）：777-794.

［41］Wood S. Human Resource Management and Performance［J］. International Journal of Management Reviews，1999，1（4）：367-413.

［42］Yama H，Zakaria N. Inference and Culture：The Distinction between Low Context Culture and High Context Culture as A Possible Explanation for Cultural Differences in Cognition［C］. Paper Presented at the 34th Annual Meeting of the Cognitive

Science Society, 2012, San Francisco, California, USA.

［43］Yan J, Luo J, Jia J, et al. High-commitment Organization and Employees' Job Performance ［J］. International Journal of Manpower, 2019, 40（7）：1305-1318.

［44］陈岩，綦振法，唐贵瑶. 人力资源管理强度与工作绩效关系的实证研究［J］. 华东经济管理，2015，29（12）：151-157.

［45］陈岩，张尧，马秋莹. 人力资源管理强度能够提升员工创新行为吗？基于服务业企业的研究［J］. 中国人力资源开发，2020，37（3）：31-42.

［46］程德俊，蒋春燕，戴万稳. 所有制特征、人力资源战略与企业绩效：战略柔性的视角［J］. 南大商学评论，2006（1）：61-74.

［47］段锦云，凌斌. 中国背景下员工建言行为结构及中庸思维对其的影响［J］. 心理学报，2011，43（10）：1185-1197.

［48］贾建锋，焦玉鑫，赵若男. 真实型领导对人力资源管理强度的影响——员工建言行为的中介作用与组织政治知觉的调节作用［J］. 东北大学学报（社会科学版），2018，20（4）：46-52.

［49］贾建锋，赵雪冬，赵若男. 人力资源管理强度如何影响员工的主动行为：基于自我决定理论［J］. 中国人力资源开发，2020，37（3）：6-17.

［50］贾建锋，周舜怡，唐贵瑶. 人力资源管理强度的研究回顾及在中国情境下的理论框架建构［J］. 中国人力资源开发，2017（10）：6-15.

［51］李敏，刘继红，Frenkel S J. 人力资源管理强度对员工工作态度的影响研究［J］. 科技管理研究，2011，31（19）：147-150，161.

［52］李鹏程，唐贵瑶，张丽敏. 中小企业人力资源管理系统强度的影响因素和作用结果研究［J］. 中国人力资源开发，2018（8）：6-16.

［53］林新奇，丁贺. 人力资源管理强度对员工创新行为影响机制研究——一个被中介的调节模型［J］. 软科学，2017，31（12）：60-64.

［54］凌森，余璇，张芸子. 人力资源管理强度对科技企业知识型员工创新绩效的影响［J］. 科技进步与对策，2021：1-8.

［55］刘继红. 人力资源管理强度对主管支持感及工作结果影响的研究［D］. 华南理工大学硕士学位论文，2012.

［56］刘巨钦，易明．中国家族企业领导—成员交换和组织公平感的关系实证研究［J］．软科学，2012，26（9）：127-132.

［57］刘军，富萍萍，吴维库．企业环境、领导行为、领导绩效互动影响分析［J］．管理科学学报，2005（5）：65-72.

［58］任孝鹏，王辉．领导—部属交换（LMX）的回顾与展望［J］．心理科学进展，2005（6）：86-95.

［59］苏中兴，杨姣．让员工更加投入的工作：对高绩效工作系统影响组织绩效内在机制的检验［J］．中国人力资源开发，2016（1）：67-72，79.

［60］苏中兴．转型期中国企业的高绩效人力资源管理系统：一个本土化的实证研究［J］．南开管理评论，2010，13（4）：99-108.

［61］唐贵瑶，魏立群，贾建锋．人力资源管理强度研究述评与展望［J］．外国经济与管理，2013，35（4）：40-48.

［62］唐贵瑶，于冰洁，陈梦媛，等．基于人力资源管理强度中介作用的组织沟通与员工创新行为研究［J］．管理学报，2016，13（1）：76-84.

［63］王艳平，刘效广，张亚莉．人力资源实践、人力资源系统强度与创新氛围关系研究［J］．科研管理，2014，35（1）：109-116.

［64］王业立．基于差序格局文化的民营家族企业人力资源管理研究［D］．复旦大学硕士学位论文，2013.

［65］闫佳祺，贾建锋，罗瑾琏．变革型领导的跨层级传递与追随力：人力资源管理强度和企业性质的调节效应［J］．科学学与科学技术管理，2017，38（10）：147-157.

［66］张笑峰，尚玉钒，李圭泉，等．中国企业一把手"领袖化"过程：领导权威形成机制的探讨［J］．南开管理评论，2015，18（3）：4-12.

［67］郑晓涛，柯江林，石金涛，等．中国背景下员工沉默的测量以及信任对其的影响［J］．心理学报，2008（2）：219-227.

［68］周键．创业激情对创业成长的影响及作用机制研究［J］．科学学与科学技术管理，2016，32（12）：82-91.

［69］朱飞，章婕璇，朱曦济．人力资源管理强度影响服务导向组织公民行为的实证研究——组织承诺的中介作用和象征性雇主品牌的调节作用［J］．中

央财经大学学报，2020（12）：106-114.

[70] 朱飞，郑晗，谢健乔．"有里有面才有效！"人力资源管理强度和雇主品牌对服务员工态度和行为的影响实证研究 ［J］．中国人力资源开发，2020，37（3）：18-30，42.

领导共建篇

人力资源管理强度与授权型
领导的共建机制

【中电科 SS 所的人力资源管理与授权型领导共建策略】

中国电子科技集团有限公司（以下简称"中电科"）SS 所成立于 1949 年，全所占地面积达 230 多万平方米，是我国电子系统工程领域规模最大的综合性高科技研发基地。陈部长在 1988 年大学毕业后加入中电科 SS 所，先后从事产品研发、生产和管理工作，积累了大量的产品研发和项目管理方面的专业技能。2010 年，陈部长晋升为装备部部长，从一位单打独斗的技术专家成长为一名领跑整个部门的管理者。

陈部长深知，装备部整体员工的工作激情不高并不只是员工自身的原因。为弄清楚具体原因，还需要倾听员工的真实想法。想及此处，陈部长立即召开了一次员工心声倾听大会，并在会上鼓励大家畅所欲言。刚开始大家都比较拘谨，不敢说出真实的想法，但随着会议的气氛逐渐轻松，大家逐渐放下了心中的顾虑。员工向陈部长反映：部门的管理模式太传统刻板了，每项工作都要依据严格的流程，虽然按照工作流程比较规范，但是遇到不确定的突发问题时，就不知道该怎么做了，也不敢按照自己的想法做，因为一旦做错了还要负责任。陈部长对此表示：要想调动大家的主动性，还是要下放权力，为大家赋能，让大家都能有用武之地。权力下放最根本的制约因素应该是组织结构，目前职能型组织结构过于机械和迟钝，员工处于权力的底层，没有足够的自主权，在工作中面对不确定的突发问题时会被动无力。于是陈部长采取了以下措施：

第一，在行政单线模式下，衍生出项目线模式，从专业融合和业务融合两个维度对相关职能部门的组织结构进行调整，构建了动态矩阵式团队模式。为保证部门间工作的协调开展，增设了工程化改进、科技委和综合保障产业发展三个专业领域研究组，形成了完备立体的"铁三角"，纵向贯穿产品全生命周期。这在一定程度上缓解了团队成员间协调沟通的问题。自采用动态的矩阵式管理团队模式以来，团队的信息传递方向从"自上而下"改变为"自下而上"，极大地缩短了团队成员沟通的信息链，同时加快了团队整体反应速度，也使成员之间的信息共享更加快捷。以前完成一个同样难度的项目需要几个月，现在只需要几天，极大地提升了项目完成的质量和效率。更重要的是，通过对组织结构进行调整，员工获得了更大的工作自主权，对工作任务有了更多的责任感，也由以往的被动接受工作任务的状态转变为更愿意主动寻求和承担工作任务的状态。

第二，装备部形成了一套较为完善的能力评价流程。首先，员工可以按照"个人提议+组织推荐"的方式对能力的等级（包括A、B、C、D四个等级）进行预评价，并提供相应的能力成长证明材料。其次，装备部会建立"领导+技术专员+领域专家+管理人员"的能力评议团队对能力分值进行审核评议；在能力审核评议之后，部门会将能力审核评议结果反馈至本人确认，并根据确认情况不断更新相应的能力数据图谱，从而对人员能力成长情况进行月度盘点迭代。最后，部门会基于月度分析报告，帮助员工分析不足，引导员工不断提升能力。这套完善的能力评价流程开启了装备部管理创新的又一里程碑，不仅实现了员工能力的显性化与定量化，也极大地激励了员工学习新技术和培养新能力，这都更好地帮助了装备部员工的成长与发展。

第三，将员工考核方式进行彻底革新。装备部开始把员工扮演的工作角色、员工能力以及岗位任务完成情况这三个维度纳入贡献考核评价中，将绩效划分为作用绩效、责任绩效和基本绩效三部分，形成多元化的贡献评价机制。作用绩效衡量的是员工从事的角色外工作的情况，若员工承担的角色外工作增多，就可以获得相应的作用绩效。责任绩效通常以能力量化模型评价为基础，衡量员工承担重大任务的贡献情况，具体来说，员工的贡献情况会以能力点积分的形式来体现。基本绩效衡量的是员工完成任务的贡献情况，与传统的任务贡献测量方法不同的是，陈部长创新性地提出了"当量"这一概念来测量任务贡献，并按照任务的紧急性、难易程度、重要程度进行比例核算，例如，将出差任务分为三类：第一类是重要程度高、对员工的能力要求高的任务；第二类是紧急性强、对员工的能力要求较高的任务；第三类是较常规、对员工的能力要求一般的任务。不同任务类型具有不同的当量系数，并基于此建立公开透明、明码标价的任务物化评价形式。进一步地，陈部长根据岗位价值、个人贡献和承担重点任务的情况，采用"绩效分档、人员分类"的模式，将员工分为领军型、骨干型和工程型三种不同的类型，最终，通过优化薪酬分配结构，针对不同类型的员工实现差异化绩效激励模式。

从案例中可以看出，中电科 SS 所引入了先进的管理理念，通过调整组织结构和优化人力资源管理流程，真正实现了对员工的权力下放，激发了员工的主动性。基于此实践背景，本部分将通过理论研究探讨组织人力资源管理如何与授权型领导方式共建来提升员工的主动性行为。

案例来源：吕鸿江，封燕，赵玉洁，高少冲，单东升 . 我愿、我能、我乐于：中电 SS 所知识型员工赋能成长之路 . 中国管理案例共享中心案例库，2021.

【问题缘起】

近年来，在组织行为和人力资源管理领域，员工的主动性行为受到了人们的广泛关注（Ohly、Sonnenta 和 Pluntke，2006；Parker、Williams 和 Turner，2006；Parker 和 Collins，2010；Wang，2013）。主动性行为是一种致力于改善组织内部工作环境的行为，具有自发性和预见性（Parker、Williams 和 Turner，2006），包括创新、问题预防、建言和主动担责行为四种具体表现形式（Parker 和 Collins，2010）。主动性行为对员工在工作场所的整体绩效有重要影响（Greguras 和 Diefendorff，2010；Fuller 等，2015），所以需要明确哪些因素能提升员工的主动性行为。

已有研究表明，个体差异、时间观念和领导支持对塑造工作场所的主动性行为起着重要作用（Parker 和 Collins，2010；Taber 和 Blankemeyer，2015；Wu 和 Parker，2017）。虽然这些研究拓展了个体差异和领导如何影响员工主动性行为的研究，但对于基于人力资源管理和基于关系的因素是否会影响员工的主动性行为仍然知之甚少。此外，与西方文化背景下的员工不同（Li、Worm 和 Xie，2018），由于受高权力距离的文化价值观和儒家思想的影响（Farh、Earley 和 Lin，1997），中国员工往往主动意愿不强（Li 和 Sun，2015；Nguyen、Chen 和 De Cremer，2017）。例如，儒家思想中的五个基本关系，即五伦（君臣、父子、夫妇、兄弟和朋友）在中国社会中举足轻重，中国人很关注在一段关系中应该做什么和不应该做什么（Yang，1993）。中国员工喜欢保持沉默来避免被领导或同事嫉妒或拒绝（Li 和 Sun，2015），正如中国传统格言所述："沉默是金""不求有功，但求无过"。因此，了解在中国情境下影响员工主动性行为的因素是关键而且必要的。

本研究的目的是结合中国情境的典型特征，基于计划行为理论（Ajzen，1991）来考察员工主动性行为的前因变量。计划行为理论认为，行为态度、主观规范和行为控制是导致个体计划行为的三个关键因素（Ajzen，1991）。具体来说，行为态度是指参与某一行为的意愿或动机，主观规范是指感知到的能够激励员工执行某一行为的社会规范，行为控制是指感知到的执行某一行为的难易程度（Ajzen，1991）。

本研究将工作嵌入作为中国情境下行为态度的一个关键指标，这是因为中国是一个关系导向型社会，人际/社会关系受到高度重视（Xin 和 Pearce，1996；Park 和 Luo，2001；Ren 和 Chadee，2017）。因此，在中国情境下，是否能够建立与他人的联系以及是否能够适应他/她所在的社会团体和环境，对个体来说至关重要（Bambaca 和 Kulik，2013）。工作嵌入指员工与他/她的工作环境相关联的程度（Mitchell 等，2001）。高度工作嵌入的员工与组织建立了强大的社会联系，他们有强烈的意愿和义务从事主动性行为（Ng 和 Feldman，2010）。因此，本研究将工作嵌入作为行为态度的指标。

在中国情境中，人力资源管理强度可被视为主观规范的一个关键指标。这是因为中国是一个高语境国家，信息的传递是模糊的（Tsui，2004）。为了避免在不确定的情况下承担风险并且受到惩罚，员工不愿意主动表现，除非他们从组织中接收到明确的信息（Farh、Hackett 和 Liang，2007；Li 和 Sun，2015；Yan 等，2019）。因此，在中国情境下，组织传递清晰的信息来提升员工的主动性是至关重要的。组织信息的清晰度可通过人力资源管理强度来表现，人力资源管理强度指的是员工感知到组织向他们传递明确信息的程度（Cooksey 和 Gates，1995；Bowen 和 Ostroff，2004；Bambacas 和 Bordia，2009）。因为人力资源管理强度创建出一个清晰和有益的氛围，让员工了解什么是重要的、什么行为是被组织期望和奖励的（Bowen 和 Ostroff，2004），从而激励员工从事主动性行为，因此本研究将人力资源管理强度作为主观规范的指标。

此外，计划行为理论还假设"动机和行为控制之间的交互效应"将影响员工的行为（Ajzen，1991）。本研究将授权型领导作为行为控制的指标，因为授权型领导为员工提供自主权和资源，使员工认为从事主动性行为更加容易（Yukl，2013）。由于工作嵌入（行为态度）和人力资源管理强度（主观规范）是员工主动性行为的重要激励因素，因此本研究推测，授权型领导（行为控制）将调节工作嵌入和人力资源管理强度与主动性行为之间的关系。

综上，本研究将基于计划行为理论，解决如下问题：第一，探究工作嵌入对员工主动性行为的影响效果；第二，考察人力资源管理强度对员工主动性行为的影响效果；第三，探究工作嵌入、人力资源管理强度和授权型领导交互对员工主动性行为的影响效果。

【理论架构】

1. 工作嵌入对主动性行为的影响

Mitchell 等（2001）首先将工作嵌入的概念引入组织行为与人力资源管理领域。他们研究人们为什么坚持工作，探究陷入社会系统中的感觉，并将这些现象归因于各种外部或背景力量。Crossley 等（2007）认为，工作嵌入是使个人感到依恋并且可能留在工作中的因素。此外，Ng 和 Feldman（2010）探讨了工作嵌入感与社会资本发展行为之间的关系，发现工作嵌入是员工流动率和社会资本的重要前因变量。然而，对于工作嵌入是否会对员工主动性行为产生正向影响，以及上述关系的边界条件是什么，仍然知之甚少。

根据计划行为理论，个人执行某一行为的意愿或动机对行为的影响至关重要（Ajzen，1991）。工作嵌入可被视为这种意愿或动机的一个反映指标，因为高度嵌入的员工建立了牢固的社会关系，有强烈的意愿和义务从事亲组织行为，如主动性行为（Ng 和 Feldman，2010；Avey、Wu 和 Holley，2015）。本研究推测，工作嵌入正向影响主动性行为，具体来说：

高工作嵌入反映了员工与组织的良好契合（Mitchell 等，2001；Halbesleben 和 Wheeler，2008；Harman 等，2009）。高工作嵌入的员工对雇佣关系有更好的感觉，更投入工作，与组织内的人员联系更紧密（Mitchell 等，2001；Lee 等，2004），因此他们更可能感到有义务和动力去主动地为所在组织服务（Ng 和 Feldman，2010；Zhang、Fried 和 Griffeth，2012）。例如，他们更可能从事主动性行为，如创新、问题预防、建言和主动担责行为（Parker 和 Collins，2010）。相反，低工作嵌入的员工对雇佣关系有更多不愉快的感觉，对当前工作的嵌入度较低，并且表现出更高的离职意愿（Halbesleben 和 Wheeler，2008；Harman 等，2009），因此他们很少在工作中投入精力，有较低的义务和动机从事主动性行为。

基于此，提出如下假设：

H1：工作嵌入正向影响员工的主动性行为。

2. 人力资源管理强度对主动性行为的影响

人力资源管理强度是指能够影响组织传递人力资源管理信息的效率，并创造高强度组织氛围的人力资源管理的一系列元属性（Cooksey 和 Gates，1995；Bowen 和 Ostroff，2004；Bambaca 和 Bordia，2009）。Bowen 和 Ostroff（2004）认为，独特性、一致性和共识性是人力资源管理强度的三个主要特征。独特性是指人力资源管理措施具有能获得员工关注并激发他们工作兴趣的突出特征，包括可视性、可理解性、职权正当性和相关性；一致性指的是组织的人力资源管理措施言行合一，在与员工充分沟通的情况下确保内容和实施过程的统一，包括充分性、有效性和人力资源管理信息一致性；共识性指的是员工在人力资源管理实践活动中形成对组织人力资源管理的普遍认同感，包括人力资源管理主要决策者之间的共识（Bowen 和 Ostroff，2004）。

已有研究表明，人力资源管理强度在影响员工的态度和行为方面起着关键作用（Bowen 和 Ostroff，2004；Delmotte、De Winne 和 Sels，2012；Ostroff 和 Bowen，2016；Jia 等，2018）。本研究推测，人力资源管理强度正向影响员工主动性行为，具体来说：

高人力资源管理强度创造了一个清晰和理想的组织规范，传达了组织重视、期望和奖励的事务（Delmotte、De Winne 和 Sels，2012；Ostroff 和 Bowen，2016）。因此，由于人力资源管理强度的独特性，组织规范在管理实践中传递了具有可视性、可理解性、职权正当性和相关性的明确信息。在一个明确的组织规范下，员工能够将他们的个人目标与组织的目标和期望相统一，从而使他们表现得更主动。此外，清晰和一致的组织规范减少了员工的模糊性和不确定性（Li、Frenkel 和 Sanders，2011；Ostroff 和 Bowen，2016），这是因为人力资源管理强度的高度一致性和共识性保证了人力资源管理过程的有效性和公平性，以及人力资源管理主要决策者之间的共识（Bowen 和 Ostroff，2004）。因此，员工不会太顾虑因情境不确定而带来的潜在威胁，从而他们对从事主动性行为感到更有安全感（Hogg 和 Terry，2000；Ribeiro、Pinto 和 Gomes，2011）。相反，当人力资源管理强度较低时，员工可能会遇到模棱两可的情况，感到不安全而不敢冒险（Hogg 和 Terry，2000；Li、Frenkel 和 Sanders，2011；Ribeiro、Pinto 和 Gomes，2011），因此员工较少从事主动性行为。

基于此，提出如下假设：

H2：人力资源管理强度正向影响员工主动性行为。

3. 授权型领导的调节作用

授权型领导是通过强调工作意义、鼓励参与决策、表达对高绩效的信心以及提供自主权等一系列活动向员工授权的过程（Ahearne、Mathieu 和 Rapp，2005）。根据计划行为理论（Ajzen，1991），行为控制指的是感知到的执行某一行为的难易程度（Ajzen，1991），据此推断，行为控制可能调节了动机和行为之间的关系。因此，作为一种行为控制的指标，本研究推测，授权型领导会正向调节工作嵌入和人力资源管理强度与主动性行为之间的关系，具体来说：

虽然工作嵌入和人力资源管理强度可以增强员工主动表现的动机，但员工在实际从事这些行为之前会感知到他们能够从事主动性行为（即高感知行为控制）（Ajzen，1991）。授权型领导是领导者将更多的责任和自主权授予员工的行为（Thomas 和 Velthouse，1990；Ahearne、Mathieu 和 Rapp，2005），可以通过增强员工的行为控制来加强工作嵌入和人力资源管理强度与员工主动性行为之间的关系。授权型领导会鼓励员工参与决策和自主管理工作任务，表达他/她对员工处理问题的能力有信心（Ahearne、Mathieu 和 Rapp，2005；Amundsen 和 Martinsen，2014）。因此，高授权下的员工相信一旦自身采取主动性行为，他们就可以克服难题（Ahearne、Mathieu 和 Rapp，2005；Slatten、Svensson 和 Sværi，2011；Amundsen 和 Martinsen，2014），从而更容易将来自工作嵌入和人力资源管理强度的动机转化为实际的主动性行为。

相反，当授权型领导的水平较低时，即使员工有主动表现的动机，他们也可能不相信自己能成功地展现，因为他们没有必要的资源或自主权（Slatten、Svensson 和 Sværi，2011；Amundsen 和 Martinsen，2014）。在这种情况下，由工作嵌入和人力资源管理强度所产生的动机不能转化为实际的主动性行为。

基于此，提出如下假设：

H3：授权型领导正向调节工作嵌入与员工主动性行为之间的关系，当授权型领导水平较高时，工作嵌入与员工主动性行为之间的关系更强。

H4：授权型领导正向调节人力资源管理强度与员工主动性行为之间的关系，当授权型领导水平较高时，授权型领导与员工主动性行为之间的关系更强。

综上所述，本文的理论模型如图 1 所示。

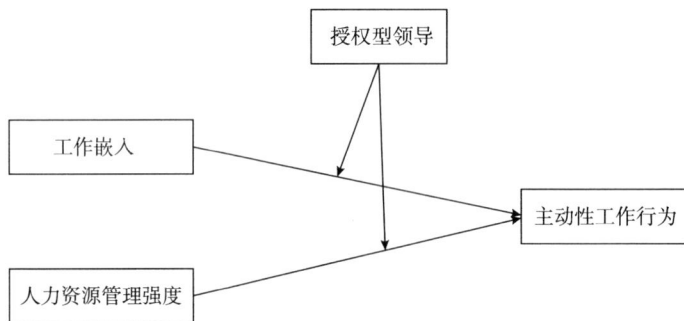

图1　本文的理论模型

【实地调研】

1. 调查过程

本研究在 11 家公司招募参与者，在每个公司内选择一名人力资源管理人员作为联系人，随机抽取 3~5 个工作部门。在联系人的帮助下将打印好的问卷发放给员工，告知所有参与者本研究的目的，并保证对他们的回答保密。为了保密，还要求员工将完成的调查放入密封的信封中，然后直接返还给课题组，并且奖励每位完成调查的参与者 50 元。为了减少共同方法偏差，每两个月收集一次数据。在时点 1 (T1)，员工接受第一轮调查，评价工作嵌入和控制变量；在时点 2 (T2)，完成第一轮调查的参与者要评价人力资源管理强度和授权型领导；在时点 3 (T3)，邀请完成前两轮调查的参与者进行关于主动性行为的评价。多时点调查减少了共同方法偏差，并加强了对工作嵌入、人力资源管理强度、授权型领导和主动性行为之间关系的因果推断 (Podsakoff 等，2003)。每个问卷有唯一的识别码，并删除任何能识别出参与者的信息（从而确保回答的保密性），最后将三时点问卷进行匹配。在第一轮数据收集中，328 人参与问卷填答，280 人完成，回复率为 85.1%。在第二轮数据收集中，第一轮调查的 280 人中有 237 人完成了第二轮调查，回复率为 84.6%。在第三轮数据收集中，第二轮调查的 237 人中有 215 人完成了第三轮调查，回复率为 90.7%。总回复率为 65.6%。我们比较了参与三轮调查的人和在三轮调查期间某一时刻退出的人，发现完全受访者与部分受访者在人口统计学变量上无显著差异。在对三个时间段的数据进行匹配并剔除缺失数据后，最终获得了来自 50 个部门 206 名员工的数据。

206 份有效问卷的描述性统计分析如下：在性别方面，男性占 41.7%，女性占 58.3%；在年龄方面，平均年龄为 32.43 岁 (SD = 1.39)；在工作时间方面，平均工作时间为 6.03 年 (SD = 4.91)；在学历方面，高中及以下学历占 1%，大专学历占 10.7%、本科学历占 57.8%、硕士及以上学历占 30.5%；在企业性质方面，国有企业占 40.8%，民营企业占 24.3%，外商投资企业占 27.7%，合资企业占 7.2%；在企业规模方面，500 人以下占 24.8%，500~999 人占 7.8%，1000~1499 人占 29.5%，1500~1999 人占 2.9%，2000 人及以上占 35.0%。

2. 测量工具

工作嵌入：采用 Crossley 等 (2007) 编制的 7 题项量表。代表性题项包括："我觉得我和本企业密不可分" "我很难离开本企业"。在本研究中，该量表的 Cronbach's α 系数为 0.88。

人力资源管理强度：采用 Hauff、Alewell 和 Katrin（2017）编制的 7 题项量表。代表性题项包括："我能够感受到所在企业的一系列人力资源管理政策带来的积极影响""我理解企业的人力资源管理目标和实践"。在本研究中，该量表的 Cronbach's α 系数为 0.92。

授权型领导：采用 Ahearne、Mathieu 和 Rapp（2005）编制的 12 题项量表。代表题项为"我的领导经常让我参与制定决策""我的领导允许我以自己的方式做事"。在本研究中，该量表的 Cronbach's α 系数为 0.92。

主动性行为：采用 Parker 和 Collins（2010）编制的 13 题项量表。代表题项包括"我经常就如何改变工作程序说出自己的新想法""我经常花时间去思考如何防止问题的重复发生"。在本研究中，该量表的 Cronbach's α 系数为 0.88。

控制变量：本研究选取了员工的性别、年龄、学历和工作时间作为个体层面的控制变量，企业性质和企业规模作为组织层面的控制变量。

【实证分析】

1. 验证性因子分析

本研究采用 AMOS 23.0 软件进行验证性因子分析，以检验各变量的区别效度。如表 1 所示，四因子模型（$\chi^2/df = 2.63$，TLI = 0.91，CFI = 0.92，RMSEA = 0.09）拟合效果较好，表明本研究中的变量具有良好的区别效度。

表 1　验证性因子分析结果

模型构成	χ^2/df	TLI	CFI	RMSEA
四因子模型：PWB，JE，SHRM，EL	2.63	0.91	0.92	0.09
三因子模型：PWB，JE，SHRM+EL	4.46	0.80	0.83	0.13
二因子模型：PWB，JE+SHRM+EL	8.42	0.57	0.63	0.19
单因子模型：PWB+JE+SHRM+EL	10.29	0.46	0.53	0.21

注：EL 代表授权型领导，JE 代表工作嵌入，PWB 代表主动性行为，SHRM 代表人力资源管理强度，"+"代表因子合并。受篇幅所限，三因子模型、二因子模型均只显示拟合度最好的模型。

2. 描述性统计分析

表2展示了各变量的相关系数、均值及标准差。其中，工作嵌入（r＝0.17，p<0.05）和人力资源管理强度（r＝0.35，p<0.01）均与主动性行为显著正相关，授权型领导与主动性行为显著正相关（r＝0.43，p<0.01），为假设检验提供了初步的数据支撑。

表2 变量的均值、标准差和相关系数

变量	1	2	3	4	5	6	7	8	9	10
1. 性别	1									
2. 年龄	0.02	1								
3. 学历	−0.07	−0.38**	1							
4. 工作时间	0.02	0.29**	−0.21**	1						
5. 企业性质	0.10	0.41**	−0.28**	−0.02	1					
6. 企业规模	−0.20**	0.02	0.02	0.18**	−0.05	1				
7. 工作嵌入	0.00	0.35**	−0.26**	0.21**	0.18**	−0.07	(0.88)			
8. 人力资源管理强度	0.05	0.35**	−0.18*	−0.02	0.36**	−0.01	0.46**	(0.92)		
9. 授权型领导	0.03	0.18**	−0.13	−0.08	0.20**	−0.08	0.28**	0.50**	(0.92)	
10. 主动性行为	−0.02	0.10	0.17*	−0.02	0.10	0.10	0.17*	0.35**	0.43**	(0.88)
均值	1.58	32.43	3.18	6.03	2.01	3.16	4.22	4.50	4.90	5.05
标准差	0.49	5.14	0.65	4.91	0.99	1.58	1.07	1.04	0.92	0.70

注：*** 表示 $p<0.001$，** 表示 $p<0.01$，* 表示 $p<0.05$。对角线括号内为 Cronbach's α 系数。

3. 假设检验

由于本研究完整的数据来自50个工作部门的员工，因此数据具有嵌套结构。考虑到数据结构的嵌套，计算了每个变量的 ICC（1）值，它反映了每个变量在单位层次上的方差所占的比例。结果表明，所有变量的 ICC（1）值都接近于零，这表明变量中的绝大多数方差存在于个体水平。因此，嵌套的数据结构在本研究中不存在问题，因此，本研究使用回归分析来进行假设检验（Aguinis、Gottfredson 和 Culpepper，2013）。

（1）主效应检验

本研究在STATA14.0中使用层次回归分析来检验假设，结果如表3所示。工作嵌入对主动性行为有显著的正向影响（M2，β=0.13，p<0.01），由此，H1得到支持。人力资源管理强度对主动性行为有显著的正向影响（M3，β=0.25，p<0.01），由此，H2得到支持。

（2）调节效应检验

为了检验调节效应，在M4中加入工作嵌入与授权型领导的交互项，在M5中加入人力资源管理强度与授权型领导的交互项。在交互项相乘之前对工作嵌入、人力资源管理强度和授权型领导进行中心化处理以克服多重共线性问题（Aiken和West，1991）。M4和M5也控制了授权型领导对主动性行为的影响。由表3可知，授权型领导与工作嵌入的交互项对主动性行为的回归结果不显著（M4，β=0.00，n.s.），由此，H3未得到支持。授权型领导与人力资源管理强度的交互项对主动性行为具有显著的正向影响（M5，β=0.09，p<0.05），由此，H4得到了支持。

表3　回归分析结果

变量	主动性行为（M1-M7）						
	M1	M2	M3	M4	M5	M6	M7
常量	3.58 **	3.16 **	3.02 **	3.87 **	4.09 **	4.18 **	4.27 **
性别	−0.12	−0.11	−0.13	−0.11	−0.13	−0.11	−0.16
年龄	0.02	0.01	0.01	0.01	0.01	0.01	0.01
学历	0.25	0.27 **	0.25 **	0.28 **	0.26 **	0.25 **	0.25 **
工作时间	−0.00	−0.01	0.00	0.00	0.00	0.00	0.00
企业性质	0.09	0.08	0.03	0.05	0.02	0.03	0.02
企业规模	0.03	0.04	0.03	0.04	0.03	0.03	0.03
工作嵌入		0.13 **		0.05		0.05	0.04
人力资源管理强度			0.25 **		0.13 **	0.24	0.17
工作嵌入×人力资源管理强度						0.05	0.06
授权型领导				0.32 **	0.29 **		0.28 **

续表

变量	主动性行为（M1-M7）						
	M1	M2	M3	M4	M5	M6	M7
工作嵌入×授权型领导				0.00			-0.14
人力资源管理强度×授权型领导					0.09*		0.12
工作嵌入×人力资源管理强度×授权型领导							-0.03
R^2	0.06	0.09	0.17	0.25	0.29	0.18	0.30
ΔR^2		0.03	0.09	0.16	0.12	0.09	0.12
F	2.81**	3.42**	6.41**	7.67**	9.25**	5.39**	7.15**
ΔF		0.61	3.60	4.25	2.84	1.97	1.76

注：***表示 $p<0.001$，**表示 $p<0.01$，*表示 $p<0.05$。

本研究针对具有显著性的交互项进行了简单斜率分析。如图2所示，在低水平授权型领导下，人力资源管理强度与主动性行为之间的关系不显著（$\beta=0.05$，$t=0.79$，n.s.），在高水平授权型领导下，两者之间的关系显著（$\beta=0.23$，$t=3.64$，$p<0.01$），由此，H4得到了进一步验证。

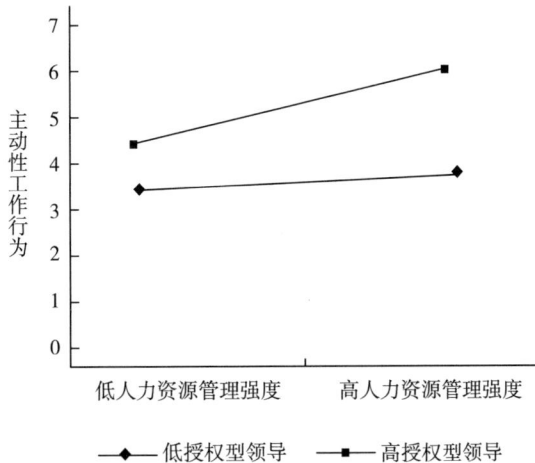

图2 授权型领导在主动性行为与人力资源管理强度之间的调节作用

（3）补充分析

考虑到工作嵌入与人力资源管理强度之间可能存在交互效应，工作嵌入、人力资源管理强度和授权型领导之间可能存在三重交互效应，本研究进行了进一步检验。结果显示，工作嵌入和人力资源管理强度的交互项对主动性行为的影响不显著（M5，$\beta = 0.05$，n.s.），工作嵌入、人力资源管理强度和授权型领导三重交互效应对主动性行为的影响也不显著（$\beta = -0.03$，n.s.）。

【理论贡献】

基于计划行为理论，采用三个时点调查所获得的 206 名中国员工的数据，本研究检验了工作嵌入和人力资源管理强度对员工主动性行为的影响，以及授权型领导的调节作用。结果表明：工作嵌入和人力资源管理强度均正向影响员工主动性行为；当领导的授权水平较高时，人力资源管理强度与主动性行为之间的正向关系较强；授权型领导对工作嵌入与主动性行为之间关系的调节作用不显著。本研究的结论具有如下理论贡献：

第一，从工作嵌入的角度考察了主动性行为的前因。中国情境下的大部分研究主要集中在工作嵌入与离职之间的关系上（Hom 等，2009；Gong、Chow 和 Ahlstrom，2011；Jiang 等，2012；Sender、Rutishauser 和 Staffelbach，2018），少有研究对工作嵌入与主动性行为之间的关系进行探讨。本研究根据计划行为理论，证明工作嵌入作为行为态度的指标，会有助于员工与组织建立强大的社会联系，并激励他们从事主动性行为（Ng 和 Feldman，2010）。在中国尤其如此，由于中国人倾向于融入组织，并与组织成员建立稳定的关系（Xin 和 Pearce，1996），因此，在中国情境下，工作嵌入在激励员工从事主动性行为中起着至关重要的作用。

第二，从人力资源管理的角度考察了主动性行为的激发要素。现有研究较少探讨人力资源管理强度对个体行为的影响（Ribeiro、Pinto 和 Gomes，2011；Alfes 等，2019），本研究将高人力资源管理强度作为主观规范的指标，并根据计划行为理论证明人力资源管理强度可以激励员工从事主动性行为，从而拓展了人力资源管理强度对个体行为影响的研究。

第三，依据计划行为理论，通过将工作嵌入、人力资源管理强度和授权型领导进行整合，为预测员工的主动性行为提供了一个全面的理论框架。一方面，本研究将工作嵌入作为行为态度的表征、人力资源管理强度作为主观规范的表征，证明了两者对员工主动性行为的激励作用（Ng 和 Feldman，2010；Ostroff 和 Bowen，2016）。另一方面，本研究将授权型领导作为行为控制的表征，考察了其在工作嵌入和人力资源管理强度与主动性行为之间关系的调节作用。通过展示中国情境下这三个因素如何独立和交互地影响员工的主动性行为，本研究拓展了主动性行为前因的研究。

【管理启示】

员工的主动性行为有利于组织的发展，因此采用正确的管理方式有效激发员工的主动性行为是十分必要的。本研究的结论对寻求管理员工的主动性行为的组织具有重要意义。根据研究结论，我们给出如下管理建议：

第一，鼓励员工建立"内部人"的角色。研究发现，工作嵌入可以激发中国员工的主动性行为。因此，管理者应该提供理想的工作条件（如职业发展、培训和福利），以提高员工的工作嵌入度，鼓励他们扮演"内部人"的角色。例如，华为公司一直将员工的职业发展当作重中之重，为此专门设计了著名的"五级双通道"模式。在这个多通道模型中，每个员工至少拥有两条职业发展通道，即管理路线和专业技术路线，以避免由于职业发展通道的单一，出现"学而优则仕"和"千军万马过独木桥"的现象。一般来说，员工先由初学者开始，当具备一定的经验，即成为有经验者之后，可选择进入管理路线还是技术路线。管理方向是以有经验者为基础，依次有监督者、管理者和领导者三个等级；而专业技术路线在经过初学者和有经验者之后，还有专家、高级专家和资深专家三个阶段。华为的双通道模式不仅有利于员工自身的发展，而且可以激发员工主动将个人目标与企业目标相结合，增强了员工对企业的依赖性。因此，为员工铺设合适的职业发展道路，可提高员工对企业的归属感，有利于员工建立"内部人"的角色。

第二，管理者应该着力提升人力资源管理强度。通过人力资源管理信息的有效传递、解释和共享，以及明确组织的期望，可以更有效地激励员工从事主动性行为，最终提高工作效率和生产力。例如，阿里巴巴公司有一个类似于 BBS 的内网，实行全员实名制以及永不删帖，上至马云下至基层员工，任何人都可以在上面畅所欲言，讨论公司人力资源管理政策的相关问题。比如 2020 年 6 月，阿里内网举行过一场面向全员的直播，同时观看人数超过 3 万人，公开讨论一位员工的违规行为引发的争议。阿里合伙人彭蕾说："在阿里内部，对所有人的评价、奖惩都是透明的。你没地方隐藏你的失职，即使是你手下犯的错误，你也要承担责任，但透明是需要勇气和制度支撑的。"正是因为阿里这样公开透明的制度与氛围，员工与管理层、员工与员工之间才能更好地交流与理解人力资源管理信息，从而更主动地工作。因此，人力资源管理信息的公开透明有利于提高员工的积极性。

第三，组织可以通过雇用授权型领导来加强人力资源管理强度的积极作用，从而更好地激发员工的主动性行为。企业除了雇用授权型领导外，也可以赋予员工一定的权力，从组织内部逐渐培养授权型领导。例如海底捞公司，上至经理下至一线员工都被授予相应的权力，只要他/她认为有必要，就有权为顾客免单或者赠送菜品和果盘等，这样的做法给予了员工莫大的信心和鼓舞。一方面，授权满足了员工的自我实现需要和权力需要，可以表明企业对员工的信任与器重，从而提升员工的责任感和主人翁意识，激发出员工的自主性和创造力；另一方面，这也是在培养员工的管理和领导能力，为企业储备未来的领导者。因此，适度授权是激发员工主动性的催化剂。

【未来展望】

本研究还存在以下三点局限：

第一，本研究只关注个体层面的特征和感知，忽略了组织层面的变量。为了更全面地了解主动性行为的前因，未来的研究应从个体和组织两个层面考察激励因素。例如，高绩效的人力资源管理实践和组织文化也可能影响员工的态度和行为（Sharoni 等，2012；Sun、Aryee 和 Law，2007）。

第二，虽然本研究考察了中国情境下中国员工主动性行为的激励因素及其边界条件，但没有探讨具有中国传统特征的变量的影响，例如传统性（Farh、Hackett 和 Liang，2007）和家长型领导（Cheng 等，2004）可能起着重要作用。

未来的研究可以探索这些变量的作用，以证明中国文化和情境的独特性。

第三，本研究采用自我报告的调查数据。虽然使用滞后设计来减少潜在的共同方法偏差，但本研究不能得出强有力的因果推论。未来的研究可以使用实验或纵向设计来探究它们的因果关系。

人力资源管理强度与家长型领导的共建机制

【NMny 公司的人力资源管理与家长型领导共建策略】

NMny 公司成立于 2006 年，是内蒙古国资委独资的国有大型能源投资开发公司，是响应"厂网区分"的政策而从当地电力公司划分出来的。成立之初的 NMny 具有优良的资产、优质的资源和优秀的员工队伍。NMny 的领导层基本是原电网公司的领导，一把手是 W，一直主政到 2008 年，但在其主政期间公司的发展一落千丈。2009 年，领导 X 空降 NMny，扭转了其窘境。在领导更迭的过程中，NMny 经历了由最初的蓬勃发展、前途光明到陷入资金短缺、管理混乱的局面再到重新焕发生机、创造辉煌。

NMny 在 2006 年从电力公司分家后，一方面加紧发电厂建设，另一方面实行全面开花。据内部人员回顾：当时领导层的决策部署一味追求大而全的政绩工程，忽视科学论证，因此浪费了公司大量资源。此外，在全面开花的战略中，领导层顾此失彼，比如在建项目进度缓慢、出现十三人死亡的重特大事故。出现这些问题主要与 W 领导的领导方式有关：

W 领导出生于 20 世纪 50 年代的农村，参军后复员转业至内蒙古电管局（电力公司前身）给领导开车。电管局在当时是龙头老大，领导牛气冲天，领导的司机在外界眼中也是优越的工作，这一定程度上助长了 W 骄傲自满的性格。W 能言善辩，和政府相关领导关系较密。厂网第一次分家后，电网公司违背政策继续投资电厂的直接推手就是时任党委书记的 W。党委书记本来分管党的事务和干部管理，但 W 直接插手行政，独断专行布置工作，和总经理矛盾很深。NMny 成立之初，个别领导是 W 的追随者，他们唯 W 马首是瞻。当时，自治区从北方联合电力调用一名领导担任总经理，还分别从电建公司、送变电公司提拔两位副总经理担任总经理，这三位领导在原单位推行科学管理，取得显著成绩，深受原单位员工爱戴。可以说，最初的 NMny 领导班子个个是精英，但因 W 独断专行，众英雄无用武之地，甚至受到打压。W 的行为引起多数员工反感，严重影响团结，阻碍公司正常发展，导致公司资金短缺、人心涣散甚至名誉受损，一度陷入困境。最终政府派审计组进驻公司，领导班子几乎被一锅端，W 在审计中问题重重，得到待岗再分配的结果。

2009 年，自治区国资委起用 X 领导主政公司，重新配备领导班子。新领导班子无论是年龄结构还是知识层次都优于从前：

X 领导是天津大学管理系毕业的硕士研究生，后又取得管理学博士学位。X 在政府多个部门任过职，无论在任何岗位都低调做人、认真做事，深得组织和群众认可。X 临危授命，上任伊始面对重重困难，多措并举改变艰难困境。一是积极争取地方政府的大力支持，到处走访合作单位，真诚开展合作交流，重建信任机制。二是加强内部整顿管理，充分授权，领导成员分工明确，密切配合；严格遵守党的议事规则，靠制度、法规来管理；弘扬先进文化，全力打造积极向上的企业环境。三是科学论证，统筹规划，结合形势和政策要求，重新定位企业发展战略，提高经济效益。四是想方设法为员工谋福利，帮助员工规划职业，度过生活难关，解决员工子女就业问题，大力开展送温暖活动，赢得员工支持，极大提高了员工的积极性。2010 年，公司走出困境，重新焕发生机。X 受到各方一致好评，最终仕途升迁。

从案例中可以看出，NMny 公司经历的两任领导表现出了不同的"家长型"风格，前任领导更多地展现出严明的纪律与权威的管理方式，而后任领导更多展现出父亲般的仁慈及道德的管理方式，在与公司的人力资源管理相协调的过程中，公司前后的发展结果也大相径庭。基于此实践背景，本部分将通过理论研究探讨组织人力资源管理如何与家长型领导方式共建来优化组织管理过程。

案例来源：李飞. 家长式领导对员工工作满意度影响的案例研究［D］. 兰州交通大学硕

士学位论文，2016.

【问题缘起】

员工建言是组织创新和发展的重要资源（Donovan 等，2016），然而调查发现，大部分员工承认自己更愿意在组织中保持沉默（Duan 等，2018）。中国文化有较高的权力距离，强调领导者自上而下的影响，而不是员工自下而上的影响（Lin 等，2018；Zhang 等，2021）。因此，在这一背景下，员工不愿意在组织中表达自己的看法（Ellis 等，2017）。基于此，中国企业应该充分利用资源建立一个可以鼓励员工建言的有效机制（Jawor 和 Sienkiewicz，2016）。

领导者作为影响员工态度和行为的重要因素，在员工建言行为中扮演了重要的角色（Walumbwa 和 Schaubroeck，2009；Lee 等，2017）。基于中国集体主义文化，中国的领导者往往表现出家长型领导风格。家长型领导包括威权型领导（Zhang、Peace 和 Han，2016），德行型领导（Cheng 和 Wang，2015）和仁慈型领导三个维度（Aycan，2015；Chen、Yang 和 Jing，2015）。结合这三种领导风格，家长型领导对员工建言行为的影响充满动态性和复杂性。先前的研究发现，尽管威权型领导对员工建言行为具有负面影响，但仁慈型领导和德行型领导对建言行为具有积极影响（Li 和 Sun，2015；Chen，2017）。因此，在前人研究的基础上，仍有两个问题需要进一步探讨。

一方面，在对员工建言行为形成机制的研究中，大多数先前的研究都将员工视为纯粹的理性人（Willman、Bryson 和 Gomez，2006），他们认为员工的行为通常是深思熟虑后的结果（Detert 和 Edmondson，2011）。但是，这种观点忽略了"有限理性"的可能性，因为人类有时会基于自我感知或信念而做出不理性的行为（Aguiar 和 Serrano，2017）。根据内隐建言信念理论，内隐建言信念由于其自发性和无意识性，相比显性状态能更有效地预测人类行为（Detert 和 Burris，2007）。Detert 和 Edmondson（2011）提出了内隐建言信念的五个维度：忠诚和目标认同上的顾虑、证据或方案充分性的考量、不能越级建言、不要在公众场合让领导难堪以及建言会导致负面职业后果。本研究将这五个维度概括为两方面的内容，即安全感（即建言时感到安全）和接受度（即建言行为可以被接受），并探究内隐建言信念在家长型领导影响建言行为过程中的作用。

另一方面，在组织层面上，组织因素对个人态度和行为有巨大的影响（Chao 等，1994；Wu 等，2015），但先前的研究主要集中在组织情境的某个方面，例如组织政策或组织氛围（Cheung，2013；Chen 和 Hos，2016）。Bowen 和 Ostroff（2004）从更全面的角度提出，学者们不仅应注意人力资源管理内容本身，还应注意人力资源管理的实施过程。人力资源管理强度强调的是组织的人力资源管理信息的有效传递及被员工感知和认可的程度，其体现的是对组织整体人力资源管理氛围的一种评价。在高强度的人力资源管理中，组织的人力资源管理制度完善落实过程井然有序，同时员工对于组织的人力资源管理制度普遍表示较高的认同。当组织中的个体角色与组织氛围产生冲突时，个体与组织氛围会产生不断的交互作用，并最终融合组织的价值观，形成个体新的价值观并指导其行为。基于此，本研究将人力资源管理强度作为建言行为产生的情境因素，并对其所发挥的调节作用进行考察。

综上，本研究将基于内隐建言信念理论，解决如下问题：第一，探究家长型领导对员工建言行为的影响效果；第二，考察内隐建言信念在家长型领导与建言行为间的中介作用；第三，检验人力资源管理强度对内隐建言信念中介作用的调节效果。

【理论架构】

1. 家长型领导对建言行为的影响

家长式管理起源于以"家庭"为中心的文化，这种文化中的领导者被称为家长型领导（Aycan，2015；Chen 等，2015）。这种类型的领导者采用类似家庭的方式来管理员工，他们在工作场所扮演着家长的角色（Cheng 等，2004；Pellegrini、Scandura 和 Jayaraman，2010）。Farh 等（2006）将家长型领导定义为"在一种人治的氛围下，体现出母亲般的仁慈、严明的权威与纪律和廉洁的道德的领导方式"。家长型领导包含仁慈型领导、威权型领导和德行型领导三个维度（Chen、Zhou 和 Klyver，2019）。现有研究将员工的建言行为视为角色外行为，这种行为会受到领导者的影响（Dyne 和 Lepine，1998；Zhou 和 George，2001）。基于内隐建言信念理论，本研究推测家长式领导会影响员工的建言行为，具体来说：

第一，仁慈型领导通过允许员工改正错误，帮助他们避免工作场所的尴尬以及促进他们的职业发展，向员工表现出家人般的关心（Aycan，2015；Chen、Yang 和 Jing，2015），在这种领导风格下，仁慈型领导者与员工之间的关系变得更加紧密（Lin 等，2016），作为回馈，员工会表现出感激或其他对组织有利的行为，如建言行为（Trowbridge 和 Cason，1932；Rosenberg，1998；McCullough 等，2002）。同时，仁慈型领导促进了员工的职业发展，这表明领导者很可能会接受员工的建议。此外，在仁慈型领导管理下的员工会在分享创新想法时感到更加安全，因为领导者允许改正错误并为避免工作场所的尴尬提供帮助（Chen 等，2019）。因此，仁慈型领导为员工提供了高接受度和高安全感，从而促进他们的建言行为。

第二，德行型领导在工作中表现出更多的个人道德和职业操守，他们往往不会以权谋私（Fisher 和 Fowler，1995；Chen 等，2019）。当德行型领导者倡导有益于组织的积极行为（例如建言行为）时，员工会把领导者视为榜样，会模仿他们开展类似的有益于组织的行为。另外，在具有个人美德的德行型领导者的管理下，员工相信即使他们在提出建议的过程中犯了错误，领导者也会公平地对待他们，不会对他们进行不道德的惩罚（Cheng 和 Wang，2015）。因此，在这种情况下，员工往往会愿意在组织需要时表达自己的想法或建议。

第三，威权型领导者表现出绝对的权威和控制力，并渴望员工完全地服从（Hamrin，2016）。在这种领导风格下，员工几乎没有自由，几乎没有权利去挑战领导者在工作场所的权威（Humphreys 等，2015）。此外，威权型领导者不希望出现不同的意见（Li 和 Sun，2015），这会增加员工对建言的恐惧（Duan 等，2018）。因此，威权型领导会抑制员工建言。

基于此，提出如下假设：

H1a：仁慈型领导正向影响建言行为。

H1b：德行型领导正向影响建言行为。

H1c：威权型领导负向影响建言行为。

2. 内隐建言信念的中介作用

内隐建言信念作为个体的一种知识结构，以避免向当权者提意见而引起麻烦（Greenwald、McGhee 和 Schwartz，1998）。具体来说，内隐建言信念是指员工出于自我保护的需要，会理所当然地认为，在组织中向上级建言是危险的或不合理的。根据内隐建言信念理论，个体并不总是理性的，他们的决策也可能是对外界的本能反应（Greenwald、McGhee 和 Schwartz，1998；Detert 和 Edmondson，2011）。尤其是当个体在面对复杂变化的组织环境和阴晴不定的领导者时，个体认知系统中的内隐心理要比外显心理更能有效预测其行为。因此，反映个人本能认知的内隐建言信念可能有助于预测个体是否会做出建言行为（Greenwald 和 Banaji，1995）。Detert 和 Edmondson（2011）介绍了内隐建言信念的五个维度来解释员工的自我保护性沉默。本研究将内隐建言信念的这五个维度进一步划分为两个主要维度，即安全感和接受度。本研究推测，家长式领导会影响员工的内隐建言信念，具体来说：

第一，仁慈型领导将员工视为家庭成员，其会对每一位员工表示关注，关心他们的职业发展（Aycan，2015；Chen 等，2015），并在他们遇到困难和工作场所尴尬时及时为他们提供支持（Chan 和 Mak，2012）。通过这样日常的互动，一方面可以为员工提供建言的安全感和接受度（Öge、Cetin 和 Top，2018），另一方面也将减少员工对建言行为风险的担忧（Rosenberg，1998；McCullough 等，2002）。因此，本研究提出，仁慈型领导会负向影响员工的内隐建言信念。

第二，德行型领导表现出更多的个人道德和职业操守，以诚恳和平等的态度对待员工，来展现个人美德和职业道德（Cheng 和 Wang，2015）。德行型领导者提出的高道德标准可以提高员工的安全感，员工会相信在提出建议后不太可能受到德行型领导的不道德惩罚（Chen 等，2014；Son、Kim 和 Kim，2014）。此外，德行型领导者的真诚与平等也表达了对员工建言的认可，这减轻了员工对提出建议会引起麻烦的担忧。因此，本研究提出，德行型领导会负向影响员工的内隐建言信念。

第三，威权型领导强调绝对服从（Hamrin，2016），他们很少与员工分享与工作相关的信息和知识（Tian 和 Sanchez，2017），常常无视员工提供的建议（Ekrot 等，2016）。同时，威权型领导表现出对员工的控制，并对员工的不服从和错误施加惩罚（Chen 等，2019）。因此，威权型领导者可能会增加员工的不安全感（Duan 等，2018），这进一步加剧了员工对建言行为的恐惧（Brinsfield、Edwards 和 Greenberg，2009）。因此，本研究提出威权型领导会正向影响员工的内隐建言信念。

基于此，提出如下假设：

H2a：仁慈型领导负向影响内隐建言信念。

H2b：德行型领导负向影响内隐建言信念。

H2c：威权型领导正向影响内隐建言信念。

基于内隐建言信念理论，Detert 和 Edmondson（2011）将员工的内隐建言定义为"个体在组织中会理所当然地认为直截了当地向上级建言是危险的"。基于此，如果个体认为进行建言是不安全的和不可接受的，就会减少建言行为（Detert 和 Burris，2007）。有着高内隐建言信念的员工会因为建言行为的不安全感和不接受度感到不适，因此，他们会出于自我保护来减少建言行为。

基于此，提出如下假设：

H3：内隐建言信念负向影响建言行为。

基于 H1—H3，提出如下假设：

H4：内隐建言信念在家长型领导和建言行为之间起中介作用。

3. 人力资源管理强度的调节作用

"人力资源管理强度"这一概念的诞生源于学术界对于人力资源管理普适观和权变观的争论。人力资源管理普适观认为，存在一套最佳的人力资源管理实践组合，通过营造积极的工作氛围，提高员工的参与度等，从而提高组织的绩效（Huselid，1995）。与普适观相反的是权变观。权变观认为，不存在一套适用于所有情境的人力资源管理实践组合，企业的管理应当依据不同的情境而做出相应的变化（Chow、Huang 和 Liu，2008）。然而，不管是普适观还是权变观，均存在缺陷。普适观过于强调管理的普适性，忽视了企业环境动态变化的特点，而权变观过于强调环境的动态性，忽视了管理制度本身的重要性。为了弥补上述缺点，Bowen 和 Ostroff（2004）提出了人力资源管理强度的概念，其不仅强调了人力资源管理制度本身的重要性，而且对于企业人力资源管理的动态过程以及人力资源管理的结果均提出了评判标准。具体来说，人力资源管理强度被界定为"能够影响组织传递人力资源管理信息的效率，并创造高强度组织氛围的人力资源管理的一系列元属性"（Bowen 和 Ostroff，2004）。本研究推测，人力资源管理强度会调节内隐建言信念在家长型领导与建言行为之间的中介作用，具体来说：

当组织的人力资源管理强度较高时，即表明组织的人力资源管理从制度本身到落实过程再到最后的结果均非常完善。当组织的管理制度是积极鼓励建言时，则意味着组织的建言制度较为完善，建言制度的落实过程真实有效且这些建言制度能够被员工理解和接受。由此，在组织的人力资源管理强度较高时，员工害怕建言的内隐建言信念被组织氛围削弱，员工即便对建言心生畏惧，但受到组织高强度氛围的影响，员工也有可能产生建言行为。而这种建言行为还会受到家长型领导的直接效应的影响，这就说明，在组织的人力资源管理强度较高的情境下，内隐建言信念在家长型领导与建言行为间的中介作用被削弱。

当组织的人力资源管理强度较低时，组织的建言制度并不完善，其落实过程缺乏有效性，且个别制度并不能完全被员工理解和接受。在这样的情境下，组织氛围及组织价值观对员工的影响并没有那么强烈，尤其是在信息不通畅的情境下，员工的内隐建言信念成为影响其行为的重要依据。而员工的内隐建言信念受到领导者的领导风格的影响。这就说明，在组织人力资源管理强度较低的情境下，内隐建言信念在家长型领导与建言行为间的中介作用将得到增强。

基于此，提出如下假设：

H5：人力资源管理强度负向调节内隐建言信念在家长型领导与建言行为间的中介作用。人力资源管理强度越高，内隐建言信念在家长型领导与建言行为间的中介作用越弱。

综上所述，本文的理论模型如图 1 所示。

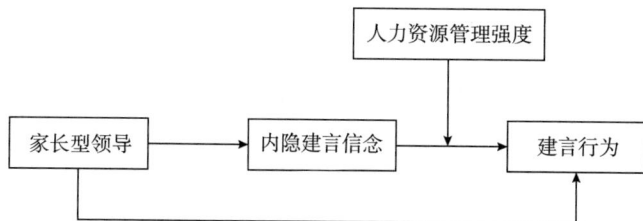

图 1　本文的理论模型

【实地调研】

1. 调查过程

为了避免共同方法偏差，我们在企业人力资源部门的帮助下随机选择了参与者并描述了详细的调查程序，数据是在三个不同的时点对同一对象收集的，所有数据仅用于本研究项目以确保保密性。在第一轮调查（T1）时，员工填写家长型领导和控制变量的问卷，在发放问卷之前，我们对每个参与者进行了编号，以便对在不同时间点收集的数据进行匹配。三个月后，我们邀请第一轮调查的参与者参与第二轮调查（T2），测量他们的内隐建言信念，同样地，参与者被编号以匹配不同时间点的数据。再过三个月之后，我们邀请了完整填答前两轮的参与者参与第三轮调查（T3），测量他们对人力资源管理强度和建言行为的评价，参与者再次被编号以进行数据匹配。通过上述过程，最终获得了 368 份有效数据。

368 份有效问卷的描述性统计分析如下：在性别方面，男性占 44.0%，女性占 56.0%；在年龄方面，25 岁以下占 1.6%，25~29 岁占 52.2%，30~34 岁占 28.3%，35~39 岁占 14.6%，39 岁以上占 3.3%；在工作时间方面，1~5 年占 56.5%，6~10 年占 34.7%，11~15 年占 4.9%，16 年及以上占 3.9%；在学历方面，高中占 6.5%、大专占 7.1%、本科占 54.6%，硕士占 31.8%；在企业规模方面，100 人以下占 20.1%，100~499 人占 24.5%，500~999 人占 12.1%，1000 人及以上占 43.3%。

2. 测量工具

家长型领导：采用 Farh 等（2006）编制的 15 题项量表。代表性题项包括："我的领导是我做人做事的好榜样""我的领导对我的照顾会扩及到我的家人"在本研究中，该量表的 Cronbach's α 系数为 0.82。

内隐建言信念：采用 Detert 和 Edmondson（2011）编制的 20 题项量表。代表性题项包括："提出变革的建议可能会触犯那些创建规则或程序的人""保持沉默比说出改善建议更可能在组织中获得嘉奖"。在本研究中，该量表的 Cronbach's α 系数为 0.85。

建言行为：采用 Liang、Farh 和 Farh（2012）编制的 10 题项量表。代表性题项包括"我会提出改进本组织工作程序的建议""我会诚实地说出可能给组织造成严重损失的问题"。在本研究中，该量表的 Cronbach's α 系数为 0.86。

人力资源管理强度：采用 Delmotte、Winn 和 Sels（2012）开发的 31 题项量表。代表性题项包括："在企业里，我能切身感受到人力资源管理措施的重要意义""人力资源部成员能够就管理其他员工的方式达成共识"。在本研究中，该量表的 Cronbach's α 系数为 0.74。

控制变量：本研究将性别、年龄、学历和工作时间作为个体层面的控制变量（Kline，2015），将企业规模作为组织层面的控制变量（Stanton 等，2010）。

【实证分析】

1. 验证性因子分析

本研究通过验证性因子分析来检验家长型领导、内隐建言信念、建言行为以及人力资源管理强度的区分效度。为了优化样本大小与题项数的比率，本研究将每个变量题项随机进行了打包（Anderson 和 Gerbing，1998）。如表 1 所示，六因子模型的拟合效度较优且显著优于其他因子模型（$\chi^2/df = 2.970$，$RMSEA = 0.05$，$NNF = 0.92$，$CFI = 0.94$，$GFI = 0.91$，$SRMR = 0.06$）。因此，本研究测量模型的区分效度较好。

表 1　验证性因子分析结果

模型构成	χ^2/df	RMSEA	NNFI	CFI	GFI	SRMR
六因子模型：BL，ML，AL，IVB，PHRMS，VB	2.970	0.05	0.92	0.94	0.91	0.06
五因子模型：BL，ML，AL，IVB，PHRMS+VB	3.225	0.07	0.90	0.90	0.90	0.08
四因子模型：BL，ML，AL+IVB，PHRMS+VB	4.049	0.09	0.89	0.90	0.90	0.11

续表

模型构成	χ^2/df	RMSEA	NNFI	CFI	GFI	SRMR
三因子模型：BL+ML，AL+IVB，PHRMS+VB	6.542	0.12	0.88	0.90	0.90	0.16
二因子模型：BL+ML+AL，IVB+PHRMS+VB	12.321	0.22	0.88	0.87	0.87	0.21
单因子模型：BL+ML+AL+IVB+PHRMS+VB	18.297	0.36	0.87	0.86	0.86	0.28

注：BL 代表仁慈型领导，AL 代表威权型领导，ML 代表德行型领导，IVB 代表内隐建言信念，PHRMS 代表人力资源管理强度，VB 代表建言行为，"+"代表因子合并。受篇幅所限，五因子模型、四因子模型、三因子模型、二因子模型均只显示拟合度最好的模型。

2. 描述性统计分析

表 2 展示了各变量的相关系数、均值及标准差。其中，仁慈型领导与内隐建言信念（r=0.006，p<0.05）显著正相关，与建言行为（r=-0.092，p<0.01）显著负相关；德行型领导与内隐建言信念（r=-0.331，p<0.01）显著负相关，与建言行为（r=0.110，p<0.05）显著正相关；威权型领导与内隐建言信念（r=0.227，p<0.05）显著正相关，与建言行为（r=-0.098，p<0.01）显著负相关。这为假设检验提供了初步的数据支撑。

3. 假设检验

（1）主效应和中介效应检验

本研究采用层次回归的方法检验主效应和中介效应。由表 3 可知，仁慈型领导和德行型领导对建言行为有显著的正向影响（M6，β=0.276，p<0.001；M7，β=0.214，p<0.001），威权型领导对建言行为有显著负向影响（M8，β=-0.232，p<0.001）。因此，H1a-H1c 得到支持。仁慈型领导和德行型领导对内隐建言信念有显著的负向影响（M2，β=-0.119，p<0.01；M3，β=-0.133，p<0.01），威权型领导对内隐建言信念有显著的正向影响（M4，β=0.212，p<0.01），因此，H2a-H2c 得到支持。内隐建言信念对建言行为有显著的负向影响（M9，β=-0.117，p<0.001），因此，H3 得到支持。在加入中介变量后，家长型领导对建言行为的正向影响减弱（M10，β=0.122，p<0.01；M11，β=0.207，

表 2 变量的均值、标准差和相关系数

变量	1	2	3	4	5	6	7	8	9	10	11
1. 性别	1										
2. 年龄	-0.301*	1									
3. 学历	-0.076	0.062	1								
4. 工作时间	-0.194**	0.616**	0.031	1							
5. 企业规模	-0.111*	0.098	0.080	0.167**	1						
6. 仁慈型领导	-0.135**	0.038	-0.079	0.095	0.035	(0.840)					
7. 德行型领导	0.112	0.078	-0.213	0.308	0.019	0.203	(0.850)				
8. 威权型领导	-0.302	-0.114	0.078	0.213	0.098	-0.108	-0.229	(0.800)			
9. 内隐建言信念	0.037	0.111*	-0.007	0.068	-0.065	0.006*	-0.331**	0.227*	(0.850)		
10. 建言行为	-0.060	0.067	-0.045	-0.011	-0.048	-0.092*	0.110	-0.098**	0.184**	(0.860)	
11. 人力资源管理强度	-0.255**	0.188**	0.093	0.213**	0.090	0.270**	0.117*	0.302*	-0.035	-0.212**	(0.740)
均值	1.56	2.66	3.12	1.56	2.79	3.12	3.09	3.17	2.70	3.40	3.39
标准差	0.497	3.865	0.798	4.761	0.801	0.621	0.609	0.547	0.686	0.487	0.715

注：*** 表示 $p<0.001$，** 表示 $p<0.01$，* 表示 $p<0.05$。对角线括号内为 Cronbach's α 系数。

表 3　回归分析结果

变量	内隐建言信念（M1—M4）				建言行为（M5—M12）							
	M1	M2	M3	M4	M5	M6	M7	M8	M9	M10	M11	M12
性别	0.198**	0.179*	0.154**	0.166*	0.302***	-0.255**	-0.273**	-0.310**	-0.234**	-0.269**	-0.046	0.079
年龄	-0.032	-0.019	-0.013	-0.016	0.017	0.019	0.033	0.054	0.022	0.041	0.029	-0.019
学历	0.056	0.063	0.053	0.059	0.060	0.046	0.028	0.031	0.064	0.058	0.059	0.047
工作时间	0.033*	0.046*	0.049*	0.041**	0.137*	0.026	0.033	0.056	0.049	0.051	0.046	0.013*
企业规模	0.061*	0.102*	-0.037*	0.079*	-0.013	0.049	0.018	0.029	0.024	0.017	-0.021	0.082*
仁慈型领导		-0.119**				0.276***				0.122**		
德行型领导			-0.133**				0.214***				0.207**	
威权型领导				0.212**				-0.232***				-0.129**
内隐建言信念									-0.117***	-0.101**	-0.103*	-0.104**
R^2	0.095	0.103	0.117	0.178	0.102	0.191	0.198	0.165	0.187	0.176	0.187	0.166
ΔR^2	—	0.098	0.113	0.082	—	0.173	0.186	0.157	0.142	0.155	0.163	0.159
F	3.099***	3.121***	4.231***	3.981***	1.12	2.307*	4.082*	3.603*	4.812***	5.109***	4.218***	5.101***
ΔF	—	2.117**	3.153**	3.142*	—	8.209***	9.279**	8.262***	11.274***	23.164***	17.189***	12.128***

注：*** 表示 $p < 0.001$，** 表示 $p < 0.01$，* 表示 $p < 0.05$。

p<0.01；M12，$\beta=-0.129$，p<0.01），说明内隐建言信念在家长型领导和建言行为起中介作用，因此，H4得到支持。

同时，本研究使用Process插件对中介效应进行Bootstrap检验，以进一步验证中介效应。结果显示，以内隐建言信念为中介变量时，家长型领导对建言行为的间接效应在95%置信区间为［0.0356，0.2248］，不包括0，H4得到进一步验证。

（2）被调节的中介效应检验

本研究还利用Hayes（2012）的PROCESS程序检验了被调节的中介效应，根据平均值和标准差将人力资源管理强度划分为高、中、低三组，在不同的水平下，对内隐建言信念在家长型领导和建言行为之间的中介作用进行比较。由表4可知，在仁慈型领导下，内隐建言信念的中介作用在高水平人力资源管理强度下不显著（95%置信区间下为［-0.1327，0.1137］），但在低水平人力资源管理强度下显著（95%置信区间下为［0.1756，0.2143］）；在德行型领导下，内隐建言信念的中介作用在高水平人力资源管理强度下不显著（95%置信区间下为［-0.1425，0.1904］），但在低水平人力资源管理强度下显著（95%置信区间下为［0.1224，0.2561］）；在威权型领导的情况下，不管在高水平人力资源管理强度（95%置信区间下［0.1276，0.3571］）还是低水平人力资源管理强度（95%置信区间下为［0.0803，0.1206］）下都是显著的。因此，H5得到了部分支持。

表4　被调节的中介效应检验

	分组	被调节的中介作用	标准误	95%置信区间下限	95%置信区间上限
仁慈型领导	高人力资源管理强度	0.1962	0.1023	-0.1327	0.1137
	中人力资源管理强度	0.2017	0.0328	0.1208	0.3109
	低人力资源管理强度	0.2114	0.0426	0.1756	0.2143
德行型领导	高人力资源管理强度	0.1762	0.1017	-0.1425	0.1904
	中人力资源管理强度	0.2311	0.0318	0.1316	0.2782
	低人力资源管理强度	0.2074	0.0376	0.1224	0.2561
威权型领导	高人力资源管理强度	-0.1947	0.0523	0.1276	0.3571
	中人力资源管理强度	-0.1896	0.0324	0.1521	0.2747
	低人力资源管理强度	-0.1855	0.1006	0.0803	0.1206

【理论贡献】

基于内隐建言理论，采用 368 份问卷调查数据，本研究探索了家长型领导对建言行为的影响，进一步分析了内隐建言信念在其中所起到的中介作用和人力资源管理强度在其中所起到的调节作用。结果表明：仁慈型领导和德行型领导均正向影响建言行为，而威权型领导负向影响建言行为；内隐建言信念在家长型领导和建言行为之间起到了部分中介作用。此外，人力资源管理强度负向调节了内隐建言信念在仁慈型领导、德行型领导与建言行为间的中介作用。本研究的结论具有如下理论贡献：

第一，本研究通过探索家长型领导和员工建言行为之间的内隐认知机制，扩展了家长型领导的研究。先前的文献从社会交换和社会学习的角度研究了家长型领导对员工行为的影响（Willman、Bryson 和 Gomez，2006；Zhang、Huai 和 Xie，2015），他们假设纯粹理性的员工会开展互惠性的积极行为或遵循领导者的模范行为（Brown、Treviño 和 Harrison，2005；Cropanzano 和 Mitchell，2005；Chen 和 Hos，2016）。然而，基于内隐建言信念理论，本研究探索了"有限理性"的情况，并阐明了家长型领导可能通过员工的认知过程（即内隐建言信念）影响其建言行为。Deterth 和 Edmondson（2011）提出，人类是有限理性的，会无意识地受到自我感知和内隐信念的影响，并采取相应的行为，而不是去做完全理性的决定。Zhang 等（2015）提出，家长型领导影响员工的自我感知，进而影响员工的建言行为。本研究进一步扩展了 Zhang 等（2015）的研究，并提出家长型领导会影响员工对建言行为的感知（即内隐建言信念）。因此，本研究为家长型领导与员工建言行为之间的内在机制提供了一个新的视角。

第二，本研究从一个整合的视角探索了建言行为的影响因素，并且引入了人力资源管理强度作为其边界条件。Chao 等（1994）认为，组织氛围会影响员工感知，从而影响员工的态度和行为。当组织的人力资源管理强度较高时，建言过程是通畅的（Bowen 和 Ostroff，2004；Hauff、Alewell 和 Katrin，2017），这会使员工的内隐建言信念在仁慈型领导和德行型领导到员工建言行为传递中的阻碍作用减弱。然而，在威权型领导下，数据结果并不支持人力资源管理强度调节内隐建言信念在威权型领导和建言行为之间的中介效应。该结果有助于增强我们对员工建言行为发生机制的理解。

【管理启示】

员工保持沉默对组织有严重的危害，因此促进员工建言对组织是十分重要的（Detert 和 Edmondson，2011）。本研究的结论对寻求鼓励员工建言的组织具有重要意义。根据研究发现，我们给出如下管理建议：

第一，结果表明，仁慈型领导和德行型领导可以促进员工的建言行为，而威权型领导则会抑制员工的建言行为。我们建议领导者，尤其是中国的领导者，在行为上要保持仁慈性和德行性，避免过度的权威风格，以鼓励员工积极建言。例如，任正非作为一家大型科技公司——华为的创始人，并没有居功自傲、闭目塞听，而是广开言路。任正非曾在 2017 年 9 月签发一份题为《要坚持真实，华为才能更充实》的内部电子邮件，决定对一位讲真话的员工晋升两级，并且保护他不受到打击报复。任正非在这封邮件中提到，"我们要鼓励员工及各级干部讲真话"，"真话有利于改进管理，假话只有使管理变得复杂、成本更高"。任正非以其高尚的个人品德及操守深受员工的爱戴，正是在这样的领导者的鼓励下，华为的员工才敢于发声，提出公司存在的问题，促进华为的良性循环。因此，领导者优秀的德行是员工讲真话的推进剂。

第二，结果表明，内隐建言信念和建言行为负相关，而家长型领导通过增加内隐建言信念会阻碍建言行为。因此，组织应该开展培训，保证员工开展建言行为的安全感和可接受度。例如，组织可以制定政策鼓励员工提出建议并且避免过度的威权型领导，从而营造一个促进员工建言的环境，而那些抑制员工建言的领导者应该受到政策惩罚。同时，为了减少员工内隐建言信念，促进员工建言行为，组织还应制定政策并提供培训课程，以倡导仁慈型领导慷慨大方（Zhang等，2015），采纳员工不成熟的建议，为员工提供改正错误的空间，并帮助他们克服建言时的尴尬。日本著名汽车公司丰田公司的做法值得借鉴。丰田鼓励员工建言并不是简单地喊口号，而是从政策层面提升员工的安全感，为其建言献策提供心理保障与物质激励。在 20 世纪 50 年代，丰田就制定出"合理化建议制度"，员工提出的建议一旦被采纳，将会得到 500 至 20 万日元的奖金。事实证明，该制度效果显著，仅在 1986 年这一年中，员工提出的合理化建议就接近 265 万条，人均 47 条。这些建议每年都能帮助丰田节约巨额成本。因此，制定合理政策可以有效激发员工建言，从而实现员工与企业的双赢。

第三，结果表明，人力资源管理强度削弱了内隐建言信念在家长型领导和建言行为之间的负向中介作用。当人力资源管理强度很高时，员工会受到影响，仁慈型领导和德行型领导的鼓励会更有可能直接刺激员工的建言行为，使员工无须考虑其内隐建言信念的作用。我们建议组织提高人力资源管理强度，促进组织信息流动，并使员工较少受其内隐建言信念的影响，从而产生更多的建言行为。例如，华为公司认为内部员工对于公司高层的战略认知以及对战略实施过程中的建言献策是不可或缺的，所以鼓励员工发声是关键的一步。"心声社区"就是华为建立的员工发声的平台，在这个平台上每天都会上传一些高层战略制定的相关信息，并通过宣传和激励制度鼓励公司所有员工积极参与到这个平台并且畅所欲言。华为通过"心声社区"这样的一系列政策和措施，拉近了战略制定者与执行者之间的距离，使公司战略制定过程更加清晰化和明朗化，并且能被全体员工充分认知，最终在公司内部形成一种良好的建言氛围。因此，注重人力资源管理过程，可推动员工勇敢发声。

【未来展望】

本研究还存在以下三点局限：

第一，本研究对于家长型领导的维度划分采用的是三维度的划分方式，分别检验了在不同情境下仁慈型领导、德行型领导和威权型领导的有效性（Farh 等，2006）。而根据中国传统文化中的阴阳理论，家长型领导中的仁慈型领导和威权型领导体现的是一种悖论管理模式（Li，2016）。Zhang、Peace 和 Han（2016）指出，领导力的选择不应当是"非黑即白"或"非此即彼"的，从中国阴阳理论来看，领导者在行为过程中完全可以追求一种动态平衡的"面面俱到"，既不过于仁慈也不过于权威。因此，未来的研究可以依照阴阳平衡观点（Jansen 等，2008；Rosing、Frese 和 Bausch，2011）进一步探索家长型领导的复杂动态性的影响效果。

第二，虽然本研究进行了三阶段的研究设计，对样本进行了信效度检验，但是我们的数据来源均为自评，因此很可能出现共同方法偏差（Doty 和 Glick，1998），而多源收集数据才更适合研究领导风格对员工行为的影响。因此，收集单一来源的数据会限制本研究做出的贡献，我们建议未来的研究可以收集来自多种来源的纵向数据，增强对家长型领导研究的贡献。此外，虽然来自中国的样本数据在管理研究中越来越被广泛地接受（Zhang 等，2016；Hu 等，2018；Zhang 等，2019），但仍然存在样本片面性的问题，因此我们期望未来的研究收集各国数据以验证本研究的结论。此外，本研究将家长型领导视为一种不变的行为模式，但是 Tu 和 Lu（2013）以及 Feng 等（2018）指出，领导行为可能随时变化，这可能导致对员工行为的非线性影响，因此 Feng 等（2018）提出，经验取样法可能更适合这种变化的领导风格的测量。

第三，虽然本研究想要探索组织的人力资源管理系统的实施过程的影响，但本研究模型中的所有变量都是在个人层面收集的。目前，人力资源管理强度因其重要性受到了学术界的广泛关注（Zhang 等，2018；Lee 等，2019），可能存在文化背景（Su 等，2018）等其他因素影响家长型领导和建言行为之间的关系（Emelifeonwu 和 Valk，2019）。因此，未来的研究也应该更加关注组织层面因素在家长型领导和建言行为之间的调节作用。

人力资源管理强度与
真实型领导的共建机制

【华为的人力资源管理与真实型领导共建策略】

华为公司的领导者任正非是一个低调的人，他很少参加媒体盛事。尽管如此，其杰出的领导力依然能够"引无数英雄竞折腰"。任正非的领导力，按照解剖麻雀的方式可做如下拆解：

第一，明确的发展纲领。早在1996年，任正非就开始酝酿起草《华为基本法》——一个清晰界定公司使命、愿景、经营哲学、人才理念、核心价值观等决定企业长远发展的纲领性文件。这在迄今为止的十多年里确保了华为的正确航向——专注于通信设备供应，永不进入信息服务业，更不为深圳如火如荼的房地产和股票炒作所诱惑。《华为基本法》的出台，使华为在遇到各种挑战和诱惑时始终有正确的导向，在面临问题时，各级员工也清楚地知道如何去开创性地开展工作。

第二，规范的人力资源机制。1997年，任正非开始谋划人力资源开发与管理系统的规范化变革。在顶尖咨询公司的帮助下，华为逐步建立并完善了职位体系、薪酬体系、任职资格体系、绩效管理体系，以及各职位系列的能力素质模型，逐渐形成了自己成熟的干部选拔、培养、任用、考核与奖惩机制。首先，在职务晋升上，"让最有责任心的人担任最重要的职务"。"责任心"不是传统意义上的对领导个人负责，而是对事物、对工作结果负责，以绩效目标的改进作为晋升的主要依据。其次，在薪资问题上，"绝不羞羞答答"，而是"坚定不移地向优秀员工倾斜"。以能力、贡献和岗位的重要性来确定员工的报酬，使认真负责、业绩出众的员工得到丰厚回报。最后，在股权分配上，持股份额根据"才能、责任、贡献、工作态度、风险承诺"等情况综合确定，从而形成了优秀员工集体控股、骨干员工大量持股、低级员工适当参股的股权分配格局。人力资源部每天可以对数万名员工进行精确的绩效考核，这使职务晋升等关键问题逐步摆脱人为因素的影响，各类能人志士所渴望的"公平竞争"也因此而水到渠成。

第三，严密的运营机制。1998年，华为斥巨资与IBM合作，建立了规范化的流程化管理。以产品的研发和推广为例：任何产品一经立项，就随即成立由市场、研发、服务等人员组成的"混成团队"，对产品的整个开发过程进行全面管理。产品一经推出，全流程各个环节都做好了充分的准备，以确保随时满足客户可能出现的任何需求。这样的流程安排，摆脱了原来各部门各自为战的割裂状态，有效避免了部门之间的推诿扯皮现象，公司的运营效率、产品质量与服务水平也在整个流程的推动下迅速提高。

第四，朴实无华的宣教。任正非行伍出身，却有着一般人难以匹敌的宣教能力。他的宣教是有针对性地对自己的战略思路进行解释，对存在的问题进行适度的矫正，在朴实无华中闪烁着智慧、生动和乐趣。比如，在困难和重大变革面前，人们总是习惯性地表现出畏惧、逃避甚至抵制，而任正非总是会在恰当时机"跳"出来，用生动的语言向大家解释，以美好的前景给大家打气。"烧不死的鸟是凤凰"便是一例，它被用来肯定一位在内部集体大辞职后被发配到山东，然后又忍辱负重、积极开拓并最终创造了辉煌业绩的市场部经理的感人事迹。任正非提出的口号很实在，让员工们都觉得很亲切、现实。这些宣教在潜移默化之中影响了员工的精神面貌，并逐渐形成了华为的企业文化。

从案例中可以看出，任正非塑造了一种真实型领导方式，其领导秘籍可以简单概括为"一法""两制""三宣教"，通过建立规范的人力资源管理机制，加之任正非的个人领导魅力，实现共同为华为公司的高速发展保驾护航。基于此实践背景，本部分将通过理论研究探讨人力资源管理强度如何与真实型领导共建来促进组织发展。

案例来源：毛志玲，张红娟，郭佳．"巨人背后的功臣"：华为的人力资源管理之路．中国管理案例共享中心案例库，2018.

【问题缘起】

随着组织竞争环境的日益变化，人力资源管理在企业中的地位日显重要，成为实现组织目标的有力支撑。早期，学者们主要探讨组织达到其目标所运用的多种人力资源管理实践以及这些实践组合达成的协同效应（即人力资源管理系统）是如何提升组织绩效的（Martin-Alcazar、Romero-Fernández 和 Sánchez-Gardey，2008），这些研究大多关注人力资源管理的具体内容，而忽视了这些内容的实施过程。在管理实践中，尽管很多企业做出了巨大努力，建立了完善的人力资源管理制度，却因为员工没有对这些制度及具体措施产生有效感知并形成共识，从而导致优秀的措施无法在实践中有效落实（唐贵瑶、魏立群和贾建锋，2013）。

基于此，Bowen 和 Ostroff（2004）提出了人力资源管理强度的概念，它是指"能够影响组织传递人力资源管理信息的效率，并创造高强度组织氛围的人力资源管理的一系列元属性"，这一系列元属性的实现能够帮助具体人力资源管理措施传递出有效的信息，并且它们还将影响员工对这些信息的有效感知和共享（贾建锋、周舜怡和唐贵瑶，2017）。人力资源管理强度包括三个维度，分别是独特性（包括可视性、可理解性、职权正当性和相关性四个特征）、一致性（包括充分性、有效性和人力资源管理信息的一致性三个特征）和共识性（包括主要人力资源管理决策者之间的共识和公平性两个特征）（Bowen 和 Ostroff，2004）。已有多项研究都证实了人力资源管理强度对员工态度、行为和绩效等方面的表现具有显著正向影响（Chen 等，2007；Frenkel、Li 和 Restubog，2012；Shin，2012；Hauff、Alewell 和 Hansen，2017），然而，在明确人力资源管理强度影响效果的基础上，如何构建出强大的人力资源管理系统（也即人力资源管理强度前因的探讨）是理论界与实践界更为关注的问题。

从信息传递的角度看，企业的人力资源管理信息主要通过组织的规章制度和等级链中的直线领导两种途径进行传递（Delmotte、Winne 和 Sels，2012）。在直线领导与员工互动的过程中，领导风格可能会影响人力资源管理措施在传递过程中发出的信号，并进一步影响到员工对这些信号的有效感知和共享，也即领导风格会对人力资源管理强度产生影响。从积极型领导风格出发，真实型领导把自身积极的心理能力与高度发展的组织情境相结合来发挥作用（Luthans 和 Avolio，2003），被认为是积极型领导风格的源构念（Avolio 和 Gardner，2005）。已有研究证实，真实型领导对其自身发展、员工的态度和行为以及组织目标的实现均有正向影响（王震、宋萌和孙健敏，2014）。因此，本研究推断，真实型领导可能会显著提高人力资源管理强度。

另外，根据上述分析可知，真实型领导对人力资源管理强度的影响是在传递人力资源管理政策和信息的过程中产生的，而员工是信息的接受者，因此有必要从员工角度探讨真实型领导对人力资源管理强度的影响过程。员工建言行为作为改善组织现状的建设性沟通行为（Lepine 和 Van Dyne，1998），一定程度上可以看作对信息的传播。真实型领导通过自身的积极能力促进员工建言，在员工建言的过程中人力资源管理信息被更多人接受、理解和认可。因此，本研究将探讨员工建言行为在真实型领导与人力资源管理强度之间的中介作用。

同时，从社会认知角度出发，员工对组织环境的认知会影响其是否采取某种行为（Bandura，1986）。组织中常出现为实现利益而采取拉关系、走门路等正式规则之外的政治行为，而人们对这种组织政治行为的理解是建立在主观的解释而不是一些客观的组织状态之上，因此组织中政治行为的影响取决于人们的感知（Ferris、HarrellCook 和 Dulebohn，2000），即员工的组织政治知觉。"守中庸之道""沉默是金"是中国几千年的文化传承，人们在耳濡目染中学会了明哲保身。当员工的组织政治知觉较高时，即使领导者与他人公开分享信息，力图建立真诚、公平的关系，员工或出于自保动机、或出于互惠动机，都会选择三缄其口。因此，组织政治知觉可能是真实型领导影响员工建言行为的边界条件。

综上，本研究将基于社会认知理论，解决如下问题：第一，探究真实型领导对人力资源管理强度的作用效果；第二，考察员工建言行为在真实型领导与人力资源管理强度之间的中介作用；第三，检验组织政治知觉在真实型领导与员工建言行为之间的调节作用。

【理论架构】

1. 真实型领导对人力资源管理强度的影响

真实型领导是一种促进并利用积极的心理能力和道德氛围，以使领导者产生更强大的自我意识和内化的道德观点，平衡地处理信息并与下属建立透明的关系，进而促进领导者自身和下属积极地自我发展的领导风格（Walumbwa 等，2008）。Walumbwa 等（2008）将真实型领导划分为四个维度，即自我意识、内化道德、关系透明和平衡加工。自我意识是指领导者对自己的优势和劣势等多方面特点的准确了解；内化道德是指领导者的行为不屈从于群体、组织和社会的压力，与内在的道德标准和价值观相一致；关系透明是指领导者通过公开分享信息、表达真实想法和抑制不良情绪等方法，将真实的自我呈现给他人；平衡加工是指领导者在做出决定之前会征求他人意见，并客观地分析相关信息（Walumbwa 等，2008）。

本研究推测，真实型领导会正向影响人力资源管理强度，具体来说：第一，真实型领导与他人公开分享和收集信息、表达真实想法，使员工充分明确人力资源管理信息，并在沟通交流中增进员工对信息的理解和认可，从而提高人力资源管理强度的独特性。第二，一方面，真实型领导坚持做对的、有利于组织的事（George，2003），能够指导员工采取符合组织目标的行动，实现人力资源管理的有效性；另一方面，真实型领导会表现出内心价值观与外在行为的一致性特点（Avolio 和 Gardner，2005），因此不会出台一些自相矛盾和朝令夕改的政策，从而提高人力资源管理强度的一致性。第三，真实型领导与下属建立透明的关系，坚持不做虚假决策，会增强员工对人力资源管理政策的认同和组织中公平性的感知，从而提高人力资源管理强度的共识性。

基于此，提出如下假设：

H1：真实型领导正向影响人力资源管理强度。

2. 建言行为的中介作用

建言行为是一种以改善组织现状为目的的、自发的、建设性的沟通行为

（Dyne 和 Lepine，1998）。本研究推测，真实型领导会正向影响员工建言行为。第一，真实型领导具有准确的自我认知，清楚地了解自己的缺点，使员工认识到领导者能直面管理中存在的问题，提高员工建言的信心；同时，领导者努力与下属建立相互信任的关系，进一步降低了建言的风险性给予员工的心理压力，为建言提供了有利的条件。第二，基于社会学习理论，真实型领导为员工树立了榜样，能塑造员工正确的价值观、信仰和其他道德认知（Avolio 和 Gardner，2005），激励员工模仿他们的行为（Hannah 和 Walumbwa，2011）。真实型领导具有较高的道德标准并积极为组织服务，员工在向领导者学习的过程中也会因此更加重视组织利益，不畏压力提出建言。第三，真实型领导在做出决策之前会寻求他人意见，给予了下属发表意见的机会；对待信息客观公正的态度，降低了建言的挑战性可能带来的负面影响。

基于此，提出如下假设：

H2：真实型领导正向影响员工建言行为。

另外，真实型领导对人力资源管理强度的影响可能是通过促进员工建言来间接实现的。第一，员工在做出建言行为之前会广泛收集信息，以使自己的建言更有理论和现实依据，并对自己建言可能带来的奖惩进行评估，信息的收集使员工对人力资源管理实践有了更加清晰的认识，从而提高人力资源管理强度的独特性。第二，员工针对组织中的问题提出建议，使组织中的人力资源政策在上传下达的过程中更加规范且不出差错，从而提高人力资源管理强度的一致性。第三，已有研究表明，建言有利于员工获得更高的绩效评价（Whiting、Podsakoff 和 Pierce，2008），这会使员工认为自己的努力得到了回报，提高员工对人力资源管理实践的认同和对组织公平性的感知，从而提高人力资源管理强度的共识性。

基于此，提出如下假设：

H3：员工建言行为在真实型领导和人力资源管理强度之间起中介作用。

3. 组织政治知觉的调节作用

组织政治行为被定义为组织上未被认可的、具有潜在自利意图的行为（Ferris、HarrellCook 和 Dulebohn，2000）。组织政治知觉则考察个人对这种具有自利意向行为的归因，通常是指个人对工作环境中领导或同事表现出这种自利行为程度的主观认知（Ferris、HarrellCook 和 Dulebohn，2000）。

本研究推测，组织政治知觉会对真实型领导与员工建言行为之间的关系产生调节作用，具体来说：第一，员工的组织政治知觉会影响真实型领导行为的有效性，当员工的组织政治知觉较高时，真实型领导广开言路和构建真诚上下级关系的特质就会被弱化，员工更倾向于采取组织中普遍存在的做法——通过政治手段来实现自身利益，建言这种角色外行为会被认为效用较低。第二，根据社会认知理论，个体的行为与对他人的观察和认知有关（Bandura，1986），组织中广泛采用政治手段的不良风气会使员工改变对领导者的判断，领导者可能给员工一种表面真诚但暗地里更欢迎政治行为的印象，建言这种对现有规则的挑战性行为会被认为是不受欢迎的，从而降低员工建言的信心。第三，员工建言的目的是改善组织现状，当员工的组织政治知觉较高时，员工会产生无力感，认为即使建言也不能取得理想中的效果，从而放弃或减少建言；相反，当员工的组织政治知觉较低时，员工不倾向于使用政治技能搞关系，真实型领导对员工建言的激励作用能够通过组织正直的氛围得到进一步加强，当员工发现组织中的问题时，极有可能选择进行建言。

基于此，提出如下假设：

H4：组织政治知觉负向调节真实型领导与员工建言行为之间的关系。员工的组织政治知觉越高，真实型领导与员工建言行为之间的正向关系越弱。

综上所述，本文的理论模型如图 1 所示。

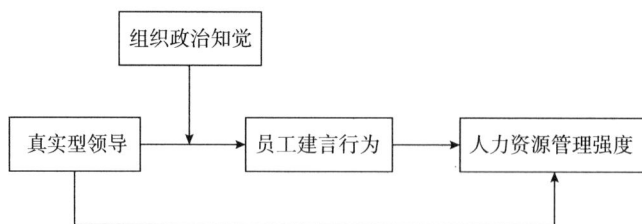

图 1　本文的理论模型

【实地调研】

1. 调查过程

本研究以企业员工为调查对象，采用问卷调查的方法收集数据，为保证数据的真实性，问卷开头告知被调查者本次问卷为纯学术调研问卷，采用匿名填写，答题者的任何答题情况和个人信息都将受到严格保密，不会泄露给他人。本次调查面向员工总计发放问卷408份，回收有效问卷288份。

288份有效问卷的描述性统计分析如下：在性别方面，男性占50.7%，女性占49.3%；在年龄方面，20岁及以下占1.4%，21~30岁占28.8%，31~40岁占28.1%，41~50岁占32.6%，50岁以上占9.1%；在学历方面，高中/中专及以下占13.9%，大专占28.8%，本科占45.8%，硕士及以上占11.5%；在工作时间方面，1年以下占18.1%，1~3年占22.6%，4~6年占28.5%，7~10年占12.5%，10年以上占18.3%。

2. 测量工具

真实型领导：采用Walumbwa等（2008）编制的16题项量表，包括："我的领导能够通过与下属沟通而获得一些建议，从而拉近领导与员工的距离""我的领导要求我在做事时尊崇本心"。在本研究中，该量表的Cronbach's α系数为0.908。

员工建言行为：采用Liang和Farh（2012）编制的10题项量表，包括："我会提出改进本组织工作程序的建议""我敢于指出问题，即使这会妨碍与其他同事的关系"。在本研究中，该量表的Cronbach's α系数为0.841。

人力资源管理强度：采用Delmotte、Winne和Sels（2012）编制的31题项量表，包括："在企业里，我能切身感受到人力资源管理措施的重要意义""人力资源部成员能够就管理其他员工的方式达成共识"。在本研究中，该量表的Cronbach's α系数为0.953。

组织政治知觉：采用Kacmar和Carlson（1997）编制的15题项量表，包括：

"我所在的组织内，会有员工打压别人，只为了自己能够晋升""我们组织内的员工最好与权力大的人站在同一队"。在本研究中，该量表的 Cronbach's α 系数为 0.704。

控制变量：本研究选取了性别、年龄、学历和工作时间作为控制变量。

【实证分析】

1. 验证性因子分析

由表 1 验证性因子分析结果可知，四因子模型（真实型领导、人力资源管理强度、员工建言行为、组织政治知觉）的拟合效果最好（$\chi^2/df = 2.483$，TLI = 0.957，CFI = 0.969，RMSEA = 0.072），表明本研究四个变量具有较好的区分效度。

表 1　验证性因子分析

模型构成	χ^2/df	TLI	CFI	RMSEA
四因子模型：AL, HRMS, VB, POPS	2.483	0.957	0.969	0.072
三因子模型：VB+HRMS, AL, POPS	3.867	0.917	0.936	0.100
二因子模型：AL+POPS, HRMS+VB	7.074	0.825	0.859	0.145
单因子模型：AL+HRMS+VB+POPS	11.515	0.696	0.752	0.191

注：AL 代表真实型领导，HRMS 代表人力资源管理强度，VB 代表员工建言行为，POPS 代表组织政治知觉；"+"代表因子合并。受篇幅所限，三因子模型、二因子模型均只显示拟合度最好的模型。

2. 共同方法偏差检验

本研究涉及的真实型领导、组织政治知觉、员工建言行为、人力资源管理强度四个变量均来源于员工报告，很有可能产生共同方法偏差。本研究采用了 Harman 单因素检验和因子控制法两种方法对共同方法偏差进行检验。一方面，采用 Harman 单因素检验的方法，将本研究四个变量的所有题项进行探索性因子分析，在未旋转时，第一个因子的方差解释率为 28.367%，低于 40%；另一方面，采用

Podsakoff 等（2003）的因子控制法，加入方法偏差潜变量，拟合参数 $\chi2/df$、CFI、TLI 和 RMSEA 的变化情况为 $\Delta\chi^2/df = 0.053$、$\Delta CFI = 0.001$、$\Delta TLI = 0.001$、$\Delta RMSEA = 0.001$，CFI、TLI 和 RMSEA 的变化量均在 0.02 以下。综上，判定共同方法偏差在本研究中并未造成严重影响。

3. 描述性统计分析

表 2 展示了各变量的相关系数、均值及标准差。真实型领导与员工建言行为、人力资源管理强度显著正相关（$r = 0.564$，$p < 0.01$；$r = 0.684$，$p < 0.01$），员工建言行为与人力资源管理强度显著正相关（$r = 0.648$，$p < 0.01$），为假设检验提供了初步的数据支撑。

表 2　变量的均值、标准差和相关系数

变量	1	2	3	4	5	6	7	8
1. 性别	1							
2. 年龄	−0.001	1						
3. 学历	−0.023	−0.165**	1					
4. 工作年限	−0.117*	0.491**	−0.021	1				
5. 真实型领导	0.085	−0.058	0.122*	0.026	(0.908)			
6. 员工建言行为	−0.006	−0.035	0.034	0.061	0.564**	(0.841)		
7. 组织政治知觉	−0.072	0.171**	0.006	0.196**	0.072	−0.160**	(0.953)	
8. 人力资源管理强度	0.031	−0.143*	0.043	−0.007	0.684**	0.648**	−0.160**	(0.704)
平均值	1.490	3.190	2.550	2.910	3.260	3.299	3.165	2.962
标准差	0.501	0.999	0.870	1.344	0.712	0.697	0.479	0.669

注：*** 表示 $p < 0.001$，** 表示 $p < 0.01$，* 表示 $p < 0.05$。对角线括号内为 Cronbach's α 系数。

4. 假设检验

（1）主效应和中介效应检验

本研究采用层次回归的方法检验主效应。由表 3 可知，真实型领导对人力资源管理强度有显著的正向影响（M2，β = 0.686，p < 0.001），由此，H1 得到支持。真实型领导对员工建言行为有显著的正向影响（M5，β = 0.569，p < 0.001），由此，H2 得到支持。加入中介变量后，真实型领导对人力资源管理强度的影响（M3，β = 0.469 p < 0.001）显著降低，因此，员工建言行为在真实型领导与人力资源管理强度之间起部分中介作用，H3 得到支持。

表3　回归分析结果

变量	人力资源管理强度（M1~M3）			员工建言行为（M4~M6）		
	M1	M2	M3	M4	M5	M6
性别	0.041	-0.025	-0.007	0.007	-0.048	-0.052
年龄	-0.183**	-0.130*	-0.116*	-0.082	-0.038	-0.034
学历	0.016	-0.062	-0.046	0.023	-0.041	-0.047
工作时间	0.088	0.034	0.012	0.103	0.058	0.059
真实型领导		0.686***	0.469***		0.569***	0.567***
组织政治知觉						-0.039
真实型领导×组织政治知觉						-0.098*
员工建言行为			0.380***			
R^2	0.027	0.484	0.582	0.010	0.324	0.336
F	1.997	52.932***	65.192***	0.710	27.076***	20.241***
ΔR^2	0.027	0.457	0.098	0.010	0.314	0.012
ΔF	1.997	249.651***	65.737***	0.710	131.232***	2.455

注：***表示 p < 0.001，**表示 p < 0.01，*表示 p < 0.05。

（2）调节效应检验

表3中真实型领导和组织政治知觉的交互项对员工建言行为产生了显著的负向影响（M6，β = -0.098，p < 0.05），因此，组织政治知觉在真实型领导与员工建言行为之间的调节作用存在，H4 得到支持，具体表现为，员工的组织政治知觉越高，真实型领导与员工建言行为之间的正向关系越弱。

参考 Aiken 和 West（1991）的做法，图2用简单斜率检验的方式展示了组织政治知觉的调节效应，在低组织政治知觉的情况下，真实型领导与员工建言行为之间的正向关系比在高组织政治知觉的情况下更强，H4 得到进一步验证。

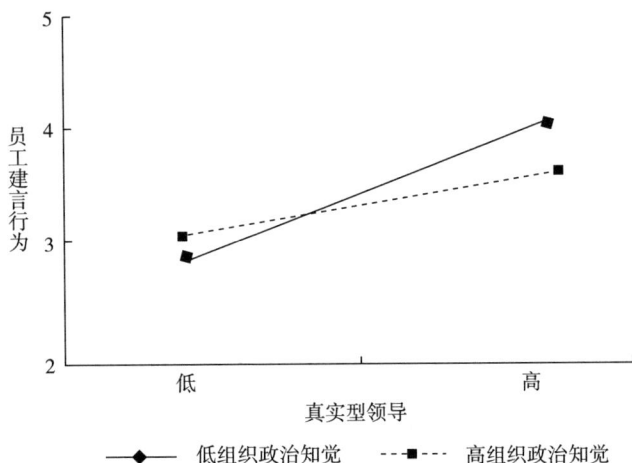

图 2　组织政治知觉在真实型领导与员工建言行为之间的调节作用

【理论贡献】

基于社会认知理论，以 288 名员工为样本，本研究检验了真实型领导对人力资源管理强度的影响，并验证了员工建言行为的中介作用和组织政治知觉的调节作用。结果表明：真实型领导与人力资源管理强度显著正相关；员工建言行为在真实型领导与人力资源管理强度之间起部分中介作用；组织政治知觉在真实型领导与员工建言行为之间起负向调节作用。本研究的结论具有如下理论贡献：

第一，丰富了人力资源管理强度前因变量的实证研究。目前，对人力资源管理强度前因的探讨集中在管理者因素（主要指高层管理者）和组织因素两个方面（Delmotte、Winne 和 Sels，2012），本研究关注与员工直接接触的直线领导，证实了真实型领导对人力资源管理强度的正向影响，为从领导风格方面探究人力资源管理强度的前因提供了理论依据与实证支持。

第二，为领导风格对人力资源管理强度作用机制的探究提供了新思路。人力资源管理信息被员工理解和感知依赖于信息的准确传递，本研究证明了员工建言行为这一人际沟通行为的中介效应，揭开了真实型领导对人力资源管理强度影响过程的黑箱。

第三，确定了真实型领导作用于员工建言行为的边界条件。本研究从社会认知角度出发，聚焦于员工对组织中普遍存在的政治行为的感知，证实了组织政治知觉在真实型领导与员工建言行为之间的负向调节作用。

【管理启示】

真实型领导风格对人力资源管理强度方面的作用不容忽视，因此组织提倡真实型领导风格是十分必要的。本研究的结论对寻求增强人力资源管理强度的组织具有重要意义。根据研究结论，我们给出如下管理建议：

第一，真实型领导是增强人力资源管理强度的重要前因，为领导者选择和改善领导方式提供了指导。真实型领导具备高尚的道德标准、公正无私的特质和坦诚大方的行事风格，带给员工一种平等、真诚的感觉，这与我国长久以来惯有的威权领导风格有着本质的区别。领导者应充分认识到真实型领导风格在促进人力资源管理强度方面的作用，这要求领导者不仅要提高自身修养、扮演好带头人的角色，也必须真正融入员工，与员工坦诚相待，建立透明的关系。例如，字节跳动公司不仅将"坦诚清晰"这四个字写进企业文化，还将其作为内部语言广泛使用。"坦诚清晰"的内涵是：敢当面表达真实想法；能承认错误，不装，不爱面子；实事求是，暴露问题，反对"向上管理"；准确、简洁、直接，有条理有重点。在"坦诚清晰"的企业文化的影响下，字节跳动的领导者做到了真实型管理，员工也做到了积极表达自己的想法。可见，真实的管理决定了真实的信息环境，也决定了真实的企业氛围。

第二，员工建言行为是真实型领导与人力资源管理强度之间的中介机制，这启示组织在管理实践中应重视员工建言的作用，从而有利于构建强大的人力资源管理系统。一方面，领导者应充分给予员工建言的机会，在工作生活中多鼓励员工，提升员工参与建言的积极性；同时，也应拓宽员工了解人力资源管理信息的渠道，使员工充分了解组织政策，及时针对组织中的问题提出建议。另一方面，员工也应摒弃对建言的偏见，考虑整体效益，积极向领导者建言。例如，阿里巴巴公司的秘密武器——"裸心会"，旨在消除信息不对称，让大家坦诚沟通，说出内心最真实的想法。阿里最著名的一次"裸心会"发生在 2008 年，当年卫哲作为空降兵负责阿里巴巴公司 B2B 业务，上任不久就出现不少问题，马云因此召开了一次"裸心会"。会上马云让卫哲先做了自我批评，后引导大家积极发言，指出卫哲在管理方面存在的问题。经此一会，与会者把心里的话都讲了出来，不再在私底下议论，而是与卫哲一起解决问题，卫哲也重新认识了自己和阿里，从骨子里开始改变。可见，积极的建言对于员工自身和公司都大有益处。

第三，组织政治知觉是真实型领导发挥作用的重要边界条件，这启示领导者应对组织中的政治行为保持较高的敏感度，净化组织中的不良风气，对待员工一视同仁、赏罚分明、公正透明，引导员工严格按照组织政策行事，不贪私利。例如，全球视频领域巨头 Netflix 公司（奈飞）将"绝对坦诚"写入企业文化手册，奈飞的高管会将自己在高管会上所讲的内容告诉自己团队成员，长年累月，信息公开和坦诚沟通的重要性潜移默化地影响到全体员工。奈飞还坚持让所有领导者持续不断地分享反馈，要求他们为团队设立明确的标准，如禁止在背后议论别人，或是在同事面前抱怨其他同事。领导层公开透明的作风以及制定的严明纪律有利于组织不良风气的祛除并保持高效的运行。

【未来展望】

本研究还存在以下两点局限：

第一，在维度的划分上，真实型领导已经被普遍认为具有自我意识、内化道德、关系透明和平衡加工四个维度。每个维度对人力资源管理强度的作用效果和影响机制的探究能指导领导者加强对具体特质的关注和培养，未来的研究可以从这四个维度出发来具体探究真实型领导对人力资源管理强度的影响。

第二，研究显示，员工建言行为部分中介了真实型领导与人力资源管理强度之间的关系，未来研究可以进一步探寻其他中介机制。

本篇参考文献

［1］ Aguiar V H，Serrano R. Slutsky Matrix Norms：The Size，Classification，and Comparative Statics of Bounded Rationality ［J］. Journal of Economic Theory，

2017, 172: 163-201.

[2] Aguinis H, Gottfredson R. K, Culpepper, S A. Best-practice Recommendations for Estimating Cross - Level Interaction Effects Using Multilevel Modeling [J]. Journal of Management, 2013, 39 (6): 1490-1528.

[3] Ahearne M, Mathieu J, Rapp A. To Empower or Not to Empower Your Sales Force? An Empirical Examination of the Influence of Leadership Empowerment Behavior on Customer Satisfaction and Performance [J]. Journal of Applied Psychology, 2005, 90 (5): 945-955.

[4] Aiken L, West S. Multiple Regression: Testing and Interpreting Interactions [M]. Newbury Park, CA: Sage, 1991.

[5] Ajzen I. The Theory of Planned Behavior [J]. Organizational Behavior and Human Decision Processes, 1991, 50 (2): 179-211.

[6] Alfes K, Shantz A D, Bailey C, et al. Perceived Human Resource System Strength and Employee Reactions toward Change: Revisiting Human Resource's Remit as Change Agent [J]. Human Resource Management, 2019, 58 (3): 239-252.

[7] Amundsen S, Martinsen L. Empowering Leadership: Construct Clarification, Conceptualization, and Validation of a New Scale [J]. The Leadership Quarterly, 2014, 25 (3): 487-511.

[8] Anderson J C, Gerbing D W. Structural Equation Modeling in Practice: A Review and Recommended Two-step Approach [J]. Psychological Bulletin, 1988, 103 (3): 411-428.

[9] Avey J B, Wu K, Holley E. The Influence of Abusive Supervision and Job Embeddedness on Citizenship and Deviance [J]. Journal of Business Ethics, 2015, 129 (3): 721-731.

[10] Avolio B J, Gardner W L. Authentic Leadership Development: Getting to the Root of Positive Forms of Leadership [J]. Leadership Quarterly, 2005, 16 (25): 315-338.

[11] Aycan Z. Paternalistic Leadership [M]. Wiley Encyclopedia of Management, 2015.

［12］ Bambacas M, Bordia P. Predicting Different Commitment Components: The Relative Effects of How Career Development HRM Practices Are Perceived ［J］. Journal of Management and Organization, 2009, 15 (2): 224-240.

［13］ Bambacas M, Kulik T C. Job Embeddedness in China: How HR Practices Impact Turnover Intentions ［J］. The International Journal of Human Resource Management, 2013, 24 (10): 1933-1952.

［14］ Bandura A. Social Foundations of Thought and Action: A Social Cognitive Theory ［M］. Prentice Hall, 1986.

［15］ Bowen D E, Ostroff C. Understanding HRM-firm Performance Linkages: The Role of the "Strength" of the HRM System ［J］. Academy of Management Review, 2004, 29 (2): 203-221.

［16］ Brinsfield C T, Edwards M S, Greenberg J. Voice and Silence in Organizations: Historical Review and Current Conceptualizations ［M］. Lap Lambert Academic Publishing, 2009.

［17］ Brown M E, Treviño L K, Harrison D A. Ethical Leadership: A Social Learning Perspective for Construct Development and Testing ［J］. Organizational Behavior and Human Decision Processes, 2005, 97 (2): 117-134.

［18］ Chan S C H, Mak W. Benevolent Leadership and Follower Performance: The Mediating Role of Leader-member Exchange (LMX) ［J］. Asia Pacific Journal of Management, 2012, 29 (2): 285-301.

［19］ Chao G T, O'Leary-Kelly A M, Wolf S, et al. Organizational Socialization: Its Content and Consequences ［J］. Journal of Applied Psychology, 1994, 79 (5): 730.

［20］ Chen A S Y, Hos Y H. The Effects of Ethical Leadership, Voice Behavior and Climates for Innovation on Creativity: A Moderated Mediation Examination ［J］. The Leadership Quarterly, 2016, 27 (1): 1-13.

［21］ Chen L, Yang B, Jing R. Paternalistic Leadership, Team Conflict, and TMT Decision Effectiveness: Interactions in the Chinese Context ［J］. Management and Organization Review, 2015, 11 (4): 739-762.

[22] Chen S, Lin P, Lu C, et al. The Moderation Effect of HR Strength on the Relationship between Employee Commitment and Job Performance [J]. Social Behavior and Personality: An International Journal, 2007, 35 (8): 1121-1138.

[23] Chen X P, Eberly M B, Chiang T J, Farh J L, Cheng B S. Affective Trust in Chinese Leaders: Linking Paternalistic Leadership to Employee Performance [J]. Journal of Management, 2014, 40 (3): 796-819.

[24] Chen Y, Zhou X, Klyver K. Collective Efficacy: Linking Paternalistic Leadership to Organizational Commitment [J]. Journal of Business Ethics, 2019, 159 (2): 587-603.

[25] Chen S C. Paternalistic Leadership and Cabin Crews' Upward Safety Communication: The Motivation of Voice Behavior [J]. Journal of Air Transport Management, 2017, 62: 44-53.

[26] Cheng B S, Chou L F, Wu T Y, et al. Paternalistic Leadership and Subordinate Responses: Establishing a Leadership Model in Chinese Organizations [J]. Asian Journal of Social Psychology, 2004, 7 (1): 89-117.

[27] Cheng M Y, Wang L. The Mediating Effect of Ethical Climate on the Relationship Between Paternalistic Leadership and Team Identification: A Team-level Analysis in the Chinese Context [J]. Journal of Business Ethics, 2015, 129 (3): 639-654.

[28] Cheung M F Y. The Mediating Role of Perceived Organizational Support in the Effects of Interpersonal and Informational Justice on Organizational Citizenship Behaviors [J]. Leadership & Organization Development Journal, 2013, 24 (6): 551-572.

[29] Chow I H, Huang J C, Liu S. Strategic HRM in China: Configurations and Competitive Advantage [J]. Human Resource Management, 2008, 47 (4): 687-706.

[30] Cooksey R W, Gates G R. HRM: A Management Science in Need of Discipline [J]. Journal of the Australian and New Zealand Academy of Management, 1995, 1 (1): 1-16.

[31] Cropanzano R, Mitchell M S. Social Exchange Theory: An Interdisciplinary

Review ［J］. Journal of Management, 2005, 31 (6): 874-900.

［32］ Crossley C D, Bennett R J, Jex S M, et al. Development of a Global Measure of Job Embeddedness and Integration into a Traditional Model of Voluntary Turnover ［J］. Journal of Applied Psychology, 2007, 92 (4): 1031-1042.

［33］ Delmotte J, De Winne S, Sels L. Toward an Assessment of Perceived HRM System Strength: Scale Development and Validation ［J］. International Journal of Human Resource Management, 2012, 23 (7): 1481-1506.

［34］ Detert J R, Burris E R. Leadership Behavior and Employee Voice: Is the Door Really Open? ［J］. Academy of Management Journal, 2007, 50 (4): 869-884.

［35］ Detert J R, Edmondson A C. Implicit Voice Theories: Taken-for-granted Rules of Self-censorship at Work ［J］. Academy of Management Journal, 2011, 54 (3): 461-488.

［36］ Donovan S, O'Sullivan M, Doyl E, et al. Employee Voice and Silence in Auditing Firms ［J］. Employee Relations, 2016, 38 (4): 563-577.

［37］ Doty D H, Glick W H. Common Methods Bias: Does Common Methods Variance Really Bias Results? ［J］. Organizational Research Methods, 1998, 1 (4): 374-406.

［38］ Duan J, Bao C. Huang C, et al. Authoritarian Leadership and Employee Silence in China ［J］. Journal of Management and Organization, 2018, 24 (1): 62-80.

［39］ Dyne L, LePine J A. Helping and Voice Extra-role Behaviors: Evidence of Construct and Predictive Validity ［J］. Academy of Management Journal, 1998, 41 (1): 108-119.

［40］ Ekrot B, Rank J, Gemünden H G. Antecedents of Project Managers' Voice Behavior: The Moderating Effect of Organization-based Self-esteem and Affective Organizational Commitment ［J］. International Journal of Project Management, 2016, 34 (6): 1028-1042.

［41］ Ellis A P J, Porter C O L H, Mai K M, et al. The Impact of Supervisor-employee Self-protective Implicit Voice Theory Alignment ［J］. Academy of Management, 2017 (1): 10921.

[42] Emelifeonwu J C, Valk R. Employee Voice and Silence in Multinational Corporations in the Moble Telecommunications Industry in Nigeria [J] . Employee Relations, 2019, 41 (1): 228-252.

[43] Farh J L, Cheng B S, Chou L F, et al. Authority and Benevolence: Employees' Responses to Paternalistic Leadership in China [M] . China's Domestic Private Firms. Routledge, 2006: 230-260.

[44] Farh J L, Earley P C, Lin S C. Impetus for Action: A Cultural Analysis of Justice and Organizational Citizenship Behavior in Chinese Society [J] . Administrative Science Quarterly, 1997, 42 (3): 421-444.

[45] Farh J L, Hackett R D, Liang J. Individual-Level Cultural Values as Moderators of Perceived Organizational Support-Employee Outcome Relationships in China: Comparing the Effects of Power Distance and Traditionality [J] . Academy of Management Journal, 2007, 50 (3): 715-729.

[46] Feng J, Zhang Y, Liu X, et al. Just the Right Amount of Ethics Inspires Creativity: A Cross-level Investigation of Ethical Leadership, Intrinsic Motivation, and Employee Creativity [J] . Journal of Business Ethics, 2018, 153 (3): 645-658.

[47] Ferris G R, HarrellCook G, Dulebohn J H. Organizational Politics: The Nature of the Relationship between Politics Perceptions and Political Behavior [J] . Research in the Sociology of Organizations, 2000, 17 (3): 89-103.

[48] Fisher D H, Fowler S B. Reimagining Moral Leadership in Business: Image, Identity and Difference [J] . Business Ethics Quarterly, 1995: 29-42.

[49] Frenkel S J, Li M, Restubog S L D. Management, Organizational Justice and Emotional Exhaustion among Chinese Migrant Workers: Evidence from Two Manufacturing Organizations [J] . British Journal of Industrial Relations, 2012, 50 (1): 121-147.

[50] Fuller B, Marler L E, Hester K, et al. Leader Reactions to Follower Proactive Behavior: Giving Credit When Credit is Due [J] . Human Relations, 2015,

68 (6): 879-898.

[51] George B. Authentic Leadership: Rediscovering the Secrets to Creating Value [M] . San Francisco: Jossey-Bass, 2003.

[52] Gong Y, Chow I H S, Ahlstrom D. Cultural Diversity in China: Dialect, Job Embeddedness, and Turnover [J] . Asia Pacific Journal of Management, 2011, 28 (2): 221-238.

[53] Greenwald A G, Banaji M R. Implicit Social Cognition: Attitudes, Self-esteem, and Stereotypes [J] . Psychological Review, 1995, 102 (1): 4.

[54] Greenwald A G, McGhee D E, Schwartz J L K. Measuring Individual Differences in Implicit Cognition: The Implicit Association Test [J] . Journal of Personality and Social Psychology, 1998, 74 (6): 1464-1480.

[55] Greguras G J, Diefendorff J M. Why does Proactive Personality Predict Employee Life Satisfaction and Work Behaviors? A Field Investigation of the Mediating Role of the Self-Concordance Model [J] . Personnel Psychology, 2010, 63 (3): 539-560.

[56] Halbesleben J R, Wheeler A R. The Relative Roles of Engagement and Embeddedness in Predicting Job Performance and Intention to Leave [J] . Work and Stress, 2008, 22 (3): 242-256.

[57] Hamrin S. Communicative Leadership and Context: Exploring Constructions of the Context in Discourses of Leadership Practices [J] . Corporate Communications: An International Journal, 2016, 21 (3): 371-387.

[58] Hannah S T, Walumbwa F O. Relationships between Authentic Leadership, Moral Courage, and Ethical and Pro-social Behaviors [J] . Business Ethics Quarterly, 2011, 21 (4): 555-578.

[59] Harman W S, Blum M, Stefani J, et al. Albanian Turnover: Is the Job Embeddedness Construct Predictive in an Albanian Context? [J] . Journal of Behavioral and Applied Management, 2009, 10 (2): 192-205.

[60] Hauff S, Alewell D, Hansen N K. HRM System Strength and HRM Target Achievement—Toward A Broader Understanding of HRM Processes [J] . Human Resource Management, 2017, 56 (5): 715-729.

［61］ Hayes A F. PROCESS: A Versatile Computational Tool for Observed Variable Mediation, Moderation, and Conditional Process Modeling ［EB/OL］. 2012. http://www.afhayes.com.

［62］ Hogg M A, Terry D I. Social Identity and Self-Categorization Processes in Organizational Contexts ［J］. Academy of Management Review, 2000, 25 （1）: 121-140.

［63］ Hom P W, Tsui A S, Wu J B, et al. Explaining Employment Relationships with Social Exchange and Job Embeddedness ［J］. Journal of Applied Psychology, 2009, 94 （2）: 277-297.

［64］ Hu E, Zhang M, Shan H, et al. Job Satisfaction and Union Participation in China ［J］. Employee Relations, 2018, 40 （6）: 964-980.

［65］ Humphreys J H, Randolph-Seng B, Haden S S P, et al. Integrating Libertarian Paternalism into Paternalistic Leadership: The Choice Architecture of HJ Heinz ［J］. Journal of Leadership & Organizational Studies, 2015, 22 （2）: 187-201.

［66］ Huselid M A. The Impact of Human Resource Management Practices on Turnover, Productivity, and Corporate Financial Performance ［J］. Academy of Management Journal, 1995, 38 （3）: 635-672.

［67］ Jansen J J P, George G, Van den Bosch F A J, et al. Senior Team Attributes and Organizational Ambidexterity: The Moderating Role of Transformational Leadership ［J］. Journal of Management Studies, 2008, 45 （5）: 982-1007.

［68］ Jawor-Joniewicz A, Sienkiewicz L. Human Capital and HRM as a Source of Competitive Advantage and Effectiveness: Evidence from Poland ［M］. In Competitiveness of CEE Economies and Businesses. Springer, Cham, 2016: 175-196.

［69］ Jia J, Yan J, Cai Y, Liu Y. Paradoxical Leadership Incongruence and Chinese Individuals' Followership Behaviors: Moderation Effects of Hierarchical Culture and Perceived Strength of Human Resource Management System ［J］. Asian Business and Management, 2018, 17 （5）: 313-338.

［70］ Jiang K, Liu D, McKay P F, et al. When and How Is Job Embeddedness Predictive of Turnover? A Meta-analytic Investigation ［J］. Journal of Applied Psychology, 2012, 97 (5): 1077-1096.

[71] Kacmar K M, Carlson D S. Further Validation of the Perceptions of Politics Scale: A Multiple Sample Investigation [J] . Journal of Management, 1997, 23 (5): 627-658.

[72] Kline R B. Principles and Practice of Structural Equation Modeling [M] . Guilford Publications, 2015.

[73] Lee D, Choi, Youn, S, et al. Ethical Leadership and Employee Moral Voice: The Mediating Role of Moral Efficacy and the Moderating Role of Leader-follower Value Congruence [J] . Journal of Business Ethics, 2017, 141 (1): 47-57.

[74] Lee J W, Zhang L, Dallas M, et al. Managing Relational Conflict in Korean Social Enterprises: The Role of Participatory HRM Practices, Diversity Climate, and Perceived Social Impact [J] . Business Ethics: A European Review, 2019, 28 (1): 19-35.

[75] Lee T W, Mitchell T R, Sablynski C J, et al. The effect of Job Embeddedness on Organizational Citizenship, Job Performance, Volitional Absences, and Voluntary Turnover [J] . Academy of Management Journal, 2004, 47 (5): 711-722.

[76] Lepine J A, Van Dyne L. Predicting Voice Behavior in Work Groups [J] . Journal of Applied Psychology, 1998, 83 (6): 853-868.

[77] Li P P. Global Implications of the Indigenous Epistemological System from the East [J] . Cross Cultural & Strategic Management, 2016.

[78] Li X, Frenkel S J, Sanders K. Strategic HRM as Process: How HR System and Organizational Climate Strength Influence Chinese Employee Attitudes [J]. International Journal of Human Resource Management, 2011, 22 (9): 1825-1842.

[79] Li X, Worm V, Xie P. Towards an Integrative Framework of Conflict-handling Behaviour: Integrating Western and Chinese Perspectives [J] . Asia Pacific Business Review, 2018, 24 (1): 22-36.

[80] Li Y, Sun J M. Traditional Chinese Leadership and Employee Voice Behavior: A Cross-level Examination [J] . The Leadership Quarterly, 2015, 26 (2): 172-189.

[81] Liang J, Farh C I C, Farh J L. Psychological Antecedents of Promotive and Prohibitive Voice: A Two-wave Examination [J]. Academy of Management Journal, 2012, 55 (1): 71-92.

[82] Lin W, Ma J. Zhang Q, et al. How is Benevolent Leadership Linked to Employee Creativity? The Mediating Role of Leader-member Exchange and the Moderating Role of Power Distance Orientation [J]. Journal of Business Ethics, 2018, 152 (4): 1099-1115.

[83] Luthans F, Avolio B J. Authentic Leadership: A Positive Developmental Approach [M]. In Cameron K S., Dutton J E, Quinn R. E. Positive Organizational Scholarship, a Francisco: Barrett-Koehler Publisher, 2003.

[84] Martin-Alcazar F, Romero-Fernández P M, Sánchez-Gardey G. Human Resource Management as A Field of Research [J]. British Journal of Management, 2008, 19 (2): 103-119.

[85] McCullough M E, Emmons R A, Tsang J A. The Grateful Disposition: A Conceptual and Empirical Topography [J]. Journal of Oersonality and Social Psychology, 2002, 82 (1): 112.

[86] Mitchell T R, Holtom B C, Lee T W, et al. Why People Stay: Using Job Embeddedness to Predict Voluntary Turnover [J]. Academy of Management Journal, 2001, 44 (6): 1102-1121.

[87] Ng T W, Feldman D C. The Effects of Organizational Embeddedness on Development of Social Capital and Human Capital [J]. Journal of Applied Psychology, 2010, 95 (4): 696-712.

[88] Nguyen B, Chen J, De Cremer D. When New Product Development Fails in China: Mediating Effects of Voice Behaviour and Learning from Failure [J]. Asia Pacific Business Review, 2017, 23 (4): 559-575.

[89] Öge E, Cetin M, Top S. The Effects of Paternalistic Leadership on Workplace Loneliness, Work Family Conflict and Work Engagement Among Air Traffic Controllers in Turkey [J]. Journal of Air Transport Management, 2018, 66: 25-35.

[90] Ohly S, Sonnentag S, Pluntke F. Routinization, Work Characteristics and

Their Relationships with Creative and Proactive Behaviors [J] . Journal of Organizational Behavior, 2006, 27 (3): 257-279.

[91] Ostroff C, Bowen D E. Reflections on the 2014 Decade Award: Is there Strength in the Construct of HR System Strength? [J] . Academy of Management Review, 2016, 41 (2): 196-214.

[92] Park S H, Luo Y. Guanxi and Organizational Dynamics: Organizational Networking in Chinese Firms [J] . Strategic Management Journal, 2001, 22 (5): 455-477.

[93] Parker S K, Collins C G. Taking Stock: Integrating and Differentiating Multiple Proactive Behaviors [J] . Journal of Management, 2010, 36 (3): 633-662.

[94] Parker S K, Williams H M, Turner N. Modeling the Antecedents of Proactive Behavior at Work [J] . Journal of Applied Psychology, 2006, 91 (3): 636-652.

[95] Pellegrini E K, Scandura T A, Jayaraman V. Cross-cultural Generalizability of Paternalistic Leadership: An Expansion of Leader – member Exchange Theory [J] . Group & Organization Management, 2010, 35 (4): 391-420.

[96] Podsakoff P M, Mackenzie S B, Lee J Y, et al. Common Method Biases in Behavioral Research: A Critical Review of the Literature and Recommended Remedies [J] . The Journal of Applied Psychology, 2003, 88 (5): 879-903.

[97] Ren S, Chadee D. Ethical Leadership, Self-efficacy and Job Satisfaction in China: The Moderating Role of Guanxi [J] . Personnel Review, 2017, 46 (2): 371-388.

[98] Ribeiro T R, Coelho J P, Gomes J F. HRM Strength, Situation Strength and Improvisation Behavior [J] . Academy of Management, 2011, 9 (2): 118-136.

[99] Rosenberg E L. Levels of Analysis and The Organization of Affect [J] . Review of General Psychology, 1998, 2 (3): 247-270.

[100] Rosing K, Frese M, Bausch A. Explaining the Heterogeneity of the Leadership-innovation Relationship: Ambidextrous Leadership [J] . The Leadership Quar-

terly, 2011, 22 (5): 956-974.

［101］Sender A, Rutishauser L, Staffelbach B. Embeddedness Across Contexts: A Two-Country Study on the Additive and Buffering Effects of Job Embeddedness on Employee Turnover［J］. Human Resource Management Journal, 2018, 28 (2): 340-356.

［102］Sharoni G, Tziner A, Fein E C, et al. Organizational Citizenship Behavior and Turnover Intentions: Do Organizational Culture and Justice Moderate Their Relationship?［J］. Journal of Applied Social Psychology, 2012, 42 (S1): E267-E294.

［103］Shin Y. CEO Ethical Leadership, Ethical Climate, Climate Strength, and Collective Organizational Citizenship Behavior［J］. Journal of Business Ethics, 2012, 108 (3): 299-312.

［104］Simonet D V, Narayan A, Nelson C A. A Social-cognitive Moderated Mediated Model of Psychological Safety and Empowerment［J］. The Journal of Psychology, 2015, 149 (8): 818-845.

［105］Slatten T, Svensson G, Sværi S. Empowering Leadership and the Influence of a Humorous Work Climate on Service Employees' Creativity and Innovative Behaviour in Frontline Service Jobs［J］. International Journal of Quality and Service Sciences, 2011, 3 (3): 267-284.

［106］Son S J, Kim D Y, Kim M. How Perceived Interpersonal Justice Relates to Job Burnout and Intention to Leave: The Role of Leader-member Exchange and Cognition-Based Trust in Leaders［J］. Asian Journal of Social Psychology, 2014, 17 (1): 12-24.

［107］Stanton P, Young S, Bartram T, et al. Singing the Same Song: Translating HRM Messages Across Management Hierarchies in Australian Hospitals［J］. The International Journal of Human Resource Management, 2010, 21 (4): 567-581.

［108］Su Z X, Wright P M, Ulrich M D. Going Beyond the SHRM Paradigm: Examining Four Approaches to Governing Employees［J］. Journal of Management, 2018, 44 (4): 1598-1619.

［109］Sun L Y, Aryee S, Law K S. High-performance Human Resource Practices, Citizenship Behavior, and Organizational Performance: A Relational Perspective [J] . Academy of Management Journal, 2007, 50 (3): 558-577.

[110] Taber B J, Blankemeyer M. Future Work Self and Career Adaptability in the Prediction of Proactive Career Behaviors [J] . Journal of Vocational Behavior, 2015, 86: 20-27.

[111] Thomas K W, Velthouse B A. Cognitive Elements of Empowerment: An "Interpretive" Model of Intrinsic Task Motivation [J] . Academy of Management Review, 1990, 15 (4): 666-681.

[112] Tian Q, Sanchez J I. Does Paternalistic Leadership Promote Innovative Behavior? The Interaction Between Authoritarianism and Benevolence [J] . Journal of Applied Social Psychology, 2017, 47 (5): 235-246.

[113] Trowbridge M H, Cason H. An Experimental Study of Thorndike's Theory of Learning [J] . The Journal of General Psychology, 1932, 7 (2): 245-260.

[114] Tsui A S. Contributing to Global Management Knowledge: A Case for High Quality Indigenous Research [J] . Asia Pacific Journal of Management, 2004, 21 (4): 491-513.

[115] Tu Y, Lu X. How Ethical Leadership Influence Employees' Innovative Work Behavior: A Perspective of Intrinsic Motivation [J] . Journal of Business Ethics, 2013, 116 (2): 441-455.

[116] Walumbwa F O, Avolio B J, Gardner W L, et al. Authentic Leadership: Development and Validation of a Theory-based Measure [J] . Journal of Management, 2008, 34 (1): 89-126.

[117] Walumbwa F O, Schaubroeck J. Leader Personality Traits and Employee Voice Behavior: Mediating Roles of Ethical Leadership and Work Group Psychological Safety [J] . Journal of Applied Psychology, 2009, 94 (5): 1275.

[118] Wang Y L. R&D Employees' Innovative Behaviors in Taiwan: HRM and Managerial Coaching as Moderators [J] . Asia Pacific Journal of Human Resources, 2013, 51 (4): 491-515.

[119] Whiting S W, Podsakoff P M, Pierce J R. Effects of Task Performance,

Helping, Voice, and Organizational Loyalty on Performance Appraisal Ratings [J]. Journal of Applied Psychology, 2008, 93 (1): 125-139.

[120] Willman P, Bryson A, Gomez R. The Sound of Silence: Which Employers Choose no Employee Voice and Why? [J]. Socio-Economic Review, 2006, 4 (2): 283-299.

[121] Wu C H, Parker S K. The Role of Leader Support in Facilitating Proactive Work Behavior: A Perspective from Attachment Theory [J]. Journal of Management, 2017, 43 (4): 1025-1049.

[122] Wu W, Tang F, Dong X, et al. Different Identifications Cause Different Types of Voice: A Role Identity Approach to the Relations Between Organizational Socialization and Voice [J]. Asia Pacific Journal of Management, 2015, 32 (1): 251-287.

[123] Xin K K, Pearce J L. Guanxi: Connections as Substitutes for Formal Institutional Support [J]. Academy of Management Journal, 1996, 39 (6): 1641-1658.

[124] Yan J, Luo J, Jia J, Zhong J. High-commitment Organization and Employees' Job Performance [J]. International Journal of Manpower, 2019, 40 (7): 1305-1318.

[125] Yang K S. Chinese Social Orientation: An Integrative Analysis [M]. In T. Y. Lin, W. S. Tseng and E. K. Yeh (Eds.), Chinese Societies and Mental Health. Hong Kong: Oxford University Press, 1993.

[126] Yukl G A. Leadership in Organizations (8th Edition) [M]. Upper Saddle River: Prentice Hall, 2013.

[127] Zhang L, Zhang Y, Dallas M, et al. How Perceived Empowerment HR Practices Influence Work Engagement in Social Enterprises—A Moderated Mediation Model [J]. The International Journal of Human Resource Management, 2018, 29 (20): 2971-2999.

[128] Zhang M, Fried D D, Griffeth R W. A Review of Job Embeddedness: Conceptual, Measurement Issues, and Directions for Future Research [J]. Human Resource Management Review, 2012, 22 (3): 220-231.

［129］Zhang W R, Peace K E, Han H J. YinYang Bipolar Dynamic Organizational Modeling for Equilibrium-based Decision Analysis: Logical Transformation of an Indigenous Philosophy to a Global Science ［J］. Asia Pacific Journal of Management, 2016, 33 (3): 723-766.

［130］Zhang Y, Huai M. Xie Y. Paternalistic Leadership and Employee Voice in China: A Dual Process Model ［J］. The Leadership Quarterly, 2015, 26 (1): 25-36.

［131］Zhang Y, Xu S, Zhang L, Liu S. How Family Support Influences Work Cynicism and Employee Silence: The Moderating Role of Gender ［J］. Cornell Hospitality Quarterly, 2019, 60 (3): 249-261.

［132］Zhang Y, Zhang L, Lei H, Yue Y, Zhu J. Lagged Effect of Daily Surface Acting on Subsequent Day's Fatigue ［J］. The Service Industries Journal, 2016, 36 (15-16): 809-826.

［133］Zhang Y, Zheng Y, Zhang L, et al. A Meta-analytic Review of the Consequences of Servant Leadership: The Moderating Roles of Cultural Factors ［J］. Asia Pacific Journal of Management, 2021, 38 (1): 371-400.

［134］Zhou J, George J M. When Job Dissatisfaction Leads to Creativity: Encouraging the Expression of Voice ［J］. Academy of Management Journal, 2001, 44 (4): 682-696.

［135］贾建锋, 周舜怡, 唐贵瑶. 人力资源管理强度的研究回顾及在中国情境下的理论框架建构 ［J］. 中国人力资源开发, 2017 (10): 6-15.

［136］唐贵瑶, 魏立群, 贾建锋. 人力资源管理强度研究述评与展望 ［J］. 外国经济与管理, 2013, 35 (4): 40-48.

［137］王震, 宋萌, 孙健敏. 真实型领导: 概念、测量、形成与作用 ［J］. 心理科学进展, 2014, 22 (3): 458-473.

行为塑造篇

人力资源管理强度对员工主动性行为的激发机制

【欧姆龙公司员工主动性行为的激发策略】

欧姆龙公司创建于1933年，是日本第一家专门从事工业自动化产品生产的公司，经过近90年的不懈努力，目前分支机构已遍及全球。欧姆龙的产品包括工业自动化设备及系统、控制设备元件、公共自动化设备及系统、健康医疗设备和办公自动化设备，这些产品已广泛应用于社会生产和生活的各个方面。尽管欧姆龙已是世界级的大企业，但仍能不断制造出适应社会飞速进步的自动化产品，因为企业活力可以诱发出每个职工的崇高志向。

欧姆龙的社训是"工作充实生活，开创美好世界"。每天早晨，欧姆龙在世界各地的员工都会首先在心中默念社训后才开始一天的工作。为实现社训，欧姆龙有六项基本的经营精神，包括最大限度满足用户要求、不断进行挑战的精神、注重赢得股东的信赖、尊重个人、努力争做良好的企业公民和开展具有高度企业道德的活动。

欧姆龙的创始人立石一真强调"员工要像总经理一样思考"。欧姆龙的员工也把这句话践行在了日常工作中。在日本的欧姆龙，为了让管理层培养健康的价值观，部门经理为公司服务6年后，必须休假3个月，利用这段时间对人生、工作进行再思考。有过这样3个月思考经历的员工曾接受采访，受访者表示，尽管对暂时的离职非常不放心，但当他休假结束回到公司时，被井井有条的工作局面以及良好的业绩深深地震撼了。在没有领导直接管理的情况下，员工们仍然能够自觉地为企业贡献自己的力量。如果不是像总经理那样思考，员工们就不可能有这样的主动性与责任感。虽然倡导员工像总经理一样思考，但这不意味着每个人可以特立独行。在欧姆龙，所有的岗位都是为满足顾客的需求而设立。无论是产品开发、生产还是销售，都不能只考虑自身的环节。员工必须像公司的总经理一样，顾全大局，调动资源。

那么，怎样才能让每位员工像总经理一样思考呢？具体措施有哪些？

第一，充分放权。只有当员工有一定的职能权力，才能保证员工的创新思考转化为现实生产力。而且放权能让上一层经理人思考更高层次、更深远的战略问题。欧姆龙发展至今已经是一个大企业了，却主张像经营小企业一样经营大企业，绝对抵制官僚、倚老卖老、不思进取的作风。欧姆龙实施分公司制，陆续成立了许多分公司，从而给了各个地区更多的自主权。

第二，鼓励公司员工创新。欧姆龙不仅长期地在经营哲学方面教育员工，在制度上也有许多保障。欧姆龙工厂的"改善小组"就是极具特色的举措之一。改善小组由来自不同部门的员工组成，他们定期坐在一起，根据从顾客方面获得的信息，共同探讨可以改善的方面。在欧姆龙总部，还设有"改革奖""创新奖"，这些奖项不仅针对新的产品，也表彰各种创新的行为，无论服务于哪个部门，每位职员都有可能因为自己的杰出创造力获得奖项。

第三，鼓励有潜力的员工"走出去"。欧姆龙还废除了年功序列制，鼓励内部创业，让年轻人有机会施展才华。它成立了许多"微型公司"，鼓励有潜力的员工"走出去"当总经理。

从案例中可以看出，在充分放权、鼓励创新和鼓励员工"走出去"的管理理念下，欧姆龙使每位员工像总经理一样思考和主动为公司服务，从而实现了公司的不断发展壮大。基于此实践背景，本部分将通过理论研究探讨如何通过有效的人力资源管理激发员工的主动性行为。

案例来源：让员工像经理一样思考. 2009-08-04. http://www.ceconlinebbs.com/FORUM_POST_900001_900055_916895_0. HTM.

【问题缘起】

随着经济新常态的不断发展，组织面临着更加复杂多变的外部环境。在动态的环境中，组织只有不断提高环境敏感度，持续进行创新和变革，才能取得竞争优势。员工作为组织中最先听到"炮火声"的人，最清楚正在发生的变化以及组织面临的问题。因此，员工突破以往仅遵循工作角色要求和主管命令的工作模式，在工作中积极主动地做出建设性改变对于组织在动态环境中的持续发展具有重要意义（Parker、Williams 和 Turner，2006）。员工自发采取的、通过改善当前环境来应对未来可能出现的问题和挑战（如采取新的工作方法，对组织策略进行建设性改进等）或者进行自我提升（如学习新技能以满足未来要求等）的积极行为被称为主动性行为（Parker、Williams 和 Turner，2006）。主动性行为与员工的绩效息息相关，它有助于个体创新思想的产生，可以帮助员工从容地应对动态的环境。因此，探讨员工主动性行为的影响因素和边界条件一直是人力资源管理和组织行为领域的热点话题。

现有研究对于主动性行为影响因素的探讨主要分为三个方面：①个体因素，主要分为知识与能力以及人格特质两个方面。知识与能力包括教育背景、求职行为和创新能力等（Fay 和 Frese，2001；Ohly、Sonnentag 和 Pluntke，2006）；人格特质包括主动性人格和大五人格等（Bateman 和 Crant，1993；Wu 和 Parker，2013）。②情境因素，主要分为工作特征、领导风格和组织支持氛围三个方面。工作特征包括工作自主性和控制性等（Ohly、Sonnentag 和 Pluntke，2006；Parker、Williams 和 Turner，2006）；领导风格包括变革型领导和参与型领导等（Strauss、Griffin 和 Rafferty，2009；Den 和 Belschak，2012）；组织支持氛围包括他人支持和同事信任等（Parker、Williams 和 Turner，2006）。③交互因素，例如领导愿景增强了角色宽度自我效能感与主动性行为之间的关系（Griffin、Parker 和 Mason，2010）。在情境因素方面，对于组织支持氛围的研究大多围绕员工与领导或同事之间的关系质量，忽略了较为宏观的组织情境，如人力资源管理对员工主动性行为的影响。

人力资源管理是一种很强的组织力量，可以影响员工的心理状态、动机和行为（Takeuchi、Chen 和 Lepak，2009）。作为组织管理中的重要一环，人力资源管理可以促使员工主动提高自己的工作技能，鼓励员工做出建设性改变，还能建立起员工对组织的信任，增强员工对组织变革的责任感（Lee 等，2016），进而激发员工产生自主行为。已有研究证明了人力资源管理对个体主动性和团队创新的显著影响（Lee 等，2016），但研究局限于人力资源管理政策和制度的内容层面，缺少对实施过程的关注。组织往往耗费大量的经济成本和时间成本去完善人力资源管理系统的政策和制度，却忽略了人力资源管理信息是否能准确传达给员工并达到预期的管理效果。由于人力资源管理实践具有很强的情境性，因此人力资源管理系统的政策和制度如何在多变的环境中有效实施得到了学术界越来越多的关注（贾建锋、周舜怡和唐贵瑶，2017）。Bowen 和 Ostroff（2004）提出了衡量人力资源管理政策和制度实施过程的重要指标——人力资源管理强度，将其定义为"人力资源管理措施的相关信息被员工有效感知和认可的程度，即人力资源管理系统所传达的信息是否准确无误地传达给了员工并被员工理解和接纳"，并将其划分为独特性、一致性和共识性三个关键维度。人力资源管理强度反映了组织人力资源管理活动的质量，对员工的创新意愿（林新奇和丁贺，2017）、工作绩效（陈岩、綦振法和唐贵瑶，2015）和人力资源管理目标的实现（Hauff、Alewell 和 Hansen，2017）具有显著的影响。以往研究表明，员工的主动性行为会受到组织情境因素的影响（Belschak 和 Den，2010），而人力资源管理强度的三个关键维度创造了高强度的组织情境。因此，本研究拟从人力资源管理强度出发，探索其对主动性行为的作用机理。

主动性行为是一种具有挑战性的角色外行为，需要个体具有一定的自主导向（Crant，2000）。自我决定理论认为，个体在进行活动时会关注自我意识，根据行为的动机选择性地进行活动，此时个体具有自主性动机——内部动机（Deci 和 Ryan，2000）。以往研究表明，具有内部动机的个体有更高的自我决定程度，对员工的角色外行为（如建言行为）具有促进作用（段锦云和黄彩云，2014）。因此本研究推测，具有内部动机的个体更可能产生主动性行为。由于人力资源管理会影响员工的行为动机（Takeuchi、Chen 和 Lepak，2009），而特定情境下产生的动机又会影响主动性行为的产生（Bindl 和 Parker，2011），因此本研究拟从自我决定理论入手，探索内部动机在人力资源管理强度与主动性行为之间的作用机制。

另外，考虑到实际工作情景中，员工不会完全跟随自己内心的喜好来决定工作行为，来自外部的压力同样会对员工行为产生影响。随着商业竞争愈演愈烈，员工的工作节奏逐渐加快，工作复杂程度日益增加，工作压力已经成为一种普遍存在的工作场所特征。已有研究表明，工作压力可能会导致个体偏离正常的心理状态，使员工对工作和组织产生消极情绪，降低员工的工作动机，进而影响员工的态度和行为（Huang、Wang 和 You，2016）。当工作压力较大时，员工往往需要在有限资源下完成大量的工作任务，这会影响员工对环境可控性的感知、降低自我决定感（赵燕梅等，2016）、削弱内部动机的驱动效果。因此，本研究拟探索工作压力对员工内部动机与员工主动性行为之间关系的边界效应。

综上，本研究将基于自我决定理论，解决如下问题：第一，探究人力资源管理强度对员工主动性行为的影响效果；第二，考察内部动机在人力资源管理强度与员工主动性行为间的中介作用；第三，检验工作压力在内部动机与员工主动性行为间的调节作用。

【理论架构】

1. 人力资源管理强度对内部动机的影响

内部动机是指个体通过对知识和技能的掌握、同化以及灵活运用来享受完成任务的满足感以及活动的意义（Ryan，1995）。在工作中，具有内部动机的个体会感到自己的工作有趣且令人愉快，并在此基础上产生工作欲望（张剑、宋亚辉和刘肖，2016）。自我决定理论认为，内部动机的产生通常与个体所处的环境息息相关，环境可以通过支持或阻碍个体的内在心理需求来激发或削弱内部动机（易明等，2018）。心理需求可划分为三个维度：自主需求、胜任需求和关系需求（Deci，1975）。其中，自主需求是指个体在完成任务的过程中感受到的自我决定程度，即个体感知到的选择感和心理自由度；胜任需求是指个体在完成任务的过程中对自己有效性的判断以及提升技能的需要，即在行动过程中个体感受的"我能"的程度；关系需求指个体在环境中与他人联系的需求，即个体渴望与他人建立良好关系并得到关怀和赞赏（Deci 和 Ryan，2000；杨陈等，2018）。已有研究证实，自主需求和胜任需求的满足与内部动机的产生具有正向关系（Deci，1975；Ryan 和 Deci，2000），关系需求的满足可以为个体提供安全的关系基础，是内部动机产生的必要条件（Ryan 和 Deci，2000）。所以，当个体所处的环境能够满足三种心理需求时，个体的内部动机就会得到有效激发（段锦云和黄彩云，2014）。本研究推测，人力资源管理强度正向影响员工的内部动机，具体来说：

第一，人力资源管理强度对员工自主需求的满足可以激发员工的内部动机。具体来说，当人力资源管理强度较高时，不仅员工认为组织的人力资源管理措施服务于组织战略目标，还有助于员工个人目标的实现（Bowen 和 Ostroff，2004），员工会拥有更多的自主体验感。员工自主需求满足水平提高，进而激发员工的内部动机。

第二，人力资源管理强度对员工胜任需求的满足可以激发员工的内部动机。具体来说，当人力资源管理强度较高时，一方面，组织中主要人力资源管理决策者之间共识性较高，人力资源管理政策和制度的稳定性较强（Bowen 和 Ostroff，2004），降低了员工因政策和制度不断变化而造成的心理资源和情绪资源消耗，较多的心理资源和情绪资源能够增强员工的效能感，使个体具有更多完成任务的信心和信念（Stajkovic 和 Luthans，1998）；另一方面，员工对组织各项人力资源管理政策和制度有更加清楚的理解，更容易感受到来自组织的支持，这些积极的信息都有助于个体产生胜任感。员工的胜任需求满足水平提高，进而激发员工的内部动机。

第三，人力资源管理强度对员工关系需求的满足可以激发员工的内部动机。从员工与管理者关系的角度来看，一方面，当人力资源管理强度较高时，人力资源管理者所传递的管理信息与其管理行为一致（Bowen 和 Ostroff，2004），增强了员工对管理者的信任感和认同感；另一方面，员工对于管理者职权正当性的感知也增强了员工对管理者的认同程度（Bowen 和 Ostroff，2004），员工对于管理者的信任和认同感提高了两者之间的关系质量。从员工与同事关系的角度来看，当人力资源管理强度较高时，组织中的分配公平、程序公平和互动公平程度较高（Frenkel、Li 和 Restubog，2012），这种公平的组织氛围提高了员工与同事之间的信任和认同感，减少了员工的人际压力与冲突。员工的关系需求满足水平提高，进而激发员工的内部动机。

基于此，提出如下假设：

H1：人力资源管理强度正向影响员工的内部动机。

2. 内部动机的中介作用

以往研究表明，主动性行为可以从预见性、变革性、控制性和自发性四个特质进行衡量（Bindl 和 Parker，2011）。本研究推测，内部动机正向影响员工主动性行为，具体来说：

第一，主动性行为具有预见性，指个体改变以往被动应对的状态，在问题或变化出现之前做出判断，这就要求员工具有一定的知识储备和能力素养来完成这一复杂的工作行为（Fay 和 Frese，2001）。具有内部动机的员工对工作拥有更多的兴趣，更愿意为了自身发展和完成工作去学习相关的知识（刘小禹、周爱钦和刘军，2018），能够更好地完成知识储备，并能将知识进行进一步整合、分析和灵活运用。员工因此具备了一定的专业知识和能力，更容易产生主动性行为。

第二，主动性行为具有变革性，指个体不愿墨守成规，主动突破已有规则，对现行的做法发起挑战，这就要求员工具有较好的风险应对能力。主动性行为是一种挑战性的角色外行为，员工在采取主动性行为时，并不能确保达到预期效果或得到同事和上级的支持与认可，行为过程伴随不确定性和风险性（Fuller、Marler 和 Hester，2012）。已有研究表明，具有内部动机的员工能够更好地面对不确定性，接纳风险性（Amabile，1988），更容易产生主动性行为。

第三，主动性行为具有控制性，指个体通过采取某些必要措施从而更好地掌控或影响所处的情境，这就要求员工对动态的环境具有一定的掌控能力。一方面，内部动机能够驱动员工的认知进程（裴瑞敏、李虹和高艳玲，2013）。在多变复杂的环境中，具有内部动机的员工能够产生更多创造性想法并能更好地付诸行动（王端旭和洪雁，2010）。另一方面，具有内部动机的员工对工作抱有更多的热情，在面对动态环境带来的困难时内心更加坚定，可以更快探索出解决问题的方法，更容易产生主动性行为。

第四，主动性行为具有自发性，个体不是被迫采取行动，而是自发地采取措施或做出某些行为，这就要求员工具有一定的自我决定程度。具有内部动机的员工在行动时更加强调任务本身的价值（段锦云和黄彩云，2014），而非被动完成任务或为获得薪酬回报，自我决定程度较高，更容易产生主动性行为。以往研究也已证实，个体的自主性动机（如内在动机）对主动性行为具有明显的影响（Parker 和 Collins，2010）。

基于此，提出如下假设：

H2：内部动机正向影响员工主动性行为。

当人力资源管理强度较高时，员工能更好地注意到人力资源管理发挥的效用，对人力资源管理信息的理解趋于一致，提高了员工对组织的认同感（贾建锋等，2016），员工的心理需求得到满足，自我决定程度更高，激发了员工的内部动机。在内部动机的驱动下，员工出于对工作本身的兴趣会产生更多的自主导向行为，在工作中更愿意主动学习，投入更多的精力，具有更多的知识储备和更好的心理条件，产生主动性行为的意愿更强烈、目的更明确，从而激发了员工的主动性行为。综上，本研究推测，内部动机在人力资源管理强度和主动性行为之间具有中介作用。

基于此，提出如下假设：

H3：内部动机在人力资源管理强度和主动性行为之间起中介作用。

3. 工作压力的调节作用

工作压力是一种消极的工作场所特征，对员工的行为具有重要的影响。已有研究表明，工作压力会导致个体产生沮丧、挫折等消极情绪，使个体感到生理疲劳，并对工作产生厌恶情绪（Zhang 等，2014），还会造成个体的心理资源损耗，影响个体对资源可得性的感知（Halbesleben 等，2014）。本研究推测，工作压力负向调节内部动机与主动性行为之间的关系，具体来说：

当员工感受到工作压力较大时，一方面，工作复杂性和时间紧迫性会使员工产生心理和生理疲劳，导致员工认知水平下降（Binnewies 和 Wörnlein，2011），并对工作产生厌恶情绪；另一方面，员工感受的资源可获得性较低，认为组织没有提供充足的资源来支持他完成额外行为，可能会产生背离组织的消极心理（Sonnentag 和 Fritz，2015）。在这种情境下，员工对工作和组织产生的消极情绪会导致员工自发地做出建设性改变的可能性降低，削弱了员工产生主动性行为的意愿；且由于较低的认知水平和资源可获得性，员工即使有发展自我的意愿，却感到自身能力和外在资源有限，此时，员工倾向于将有限的资源投入本职工作中，从而减少了主动性行为的产生。

当员工感受到工作压力较小时，一方面，员工的身心较为放松，对工作抱有较多的热情，具有较强的积极情绪，认知水平不受工作压力的限制；另一方面，员工感受到的资源可得性较高，认为能够获得较多的与工作相关的资源，并感受到来自组织的重视。在这种情境下，轻松的身心状态和积极的工作情绪使员工更加自发地建设组织，增强了员工产生主动性行为的意愿；且较高的认知水平和资源可获得性使员工感受到自己具有额外的能力和资源去挑战现状。此时，员工不仅具有产生主动性行为的意愿，还具备充足的自身能力和外在资源，从而促进了主动性行为的产生。

基于此，提出如下假设：

H4：工作压力负向调节内部动机与主动性行为之间的关系。员工感受到的工作压力越强，内部动机与主动性行为之间的正向关系越弱。

综上所述，本文的理论模型如图1所示。

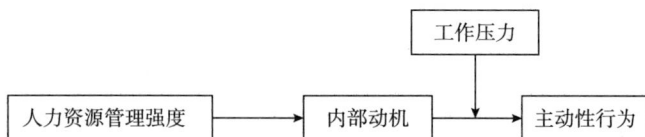

图1　本文的理论模型

【实地调研】

1. 调查过程

本研究选取辽宁、山东和北京地区的企业员工为调查对象，采用网络调查的形式，于2018年3~5月对企业员工进行了匿名调查。共发放307份问卷，回收有效问卷275份，有效回收率为89.5%。

275 份有效问卷的描述性统计分析如下：在性别方面，男性占 42.5%，女性占 57.5%；在年龄方面，18~25 岁占 58.2%，26~30 岁占 32.4%，31~35 岁占 5.5%，36~40 岁占 3.2%，40 岁以上占 0.7%；在学历方面，高中及以下占 2.2%，大专占 8%，本科占 65.1%，硕士占 24%，博士占 0.7%；在工作时间方面，1 年以下占 26.5%，1~3 年占 52.7%，4~6 年占 9.8%，7~10 年占 2.2%，10 年以上占 8.8%；在目前公司的工作时间方面，1 年以下占 47.6%，1~3 年占 44.7%，4~6 年占 4.2%，7~10 年占 1%，10 年以上占 2.5%；在职级方面，基层员工占 75.3%，基层管理者占 16.1%，中层管理者占 6.2%，高层管理者占 2%，公司法人占 0.4%。

2. 测量工具

人力资源管理强度：采用 Hauff、Alewell 和 Hansen（2017）编制的 7 题项量表，代表性题项包括："我理解企业的人力资源管理目标和实践""我们企业人力资源管理人员之间能够实现协调一致"。在本研究中，该量表的 Cronbach's α 系数为 0.886。

主动性行为：采用 Fuller、Marler 和 Hester（2012）编制的 6 题项量表，代表性题项包括："我会为公司提出新的、更有效的工作方法""我会为改进组织内部的运作流程提出建设性意见"。在本研究中，该量表的 Cronbach's α 系数为 0.876。

内部动机：采用 Amabile 等（1994）编制的 15 题项量表，代表性题项包括："对我来说，能做我喜欢做的事是很重要的""当我能设定自己的目标时，我会更自在"。在本研究中，该量表的 Cronbach's α 系数为 0.846。

工作压力：采用 Motowidlo、Packard 和 Manning（1986）编制的 3 题项量表，代表性题项包括："因为工作，我感到很大压力""工作中很少没有压力的事情"。在本研究中，该量表的 Cronbach's α 系数为 0.749。

控制变量：本研究选取了性别、年龄、学历、工作时间、在目前企业的工作时间和在目前公司的职级作为控制变量。

【实证分析】

1. 验证性因子分析

由于理论模型包括的测量题项较多，题项数目与样本容量的比值低于建议值 1∶10（侯杰泰、温忠麟和成子娟，2004），本研究参考 Leroy 等（2015）的做法，采用打包策略将人力资源管理强度、内部动机和主动性行为分别打包成三个条目。本研究采用多因子竞争模型对区分效度进行检验，将人力资源管理强度、内部动机、主动性行为以及工作压力构成的四因子模型分别与三因子、二因子和单因子竞争模型进行比较。验证性因子分析结果如表 1 所示，四因子模型的拟合效果（$\chi^2/df = 2.534$，$CFI = 0.961$，$TLI = 0.941$，$RMSEA = 0.075$）显著优于其他因子模型，说明本研究涉及的所有变量具有良好的区分效度。

表 1　验证性因子分析

模型构成	χ^2	df	$\Delta\chi^2$	Δdf	χ^2/df	TLI	CFI	RMSEA
四因子模型： PHRMS，PB，IM，WS	111.501	44	—	—	2.534	0.941	0.961	0.075
三因子模型： PB+IM，PHRMS，WS	264.793	47	153.292***	3	5.634	0.823	0.874	0.130
二因子模型： PHRMS，PB+IM+WS	481.468	49	369.967***	5	9.826	0.663	0.750	0.179
单因子模型： PB+PHRMS+IM+WS	782.077	50	670.576***	6	15.642	0.441	0.576	0.231
四因子模型+CMV： PHRMS，PB，IM，WS，CMV	117.841	43	6.34*	1	2.740	0.934	0.957	0.080

注：PHRMS 代表人力资源管理强度，PB 代表主动性行为，IM 代表内部动机，WS 代表工作压力，CMV 代表共同方法潜因子，"+"代表因子合并。受篇幅所限，三因子模型、二因子模型均只显示拟合度最好的模型。

2. 共同方法偏差检验

由于本研究涉及的人力资源管理强度、内部动机、主动性行为和工作压力四个变量均由员工填写，因此可能会产生共同方法偏差。为了避免同源数据对研究结果造成的影响：第一，本研究进行了过程控制，在问卷中标明"本问卷仅供学术研究之用，绝不会用于商业目的，并对一切数据完全保密"。第二，本研究采用了 Harman 单因素检验的方法，对本研究所有题项进行了探索性因子分析，析出 12 个因子。在未旋转时，最大因子解释率为 36.05%，低于 50%。第三，本研究进行了共同方法潜因子分析，在四因子模型的基础上加入共同方法潜因子（CMV），构建了五因子模型，并与四因子模型进行比较。结果如表 1 所示，相比四因子模型，五因子模型的拟合度显著变差。因此，本研究样本不存在严重的共同方法偏差。

3. 描述性统计分析

表 2 展示了各变量的相关系数、均值及标准差。其中，人力资源管理强度与内部动机（r=0.384，p<0.01）、主动性行为（r=0.406，p<0.01）显著正相关，内部动机与主动性行为显著正相关（r=0.459，p<0.01），为假设检验提供了初步的数据支撑。

表 2　变量的均值、标准差和相关系数

变量	1	2	3	4	5	6	7	8	9	10
1. 性别	1									
2. 年龄	-0.096	1								
3. 学历	0.163**	-0.036	1							
4. 工作时间	-0.132*	0.770**	-0.234**	1						
5. 在本企业工作时间	-0.113	0.532***	-0.012	0.613**	1					
6. 职级	-0.014	0.327**	-0.070	0.299**	0.213**	1				
7. 人力资源管理强度	0.021	0.050	-0.009	0.028	0.065	0.097	(0.886)			
8. 内部动机	0.017	0.098	-0.007	-0.024	-0.049	0.185**	0.384**	(0.846)		
9. 主动性行为	-0.003	0.071	-0.022	0.023	0.017	0.312**	0.406**	0.459**	(0.876)	

变量	1	2	3	4	5	6	7	8	9	10
10. 工作压力	-0.131*	0.065	-0.030	0.191**	0.260**	0.336**	0.053	0.094	0.200**	(0.749)
均值	1.57	1.56	3.13	2.14	1.66	1.36	3.45	3.75	3.23	3.25
标准差	0.495	0.801	0.649	1.105	0.823	0.712	0.741	0.517	0.829	0.825

注：***表示 p<0.001，**表示 p<0.01，*表示 p<0.05。对角线括号内为 Cronbach's α 系数。

4. 假设检验

（1）主效应和中介效应检验

为验证人力资源管理强度对内部动机的影响以及内部动机对主动性行为的影响，本研究进行了回归分析，结果如表3所示。人力资源管理强度对内部动机具有显著的正向影响（M2，β=0.256，p<0.001），H1 得到支持；内部动机对主动性行为具有显著的正向影响（M5，β=0.509，p<0.001），H2 得到支持。

表 3　回归分析结果

变量	内部动机（M1~M2）		主动性行为（M3~M5）		
	M1	M2	M3	M4	M5
性别	0.024	0.013	-0.010	-0.028	-0.035
年龄	0.191**	0.181**	0.064	0.047	-0.045
学历	-0.101*	-0.094*	-0.031	-0.019	0.029
工作时间	-0.138**	-0.124**	-0.091	-0.069	-0.005
在本企业工作时间	-0.040	-0.057	-0.012	-0.041	-0.012
职级	0.131**	0.107*	0.383***	0.343***	0.288***
人力资源管理强度		0.256***		0.426***	0.295***
内部动机					0.509***
R^2	0.083	0.216	0.105	0.248	0.327
F	4.033***	10.511***	5.217***	12.550***	16.126***
ΔR^2		0.133		0.143	0.079

注：***表示 p<0.001，**表示 p<0.01，*表示 p<0.05。

为验证内部动机的中介作用，本研究将内部动机加入回归方程，分析人力资源管理强度和内部动机对主动性行为的影响。人力资源管理强度（M5，β=

0.295，p<0.001）和内部动机（β=0.509，p<0.001）对主动性行为有显著的正向影响，且人力资源管理强度的回归系数显著减小。因此，内部动机在人力资源管理强度与员工主动性行为之间起部分中介作用，H3得到支持。

为了进一步验证中介作用，本研究利用 Bootstrap 进行了 5000 次重复抽样，对内部动机的中介作用进行进一步的检验（Preacher 和 Hayes，2008），结果如表4所示。间接效应的作用路径在95%的置信区间内不包括0，此结果证明了内部动机在人力资源管理强度和主动性行为间存在中介作用，H3得到进一步验证。

表4　中介效应的 Bootstrap 分析

路径	非标准化间接效应估计	标准误差	95%的CI	
			下限	上限
PHRMS→IM→PB	0.131***	0.034	0.069	0.201

注：*** 表示 p<0.001，** 表示 p<0.01，* 表示 p<0.05。

（2）调节效应检验

为了验证工作压力在内部动机和主动性行为之间的调节作用，本研究采用阶层回归分析法，将主动性行为设为因变量，依次将内部动机作为自变量、工作压力作为调节变量引入回归中，最后加入内部动机和工作压力的乘积项进行回归分析（Aiken 和 West，1991）。在构造乘积项时，为了避免共线性，本研究先将内部动机和工作压力分别做了标准化处理，结果如表5所示。内部动机和工作压力的交互项对主动性行为产生了显著的负向影响（M8，β=-0.097，p<0.05）。因此，工作压力在内部动机与主动性行为之间的调节作用存在，H4得到支持。具体表现为，员工的工作压力越强，员工内部动机与主动性行为之间的正向关系越弱。

表5　工作压力在内部动机与主动性行为之间的调节作用

变量	主动性行为（M6～M8）		
	M6	M7	M8
性别	-0.010	-0.008	0.004
年龄	0.064	-0.030	-0.064
学历	-0.031	0.030	0.018
工作时间	-0.091	-0.015	0.007

续表

变量	主动性行为（M6~M8）		
	M6	M7	M8
在本企业工作时间	−0.012	−0.007	−0.006
职级	0.383***	0.259***	0.298
内部动机		0.342***	0.340***
工作压力		0.078	0.107*
内部动机×工作压力			−0.097*
R²	0.105	0.275	0.286
F	5.217***	12.594***	11.809***
ΔR²		0.170	0.011

注：＊＊＊表示 p<0.001，＊＊表示 p<0.01，＊表示 p<0.05。

为了更加直观地体现工作压力在内部动机和主动性行为之间的调节作用，本研究根据 Cohen 等（2014）的建议，分别以调节变量均值加减一个标准差为基准描绘了不同工作压力水平下，员工在内部动机驱动下表现出的主动性行为的差异，结果如图 2 所示。从图 2 中可以看出，当工作压力较弱时，内部动机正向影响主动性行为（β=0.420，p<0.001），当工作压力较强时，内部动机同样正向影响主动性行为（β=0.260，p<0.001），但斜率值变小，说明了工作压力的负向调节作用，H4 得到进一步验证。

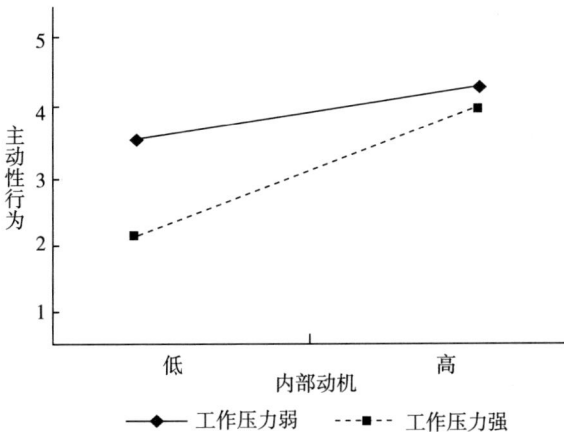

图 2　工作压力在内部动机和主动性行为之间的调节作用

【理论贡献】

基于自我决定理论，采用 275 份调查数据，本研究检验了人力资源管理强度与员工主动性行为之间的关系，并验证了内部动机的中介作用和工作压力的调节作用。结果表明：人力资源管理强度正向影响内部动机；内部动机正向影响主动性行为；内部动机在人力资源管理强度和员工主动性行为之间发挥部分中介作用；工作压力减弱了内部动机对主动性行为的促进作用，当员工的工作压力越高时，内部动机对主动性行为的正向关系越弱。本研究的结论具有如下理论贡献：

第一，从人力资源管理制度和政策的实施过程出发探讨了主动性行为的前因变量。以往关于主动性行为前因变量的研究中，对于人力资源管理的关注局限于内容层面（Lee 等，2016），缺少从实施过程角度探讨人力资源管理对员工行为的具体影响。人力资源管理政策和制度的实施过程可以反映组织人力资源管理的整体效果，对于组织的管理实践具有更加重要的意义（贾建锋、周舜怡和唐贵瑶，2017）。本研究聚焦于衡量人力资源管理政策和制度实施过程的重要指标——人力资源管理强度，证实了人力资源管理强度对主动性行为的正向影响，丰富了对主动性行为驱动因素的探讨。

第二，丰富了人力资源管理强度对主动性行为作用过程的理论视角。以往关于人力资源管理强度对个体行为影响的研究大多从计划行为理论和公平理论入手（陈岩、綦振法和唐贵瑶，2015；林新奇和丁贺，2017），更多地讨论了个体对于人力资源管理强度的态度对主动性行为的影响，忽视了个体成长和发展需求的内在意愿。内部动机反映了个体的内在意愿，是个体普遍存在的，是对个体积极作用的发挥具有关键影响的"心理营养"（杨陈等，2018）。本研究基于自我决定理论，从内在心理需求的角度分析了内部动机在人力资源管理强度与员工主动性行为之间的中介作用，为解释人力资源管理强度如何发挥积极效应进行了有效拓展。

第三，进一步明确了内部动机发挥作用的边界条件。以往研究表明，不同的外在条件对内部动机作用的发挥具有不同的影响：当外界传递出个体有条件更好地完成某种活动的信息时，内部动机对积极行为的作用效果可能会增强；当外界传递出个体要完成某种活动会受到特定的时间和资源限制时，内部动机对积极行为的作用效果可能会减弱（张剑和郭德俊，2003；赵燕梅等，2016）。本研究验证了工作压力对内部动机与主动性行为之间关系的负向调节作用，这种情境化的研究对深入认知内部动机的作用机制具有重要意义。

【管理启示】

主动性行为有助于组织的发展，因此采用正确的管理方式激发员工的主动性行为是十分必要的。本研究的结论对于如何激发员工的主动性行为具有重要意义。根据研究结论，我们给出如下管理建议：

第一，组织要正视人力资源管理实施过程对员工主动性行为塑造的重要性。组织管理者应不断提高人力资源管理政策落地的能力，确保实施过程中目标的明确性、信息的准确性、执行的一致性和各方人员的共识性，在组织中建立良好的共享文化和执行氛围，减少政策实施过程的理解偏差和推行阻力，使人力资源管理发挥最大的效用，有效改善员工的行为。例如，东软集团在"人力资源成熟度模型"项目实施过程中，不但注重人力资源管理措施本身的设计，而且更加关注这些措施的实施过程，以该项目为基础，从组织层面、团队层面与个人层面，围绕业务目标，建立了涵盖人员、技术和过程的人力资源管理体系，通过加强人力资源管理的内容设计与实施过程，保证个人和组织绩效的一致性，从而有效支撑并推动了组织战略目标的实现。因此，优化人力资源管理过程，是让员工变得积极主动的重要良方。

第二，组织应重视心理需求满足在员工主动性行为形成过程中的重要作用。管理者应重新审视组织人力资源管理制度的设计，让员工更多地参与到决策中来，赋予员工更多的自主权，充分考虑员工的职业生涯规划，使员工感受到来自组织的关怀和培养；组织也要选择合适的领导方式和竞争机制，减少人际冲突，通过满足员工的心理需求来激发其内部动机，促使员工将组织目标内化为自身目标，从而激发更多的主动性行为。例如，人力资源开发管理的经典模式——斯坎伦计划就强调寻求在员工中发展出一种参与的感觉、一种归属的意识，把企业真正当作自己的事情来做。斯坎伦提出，员工工资绩效应以工资总额与销售总额的比例数来计算，从而营造出一种员工参与组织建设的良好氛围。另外，企业也会对积极向组织提出建议的员工给予精神上的奖励和关怀，从而促进组织内的员工建立起良好的关系，斯坎伦计划的有效性也逐渐得到广泛认可。因此，满足员工的心理需要，才能真正激发员工的主动性行为。

第三，组织应对员工进行适当的压力管理。尤其是对于创新型组织来说，工作压力对员工主动性的抑制作用对组织核心竞争力的形成是非常不利的。企业要培养管理者"以人为本"的意识，鼓励采取关怀政策，缓解员工的紧张情绪，提供轻松愉悦的工作环境，维护员工的身心健康，保证组织持续健康地发展。例如，华为等企业逐渐将关心员工的心理健康列为组织管理的重要内容，通过建立企业心理咨询室的方式来及时为员工提供心理上的疏导，使员工保持工作的热情和效率。另外，也可以通过组织团队聚会、茶话会、运动会等形式增进员工之间的交流，营造一种欢快的工作氛围，通过劳逸结合的方式减轻员工的工作压力。最重要的是，企业要了解员工的主要压力来源，才能有针对性地对员工提供帮助。

【未来展望】

本研究还存在以下三点局限：

第一，本研究的数据来自同一时间点，且均来自员工个人，缺乏纵向追踪，尽管通过了同源检验，但也无法完全排除共同方法偏差造成的影响。未来研究可以采用多来源、多时点的数据收集方式来重新检验和进一步探究本研究的结论。

第二，本研究的理论视角有待拓展。本研究基于自我决定理论，证明了内部动机的部分中介作用。由于内部动机强调个体的行为是出于自身的兴趣而非其他外界因素，因此研究视角为员工自身视角，忽略了员工可能为组织的发展而产生主动性行为的情况。未来研究可以跳出自身视角的局限，基于其他理论对两者间的中介机制进行进一步探索。

第三，本研究没有对工作压力进行更加详细的界定。由于压力源的不同，工作压力对个体的影响也不同。当压力被界定为阻碍型压力时，个体倾向于认为自己无法完成工作要求，从而削弱了个体的内部动机和积极行为（Binnewies 和

Wörnlein，2011；Sonnentag 和 Starzyk，2015）。但当压力被界定为挑战型压力时，会迫使员工主动改变现状，激发员工的积极行为（Ghitulescu，2012；Demerouti，2014）。本研究没有对压力源进行区分，可能会造成工作压力对内部动机和主动性行为之间关系的正向效应和负向效应部分抵消，未来研究可以探索不同界定下工作压力对内部动机与主动性行为之间关系的影响。

人力资源管理强度对员工
反生产行为的抑制机制

【明基公司员工反生产行为的应对策略】

明基印刷包装有限公司（以下简称明基公司）以兼并的原国有企业赣州市印刷厂为主体，以8010万元资本在赣州工商局注册。

但在总经理钟骁勇任职伊始及之后两年间，原国有企业赣州市印刷厂留任的一大部分员工持续发生破坏、欺骗、怠工等行为，给企业带来了沉重的代价，严重损害了企业经济利益，这一直让总经理钟骁勇愤慨和困惑。在班子会上，钟骁勇总经理感受颇深地将之归纳为11种典型现象，经研讨认为是人力资源管理制度出了问题，公司决定通过人力资源管理系统的重构与完善来应对，以有效减少和控制员工产生的危害组织利益的行为。于是决定由总经理钟骁勇挂帅，集团总部抽调人力资源部人员，用一年时间从招聘、培训、绩效管理三个方面，对明基公司的人力资源管理系统做重新构建。

第一，招聘系统重构。企业的员工是否优秀决定着企业的品质或能力，有欠缺的员工往往会抑制企业的进一步发展。明基公司在重构招聘系统时，以保证吸收对本公司有价值的优秀人才为导向，从招聘理念、人力资源规划、岗位职责分析以及应聘者素质考察等方面着手重构招聘系统。首先，明基公司确定了招聘理念，即坚持素质与品质并重，让合适的人做合适的工作和规范招聘工作，并要求全员上下对此理念达成共识。其次，用人力资源规划来统领招聘工作，即制定短期招聘规划时以企业未来布局的长远规划作为指引，依据规划开展工作，保证方向感。再次，补充完善了岗位分析，完成了大部分岗位的工作职责、任务等分析，明确所需人才的能力和素质要求。最后，强化了对应聘者责任心、伦理意识等方面的考察。

第二，培训系统重构。明基公司认为，对员工进行有针对性的培训，对防止一些危害组织利益的行为发生具有意义，同时可以为企业发展储备后备人才。明基公司主要从以下方面重构培训系统：首先，将员工培训开发与企业长远发展相结合，协助员工进行职业生涯规划，也让员工感受到组织的重视。其次，培训基于企业需要和员工日趋多样化的要求。再次，整合培训资源，邀请相关专家、企业领导者和中层管理者分别担任培训师，安排不同类型的内训；奖励员工利用业余时间自主学习。最后，制度化规范化培训管理，每年度必须做年度计划，明确每年培训的主要内容和重点，对基础和重点培训统筹兼顾，并细分至季度的培训时间、培训内容和参培人员。

第三，绩效管理系统重构。领导班子认为，要想解决销售人员订单转让、采购人员吃回扣、出纳收取红包、应收会计收取红包、车间主任接私单生产以及消极怠工等一系列严重问题，必须加强绩效管理，以考核的科学性、合理性和规范性保证绩效管理的有效性。具体从以下几方面考虑重构绩效管理系统：首先，重新制定了绩效考核的主、客观指标，考评主体和对应的量化标准及描述性行为化标准以及一年的考评周期。其次，持续改进绩效管理工作，规定人力资源部每次考评结束，要对生产部、采购部、后勤部、财务部及营销部调研，对考核指标进行纠偏，以确保每次考核内容的重点和要点特征。再次，对不同工种、不同层次员工采用不同的考核方法。最后，强化绩效管理流程化和规范化，严格规定了绩效考评、绩效反馈、绩效改进等操作流程、时间节点，三个环节互相依存，保证考核的准确性和有效性。

从案例中可以看出，明基公司通过对原有的招聘系统、培训系统和绩效考核进行重构，使员工明晰了组织制度，并进一步规范了员工的各项行为，减少员工危害组织利益事件的发生。基于此实践背景，本部分将通过理论研究探讨如何通过有效的人力资源管理减少员工产生危害组织利益的行为。

案例来源：刘军，钟大勇. 明基印刷包装有限公司对反生产行为的决策. 中国管理案例共享中心案例库，2014.

【问题缘起】

现代企业面临着前所未有的竞争压力，为了保证自身的生存，防止"后院起火"是每个企业最基本的要求。然而，所有企业必须面临的一个问题是：员工在日常工作中会不可避免地产生消极怠工、浪费资源等有害于组织利益的反生产行为。如何减少并阻止这些行为的发生，是近年来理论界和实践界关注的重要话题（张绿漪等，2018）。

反生产行为是指员工故意违反企业规定做出的消极角色外行为，这种行为会对企业利益产生损害，包括组织偏差行为和人际偏差行为两个维度（Bennett 和 Robinson，2000）。组织偏差维度的反生产行为主要包括员工消极怠工行为和对企业财产的破坏行为；人际偏差维度的反生产行为主要包括同事之间的敌对和侵犯行为。以往文献主要从情境因素（张永军，2017）、个体感知（郭文臣、杨静和付佳，2015）、个人特质（Ng、Lam 和 Feldman，2016）和心理状态（Samnani、Salamon 和 Singh，2014）四个视角出发研究了反生产行为的前因。其中，情境因素是企业直接控制员工行为的有效手段，而人力资源管理制度是情境因素中的重要研究内容。以往有关人力资源管理制度因素的研究证实，发展式绩效考核（赵君和赵书松，2016）、高绩效工作系统（王娟、张喆和范文娜，2018）等可以有效减少员工的反生产行为。但是这些研究大多局限于人力资源管理制度本身或制度的某一方面。基于此，为了进一步探索人力资源管理制度对反生产行为的影响，本研究以人力资源管理强度为切入点，探讨人力资源管理强度如何减少员工反生产行为的产生。理由如下：从实践角度而言，人力资源管理是企业管理"人"的重要一环，员工的行为好坏与人力资源管理整体的实施情况有密切联系。从理论角度而言，一方面，已有研究大多局限于人力资源管理制度本身对员工反生产行为的影响，而人力资源管理强度不仅包含了企业的硬性措施，更强调了其实施过程和过程中"人"的作用，是对组织环境更为全面的概括和体现；另一方面，就影响过程来看，现有研究缺少人力资源管理强度对员工反生产行为的影响路径和边界条件的实证检验。基于此，本研究将首先研究人力资源管理强度对反生产行为的直接影响效应。

那么，人力资源管理强度对员工反生产行为的作用机制是怎样的？有何边界条件对这一作用机制产生影响呢？社会认知理论认为，环境通过影响个体认知来影响个体行为，个人特质会影响认知到行为的作用效果（Bandura，1986）。组织环境决定员工对组织状况的感知，而对组织糟糕状况的感知会催生员工对组织的破坏性行为。组织政治知觉是指组织成员对工作环境中上司和同事自利行为发生程度的主观评估（Ferris 和 Kacmar，1992）。已有研究表明，对组织的消极认知是员工产生消极行为的重要前因（张永军、廖建桥和赵君，2012）。基于此，本研究将基于社会认知理论，探究组织政治知觉在人力资源管理强度和员工反生产行为之间的中介作用。另外，现有关于组织政治知觉与员工消极行为关系的研究，对两者间关系的边界条件探索不足，本研究认为，应该重视员工自身特质对两者关系强度的影响。那么，集体主义倾向作为在中国员工中常见的个人特质，对组织政治知觉和反生产行为之间的关系有什么影响呢？基于社会认知理论，本研究将探讨集体主义倾向在组织政治知觉和员工反生产行为的关系中的调节作用，以丰富反生产行为的相关研究。

综上，本研究将基于社会认知理论，解决如下问题：第一，探究人力资源管理强度对员工反生产行为的影响效果；第二，考察组织政治知觉在人力资源管理强度与反生产行为间的中介作用；第三，检验集体主义倾向在组织政治知觉与反生产行为间的调节作用。

【理论架构】

1. 人力资源管理强度对反生产行为的影响

人力资源管理强度是指能够影响组织传递人力资源管理信息的效率，并创造高强度组织氛围的人力资源管理的一系列元属性（Bowen 和 Ostroff，2004），包括独特性、一致性和共识性三个维度。个体在组织中的行为需要通过各种外在力量加以调整和修正，这种外在力量包括基于组织规章的"硬控制"和基于组织氛围的"软控制"（Hollinger 和 Clark，1982）。现有关于减少反生产行为的研究，大多着眼于软硬控制中的某一方面，而人力资源管理强度同时兼顾了组织中人力资源管理制度的内容本身和实施过程，体现了"软硬结合"。本研究推测，人力资源管理强度负向影响员工的反生产行为，具体来说：

第一，从独特性维度出发，独特性包括可视性、可理解性、职权正当性和相关性四个方面的特征（Bowen 和 Ostroff，2004）。首先，在高独特性下，可视性和可理解性意味着员工能够清晰地了解组织人力资源管理措施的各项规定，理解为什么会制定这些规章制度，这就减少了员工因为不了解组织规定而产生的浪费、旷工等行为，减少了组织偏差维度的反生产行为。其次，在高独特性下，职权正当性意味着员工承认人力资源管理措施执行者的合法地位，接受组织对其的期望，自愿服从组织的要求，此时员工不易对上级产生抱怨与不满，从而减少了人际偏差维度的反生产行为。最后，在高独特性下，相关性意味着员工知道组织利益与自身利益是一致的，故意破坏公物和浪费资源的同时也是在损害自己的利益，所以员工会减少组织偏差维度的反生产行为。

第二，从一致性维度出发，一致性包括充分性、有效性和人力资源管理信息一致性三个方面的特征（Bowen 和 Ostroff，2004）。首先，在高一致性下，充分性意味着人力资源管理过程能够在员工的知觉中建立某一或某些清晰且牢固的因果关系，使员工清楚地意识到做出了违反规定的行为是一定要付出相应代价的，没有蒙混过关的机会，此时员工不敢在日常工作中投机取巧和中饱私囊，从而减少了组织偏差维度的反生产行为。其次，在高一致性下，有效性意味着组织中的人力资源管理者言行一致，员工对人力资源管理者是信任的，此时员工更愿意服从管理者，两者之间不易产生矛盾和发生争吵，从而减少了人际偏差维度的反生产行为。最后，在高一致性下，人力资源管理信息一致性意味着高层管理者所支持的组织目标和价值观与下属基于自己知觉所总结的组织目标和价值观是一致的，此时员工会更多为组织利益着想，减少浪费资源和假公济私的行为，同时也会避免与组织中成员发生冲突，主动与人为善，从而在组织和人际偏差两个维度减少了反生产行为的发生。

第三，从共识性维度出发，共识性包括公平性和人力资源管理决策者共识两个方面的特征（Bowen 和 Ostroff，2004）。一方面，在高共识性下，公平性意味着员工感知到组织中收益与资源的分配是公平的、决策过程与结果分配是公平的，同时管理者真诚且开放地与员工沟通，尊敬员工的意愿。此时，公平的工作环境让员工更少地产生不平衡感，避免了员工在被不公平对待后产生报复性的行为，从而在组织和人际偏差两个维度减少了反生产行为的发生。另一方面，在高共识性下，人力资源管理决策者共识意味着人力资源管理中的主要决策者意见一致。当员工感知到人力资源管理决策者之间能够达成共识时，他们会更加认同和接受各项人力资源管理措施，也更容易形成共同的价值观念。出于对人力资源管理措施的认同，员工会更少地表现出旷工、偷懒等行为，也会因彼此之间共同的价值观念减少与同事之间的冲突，从而在组织和人际偏差两个维度减少了反生产行为的发生。

基于此，提出如下假设：

H1：人力资源管理强度负向影响员工反生产行为。

2. 组织政治知觉的中介作用

组织政治知觉是指组织成员对工作环境中上司和同事自利行为发生程度的主观评估（Ferris 等，1996）。组织内部制度因素是组织政治知觉的重要前因变量，根据社会认知理论，个体会通过对外在环境的解读来调整自我认知，人力资源管理强度作为组织人力资源管理制度和过程的全面体现，会对员工对组织的认知产生显著影响。因此，本研究推测，人力资源管理强度负向影响组织政治知觉，具体来说：

第一，高人力资源管理强度下，员工认可组织人力资源管理措施的制定者和施行者的行为。此时，首先，员工充分理解上级主管在日常管理过程中行为的因果关系，认为上级主管的行为不是从谋求私利的角度出发的。其次，员工承认上级主管的合法权力，并愿意服从人力资源管理措施的各项要求，会较少地感觉到上级主管在划分圈子、排挤他人和滥用职权。最后，员工认为上级主管言行一致，对上级主管十分信任，此时员工不必忍气吞声，可以直言相谏，不用担心冒犯权威。综上，员工眼中主管的行为符合组织人力资源管理措施的各项规范，从而降低了组织政治知觉。

第二，高人力资源管理强度下，组织内的各项政策执行有效，组织内的员工对组织的人力资源管理措施有着一致的理解，组织的人力资源管理政策与员工的价值观相一致。此时，首先，组织内的人力资源管理信息透明，执行严格，赏罚分明，组织内的员工会较少地做出贿赂领导和排挤他人等违背组织规定的行为。

其次，员工知道同事与自己遵循着同样的人力资源管理政策，大家都以符合组织规范的方式行事，组织中存在着公平竞争的良好氛围，员工不必担心因成为"出头鸟"而遭到排挤非议。最后，组织政策和愿景符合员工的价值观和愿景，意味着组织中的员工都在为一个共同的目标努力，有助于组织内形成良好的合作氛围，同事间打破隔阂，互助共赢。综上，员工认为同事间的办公室政治现象较少，从而降低了组织政治知觉。

第三，高人力资源管理强度下，组织的人力资源管理措施清晰可见、公开透明，员工认可组织人力资源管理的各项规定。此时，一方面，员工认为组织的薪酬和晋升政策实施是公平的，其内容有利于自己职业生涯发展。另一方面，员工认为组织给予了自己应得的薪酬和晋升机会，自己的付出能够得到公平的回报。综上，员工认为组织的薪酬与晋升政策是公平且实施有效的，从而降低了组织政治知觉。

基于此，提出如下假设：

H2：人力资源管理强度负向影响组织政治知觉。

社会认知理论认为，个体行为受认知影响（Bandura，1986）。已有研究表明，组织内的糟糕现状可以激起员工内心的不满和报复他人或组织的动机（张永军，2014），进而会采取消极怠工、业绩造假、挪用公司财产等破坏性的行为。基于此，本研究推测，组织政治知觉可以正向影响员工的反生产行为，具体来说：

第一，当员工认为组织内的主管划分圈子、打压异己、独断专行时，员工会对领导的要求消极应对，如隐瞒一些领导需要知道的信息、故意拖延领导下达的任务、与领导发生争吵等，从而加剧了人际偏差维度反生产行为的发生。

第二，当员工认为同事之间办公室政治严重、互相排挤非议时，员工会消极地对待同事关系，如与同事发生争吵、说一些对同事不利的话、故意拖延一些对其他同事很重要的工作等，从而加剧了人际偏差维度反生产行为的发生。

第三，当员工认为组织的薪酬与晋升制度无法起到实质作用，自己符合了规章制度也没有得到晋升时，员工会对自己的工作采取消极态度，如谎报工作时长、无故旷工、迟到早退、浪费办公用品和原材料、在上班时浏览网页等，从而加剧了组织偏差维度反生产行为的发生。

基于此，提出如下假设：

H3：组织政治知觉正向影响员工反生产行为。

综上所述，基于社会认知理论，人力资源管理强度可以降低员工的组织政治知觉，组织政治知觉与反生产行为正相关。因此，本研究推测，人力资源管理强度可能通过降低员工的组织政治知觉来减少员工反生产行为的发生，即组织政治知觉起中介作用。

基于此，提出如下假设：

H4：组织政治知觉在人力资源管理强度和员工反生产行为之间起中介作用。

3. 集体主义倾向的调节作用

集体主义倾向是一种文化价值观，反映了个人对集体的关心和重视程度。社会认知理论认为，个人特质可以修正认知到行为的影响效果（Bandura，1986）。员工的组织政治知觉与反生产行为之间的关系强度，会因每个员工的个人特质而异。基于此，本研究推测，集体主义倾向正向调节组织政治知觉与反生产行为之间的关系，具体来说：

当员工的集体主义倾向高时，员工认为自己可以为组织做出一些牺牲，并主动寻求与组织的沟通合作。然而，面对组织内其他人的自利行为和薪酬不公，员工内心会逐渐产生极大的不平衡感。高集体主义倾向的员工会认为自己所处的环境非常糟糕，组织中只有自身在努力，却无法改变组织现状，与参照群体相比，自己处于不利的地位。正所谓期望越高，失望越大，如果员工主动为组织做出牺牲，与人为善，却发现身边的人是自私自利的，自己并不能通过努力来获得回报，就会感到极大的失落和不平衡。受到打击的员工，很可能会采取一系列消极行为来报复组织和同事，从而加剧了反生产行为的产生。相反，与高集体主义倾向的员工相比，低集体主义倾向的员工在面对组织内自私和不公现象时，接受程度更高，产生的心理波动相对较小，进而不会显著影响组织政治知觉与反生产行为之间的关系。

基于此，提出如下假设：

H5：集体主义倾向正向调节组织政治知觉和员工反生产行为之间的关系。员工的集体主义倾向越高，组织政治知觉和员工反生产行为之间的正向关系越强。

综上所述，本文的理论模型如图1所示。

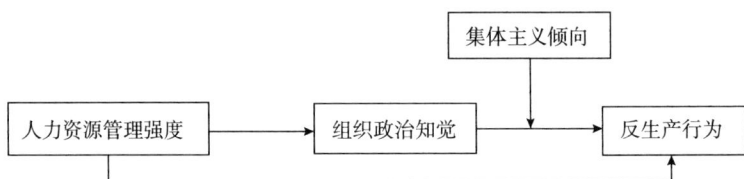

图 1 本文的理论模型

【实地调研】

1. 调查过程

本研究采用问卷调查的方式收集数据，研究样本为辽宁某高校的 MBA 学员及参加短期培训的企业员工。为保证数据的真实性和有效性，在正式调研之前，研究人员向被试明确说明此次调研仅供科学研究之用，被试在填答问卷时全程匿名，且对回收的一切数据完全保密。本研究先后进行了三次调研，每次调研间隔 1 个月。第一次调研（T1）由被试评价人力资源管理强度，共发放问卷 300 份，回收有效问卷 268 份，有效回收率为 89.33%；第二次调研（T2）请完整填答 T1 问卷的被试评价组织政治知觉和集体主义倾向，共发放问卷 268 份，回收有效问卷 241 份，有效回收率为 89.92%；第三次调研（T3）请完整填答 T2 问卷的被试评价反生产行为、人口统计学信息及企业相关信息，共发放问卷 241 份，回收有效问卷 216 份，有效回收率为 89.63%。

216 份有效问卷的描述性统计分析如下：在性别方面，男性占 54.6%，女性占 45.4%；在年龄方面，30 岁及以下占 54.3%，31～35 岁占 21.9%，35 岁以上占 23.8%；在学历方面，大专及以下学历占 0.4%，本科学历占 63.4%，硕士及以上学历占 36.2%；在工作时间方面，3 年及以下占 28.8%，4～6 年占 38.5%，7 年及以上占 32.7%；在企业规模方面，100 人以下占 18%，100～499 人占 19.9%，500～999 人占 9.2%，1000 人及以上占 52.9%；在企业性质方面，国有企业占 47.2%，私营企业占 12%，外商独资企业占 8.3%，合资企业占 10.6%，其他企业占 21.9%；在所属行业方面，制造业占 42.5%，IT 业占 6.9%，金融业占 7.8%，房地产业占 4.1%，贸易行业占 1.3%，服务行业占 8.7%，其他行业占 28.2%。

2. 测量工具

人力资源管理强度：采用 Hauff、Alewell 和 Hansen（2017）编制的 7 题项量表。代表性题项包括："我能够感受到所在企业的一系列人力资源管理政策带来的积极影响""我理解企业的人力资源管理目标和实践"。在本研究中，该量表的 Cronbach's α 系数为 0.961。

组织政治知觉：采用 Kacmar 和 Carlson（1997）编制的 15 题项量表。代表性题项包括："组织内的员工最好与权力大的人站在同一队""组织内员工的薪酬与晋升政策在实际上不太起作用"。在本研究中，该量表的 Cronbach's α 系数为 0.947。

反生产行为：采用 Yang 和 Diefendorff（2009）编制的 23 题项量表。代表性题项包括："我有时会在未经允许的情况下提前下班""我有时会拖延一些对他人很重要的工作"。在本研究中，该量表的 Cronbach's α 系数为 0.956。

集体主义倾向：采用 Wagner 和 Moch（1986）编制的 5 题项量表。代表性题项包括："组织中的个人应该意识到他们有时必须为整体利益做出牺牲""组织中的个人应该尽力互相合作，而不是试图独自解决问题"。在本研究中，该量表的 Cronbach's α 系数为 0.918。

控制变量：本研究选取了员工的性别、年龄、学历和工作时间作为个体层面的控制变量，企业规模、企业性质和所属行业作为组织层面的控制变量。

【实证分析】

1. 验证性因子分析

为检验理论模型中所涉及变量的区分效度，本研究采用 Mplus7.0 进行验证性因子分析，结果如表 1 所示。在分析前，根据吴艳和温忠麟（2011）的建议将组织政治知觉按照维度打包成三项。由表 1 可知，相较于其他备选模型，四因子模型的数据拟合效果最优，其中 $\chi^2/df = 1.707$、$TLI = 0.902$、$CFI = 0.910$、$RMSEA = 0.057$，说明本研究的四个变量具有良好的区分效度。

表 1 验证性因子分析结果

模型构成	χ^2/df	TLI	CFI	RMSEA
四因子模型：HRMS, POPS, CWB, CO	1.707	0.902	0.910	0.057
三因子模型：POPS+CWB, HRMS, CO	3.091	0.711	0.728	0.098
二因子模型：HRMS+CO, POPS+CWB	3.782	0.616	0.637	0.113
单因子模型：HRMS+POPS+CWB+CO	5.630	0.361	0.396	0.146

注：HRMS 代表人力资源管理强度，POPS 代表组织政治知觉，CWB 代表反生产行为，CO 代表集体主义倾向，"+"代表因子合并。受篇幅所限，三因子模型、二因子模型均只显示拟合度最好的模型。

2. 共同方法偏差检验

本研究的所有变量皆由员工填写，为了避免同源数据产生的共同方法偏差，本研究采用 Harman 单因素检验法进行共同方法偏差检验，将四个变量的所有题项进行探索性因子分析，在未经旋转时，第一个方差的解释率为 29.922%，低于 40%。因此，共同方法偏差对本研究的影响较小。

3. 描述性统计分析

表 2 展示了各变量的相关系数、均值及标准差。其中，人力资源管理强度与组织政治知觉（$r=-0.207$，$p<0.01$）、反生产行为（$r=-0.179$，$p<0.01$）显著负相关，组织政治知觉与反生产行为（$r=0.354$，$p<0.001$）显著正相关，为假设检验提供了初步的数据支撑。

4. 假设检验

（1）主效应和中介效应检验

本研究采用层次回归的方法检验主效应。由表 3 可知，人力资源管理强度对反生产行为有显著的负向影响（M4，$\beta=-0.163$，$p<0.01$），由此，H1 得到支持。人力资源管理强度对组织政治知觉有显著的负向影响（M2，$\beta=-0.198$，$p<0.01$），由此，H2 得到支持。组织政治知觉对反生产行为有显著的正向影响（M7，$\beta=0.348$，$p<0.001$），由此，H3 得到支持。进一步地，在加入中介变量

表 2　变量的均值、标准差和相关系数

变量	1	2	3	4	5	6	7	8	9	10	11
1. 性别	1										
2. 年龄	-0.319***	1									
3. 学历	0.001	-0.030	1								
4. 工作时间	-0.273***	0.761***	-0.150*	1							
5. 企业规模	-0.269***	0.244***	-0.020	0.325***	1						
6. 企业性质	0.199**	-0.321***	0.059	-0.361***	-0.338***	1					
7. 所属行业	0.382***	-0.339***	0.052	-0.325***	-0.436***	0.364***	1				
8. 人力资源管理强度	-0.035	-0.149*	0.017	-0.162*	-0.040	0.089	0.010	(0.961)			
9. 组织政治知觉	-0.41	-0.075	-0.020	-0.030	-0.058	0.054	0.041	-0.207**	(0.947)		
10. 反生产行为	-0.054	0.008	0.020	-0.015	-0.022	0.068	0.086	-0.179**	0.354***	(0.956)	
11. 集体主义倾向	-0.002	-0.79	0.020	-0.035	0.037	0.044	0.003	0.424**	-0.125	-0.197**	(0.918)
均值	1.454	32.046	2.356	6.583	2.968	2.477	3.542	4.590	4.273	3.048	5.071
标准差	0.499	5.271	0.489	5.541	1.206	1.651	2.630	1.213	1.039	1.027	1.008

注：*** 表示 p<0.001，** 表示 p<0.01，* 表示 p<0.05。对角线括号内为 Cronbach's α 系数。

后，人力资源管理强度对反生产行为的负向影响变为不显著（M5，β = −0.099，n.s.），组织政治知觉对反生产行为的正向影响显著（M5，β = 0.322，p < 0.001），说明组织政治知觉在人力资源管理强度和反生产行为间起完全中介作用，由此，H4 得到支持。

表3 回归分析结果

变量	组织政治知觉（M1~M2）		反生产行为（M3~M8）					
	M1	M2	M3	M4	M5	M6	M7	M8
性别	−0.191	−0.234	−0.199	−0.234	−0.159	−0.199	−0.132	−0.170
年龄	−0.027	−0.031	0.010	0.007	0.017	0.010	0.019	0.017
学历	−0.033	−0.034	0.018	0.017	0.028	0.018	0.030	0.050
工作时间	0.016	0.011	−0.005	−0.009	−0.012	−0.005	−0.010	−0.011
企业规模	−0.049	−0.050	0.017	0.015	0.031	0.017	0.034	0.025
企业性质	0.020	0.028	0.036	0.042	0.033	0.036	0.029	0.046
所属行业	0.009	0.004	0.046	0.043	0.042	0.046	0.043	0.043
人力资源管理强度		−0.198 **		−0.163 **	−0.099			
组织政治知觉					0.322 ***		0.348 ***	0.271 ***
集体主义倾向								−0.211 **
组织政治知觉×集体主义倾向								0.162 **
R^2	0.018	0.069	0.020	0.055	0.154	0.020	0.142	0.204
F	0.537	1.915	0.602	1.518	4.176 ***	0.602	4.275 ***	5.269 ***
ΔR^2	0.018	0.033	0.020	0.036	0.099	0.020	0.122	0.063
ΔF	0.537	11.370 *	0.602	7.790 **	24.086 ***	0.602	29.409 ***	8.078 **

注：*** 表示 p<0.001，** 表示 p<0.01，* 表示 p<0.05。

同时，本研究使用 Process 插件对中介效应进行 Bootstrap 检验，以进一步验证中介效应。结果显示，以组织政治知觉为中介变量时，人力资源管理强度对反生产行为的间接效应在95%置信区间为［-0.1207，-0.0117］，不包含0，人力资源管理强度对反生产行为的直接效应在95%置信区间为［-0.2026，0.0147］，包含0，直接效应不存在，说明组织政治知觉在人力资源管理强度和反生产行为之间的完全中介效应存在，H4得到进一步验证。

（2）调节效应检验

表3中，组织政治知觉和集体主义倾向的交互项对反生产行为有显著的正向影响（M8，$\beta = 0.162$，p<0.01），表明集体主义倾向正向调节组织政治知觉与反生产行为之间的关系，即集体主义倾向越高，组织政治知觉对反生产行为的正向影响越强。由此，H5得到了支持。

为了更直观地展现集体主义倾向在组织政治知觉和反生产行为之间的调节作用，本研究参考Aiken和West（1991）的建议，绘制了调节效应图，如图2所示。由图2可知，当集体主义倾向高时，组织政治知觉对反生产行为具有显著的正向影响（$\beta = 0.440$，p<0.001），当集体主义倾向低时，组织政治知觉对反生产行为的影响不显著（$\beta = 0.143$，n.s.），H5得到了进一步验证。

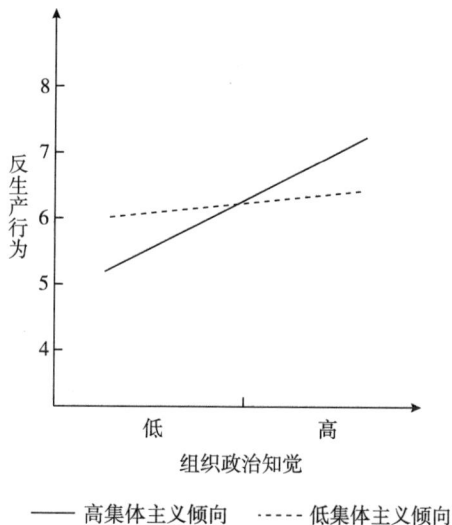

图2　集体主义倾向在组织政治知觉与反生产行为之间的调节作用

【理论贡献】

基于社会认知理论，采用 216 份跨时点调查数据，本研究检验了人力资源管理强度与员工反生产行为之间的关系，并验证了组织政治知觉的中介作用和集体主义倾向的调节作用。结果表明：人力资源管理强度负向影响员工反生产行为；组织政治知觉在人力资源管理强度和员工反生产行为之间发挥完全中介作用；集体主义倾向增强了组织政治知觉对员工反生产行为的促进作用，员工的集体主义倾向越高，组织政治知觉与员工反生产行为的正向关系越强。本研究的结论具有如下理论贡献：

第一，丰富了反生产行为前因变量中情境因素的实证研究。现有关于人力资源管理制度对反生产行为影响的研究停留在制度本身或制度的某一方面，没有考虑制度从制定、传达到被员工理解的全过程（王娟、张喆和范文娜，2018；赵君和赵书松，2016）。本研究基于社会认知理论，通过对人力资源管理强度与反生产行为关系的探讨，对组织制度与反生产行为关系的相关研究进行了补充。

第二，揭开了人力资源管理强度对员工反生产行为影响的黑箱。一方面，以往关于制度因素对反生产行为影响机制的研究主要以社会交换理论为基础，本研究立足于社会认知理论，从环境—主体认知—行为的框架出发，发现了组织政治知觉在人力资源管理强度和反生产行为关系间的完全中介作用。另一方面，已有少量研究对组织政治知觉与员工消极行为之间的关系进行了探索（张亚军等，2018），但组织政治知觉前因研究有待深入考察，本研究证实了人力资源管理强度可以降低员工的组织政治知觉，丰富了组织政治知觉前因变量的研究，延伸并完善了组织政治知觉与反生产行为的关系链条。

第三，从员工的个人特质出发，为组织政治知觉和反生产行为之间的关系提供了新的边界条件。一方面，虽然已有少量研究关注了组织政治知觉与反生产行为之间的关系（Baloch 等，2017），但有关其边界条件的研究十分匮乏，本研究证明了集体主义对两者关系的正向调节作用。另一方面，研究反其道而行之，打破了正面个人特质会促生正面行为的常规思维，证明了在一定情境下，正面的特质反而会加剧负面行为的产生，为组织政治知觉和反生产行为关系的边界条件研究提供了新思路。

【管理启示】

反生产行为对组织的危害不容忽视，因此采用正确的管理方式有效抑制员工的反生产行为是十分必要的。本研究的结论对寻求管理员工反生产行为的组织具有重要意义。根据研究结论，我们给出如下管理建议：

第一，管理者要注重统筹人力资源管理从制定到传达并实施的全过程。一方面，为了防止员工做出对企业的破坏性行为，管理者需要制定针对性的人力资源管理政策，确保政策准确传达给员工，并能被员工充分理解。例如，海尔通过建立信息共享平台的方式，将企业的人力资源管理政策发布到共享平台上，使员工能够接触到公开透明的一手信息。另一方面，管理者要敏锐地识别人力资源管理系统中的缺陷，及时做出调整，避免短板效应对人力资源管理系统的限制，才能有效规范员工行为，避免组织产生不必要的损失。因此，建立强大的人力资源管理系统是有效降低员工反生产行为的重要保障。

第二，管理者要以身作则，防止办公室政治的产生，同时在公司制度上避免薪酬不公正的情况发生。一方面，要重视办公室政治带来的危害，管理者自身要公平对待每一名下属，不能为了个人利益围绕自己建立小团体。同时，要注意在企业中建立公平竞争、相互合作的良好氛围，避免员工浪费精力在经营圈子和附庸领导上，使员工把注意力集中到为企业创造价值上来。另一方面，管理者要重视薪酬不公正带来的危害，为员工创造出安心的工作环境，使每个员工都可以凭自己的努力获得回报，防止员工因为受到不公平待遇对企业采取消极报复行为的情况发生。例如，德国的企业广泛设立由员工组织的工厂委员会，在工作时间、工资福利等方面，委员会具有共同决策权，特别是当发现劳动条件的改变损害了员工的人性化需要时，可以要求雇主予以改变或赔偿，设立工厂委员会极大激发了员工的工作热情。因此，为员工创造安心公平的工作环境是企业平稳运行的重要支撑。

第三，管理者要对集体主义倾向高的员工给予更多关心和奖励，避免其产生心理变化。对于默默为团队做贡献的员工，组织应该给予更多的关注、晋升机会以及物质奖励，帮助其排解心中的不良情绪，避免其产生危害组织发展的行为。也可以将此类员工发展为学习典型，这样不仅认可了此类员工的付出，也能够通过集体学习来带动组织中的其他人热心为组织服务。例如，美国 IBM 公司有一个"百分之百俱乐部"，当公司员工完成他的年度任务时，他就被批准为该俱乐部会员，他和他的家人被邀请参加隆重的集会。结果，公司的员工都将获得"百分之百俱乐部"会员资格作为奋斗目标，通过努力工作来获得荣誉，不仅提升了自身绩效，也促进了组织发展。因此，学会认可员工的贡献是激励员工的重要手段。

【未来展望】

本研究还存在以下三点局限：

第一，本研究仅关注了人力资源管理强度对员工反生产行为的影响，未来研究可以关注不同层次上人力资源管理强度对员工反生产行为的影响，上升到团队层和组织层进行跨层次研究。

第二，虽然已有研究已经证实了员工自我评价反生产行为是可行的（Berry、Carpenter 和 Barratt，2012），但填答者也难免会因为个人原因隐瞒自己的反生产行为，影响调查结果。未来研究可以综合员工自身、同事和主管的评价，使反生产行为的测量结果更为准确。

第三，本研究选取了集体主义倾向这一在中国常见的个人特质作为调节变量，但是在不同国家、文化习俗和制度环境下，研究结论的一般性难以保障。未来研究可以着眼于其他文化制度环境，对比在不同制度环境下反生产行为的发生机制和边界条件是否相同。

人力资源管理强度对员工知识
共享行为的激发机制

【巨鹰连锁店员工知识共享行为的激发策略】

巨鹰（Giant Eagle）连锁店是一家大型的食品零售商和发行商，该公司在2004年开始实施知识管理。在当时，公司中有两个因素不利于这一新生运动的开展。一方面，它的215家连锁店中的大部分员工以前工作时从未使用过计算机。为了使用他们的知识管理系统，员工们必须安排时间进行上网注册和登录，阅读同事们根据自己的实践经验总结出来的要点，还要发布他们自己的想法和观点。另一方面，在巨鹰连锁店的管理者之间已经形成了一种竞争性的文化，工人们为了赢得最好的销售额、出现最少量的入店行窃事件、成为最快乐的员工等，在日常工作中相互竞争。这种竞争精神似乎与员工们进行协同工作、信息共享这一思想是相互矛盾的，因为这样做有可能使他们丧失本来可以超越他人的优势。

由于缺少底层员工的支持和使用，巨鹰连锁店的努力似乎趋于失败，因为如果员工不使用系统的话，知识管理系统就没什么价值了。由于经济形势越来越不稳定，渐渐濒临衰退的边缘，而且经营日常杂货的企业间的竞争也比以往更激烈了，对知识管理系统进行投资的风险很高，而实际上让这个知识管理项目运行起来，并不是靠执行组宣布项目开始或者利用系统会获得利润进行激励。它的启动非常简单，是从一个微小的环节着手的。

大约在2000年的假期，巨鹰连锁店的一位经理偶然发现一种巧妙的陈列海鲜食品的方式，这种方式使购物者备受"折磨"，无法抵抗购买诱惑，结果使每周销售额上涨了 200 美元。但是由于对自己的策略不太肯定，这位经理首先把他的想法在 KnowAsis 门户系统中公布了出来。其他熟食店的经理们有点儿嘲笑他的想法，但是有一位经理在自己的店里把他的办法付诸实践后，发现的确对销售额有相应的促进。就是由于那两家店利用了这一微小的信息，该公司的总盈利额涨到了 2 万美元。公司估计，如果当时在所有的店中实行该方式，总盈利额可能会上升到 3.5 万美元。巨鹰连锁店的企业系统执行副总裁 Jack Flanagan 曾说："以前还从没有过在连锁店之间进行想法共享的惯例，共享知识所产生的实际收益，促使雇员们消除了疑虑，并激励他们从繁忙的工作中抽出时间，抛开以往的工作标准，开始共享彼此最佳的建议。"巨鹰连锁店的信息系统部门高级副总裁兼公司的 CIO Russ Ross 说："现在员工们在开发想法的市场中展开了竞争。"

俄亥俄州欧几里德市南部超级市场的店长 Brian Ferrier 说："它成了一个陈列箱，用于向其他人展示自己所做的事，每一个人都想往里边放点什么。"Ferrier 强调，他每天至少要登录一次企业门户系统，并且说他发现门户中的实践可以帮助他获利。巨鹰连锁店保守预计，如果行业平均利润不减少的话，通过共享想法，每年至少会增加 10 万美元的收入。把所有的人都动员起来进行知识管理能够创造非凡的盈利价值。壳牌国际开发生产公司把 2002 年 2 亿美元的成本节约和额外收入都归功于使用 SiteScape 在线协作论坛。该部门无疑为母公司——皇家荷兰壳牌集团公司的成功做出了贡献，使它在 2007 年财富全球 500 强中跃居第四。皇家荷兰壳牌的收入从 2001 年到 2002 年增长了 33%，令人吃惊。

如果能够赢得员工们的欢迎，知识管理能够帮助巨鹰连锁店和壳牌这样的公司经受经济带来的最恶劣形势的考验。问题是共享知识并非轻而易举地就能实现，即使在繁荣时期也是。SAINTONGE 联盟的负责人 Hubert Saintonge 说："共享知识并非自然而然的事。你不能只站在那儿说'我们要进行知识共享'，那是不会奏效的。"公司方表示，要使员工心悦诚服地参与知识管理始终是一个严峻的挑战。

从案例中可以看出，巨鹰连锁店的管理者已经意识到员工之间进行知识共享的重要性，并通过搭建知识管理系统来促进知识共享。但知识管理系统的推动过程中出现了种种阻碍，需要通过有效的管理策略来解决问题，真正激发员工进行知识共享。基于此实践背景，本部分将通过理论研究探讨如何通过有效的人力资源管理促进员工的知识共享行为。

案例来源：如何创造一个"无所不知"的公司？——企业进行知识共享的案例分析. 2007-03-25. https：//www.fanpusoft.com/haerbin/xxh/79615.html.

【问题缘起】

2020 年 2 月，知名专利统计公司 IPlytics 发布的 5G 行业专利报告显示，尽管面对美国制裁的不利影响，华为仍然以 3147 项专利（15.02% 的占比）超越三星，成为全球拥有 5G 标准专利数量第一的企业。对于华为的成长，任正非说，"知本主义"是华为一直奉行的准则，华为在 5G 领域的成功离不开对知识的尊重与管理。以华为为代表的科技型企业通过加强对知识资源的管理，在竞争中脱颖而出。然而，作为知识资源的拥有者，员工也在很大程度上决定着其拥有的知识是否能为组织所用。因此，对于组织而言，只有有效推动知识共享，才能实现成功的知识管理，进而提升组织的竞争优势。

知识共享是指员工间相互交换各自拥有的知识资源，从而创造组织共有知识资源的过程，是一种为组织传递和创造价值的过程（Hooff 和 Ridder，2004）。虽然知识共享对组织的好处不言而喻，然而当组织真的需要员工共享其知识时，却会发现自己好像是在唤醒一群"装睡的员工"。这是由于员工往往会顾虑将有价值的知识资源与他人共享后会给自身的竞争优势带来挑战（Papa，2015），所以在组织需要自己的知识时通常选择保持沉默（杨皖苏、赵天滋和杨善林，2018），不愿意自发地进行知识共享。那么，组织如何才能真正唤醒这些"装睡的员工"呢？现有文献主要从员工个体、组织环境、知识特征和信息技术四个方面探索了知识共享的影响因素（周密、刘倩和梁安，2013）。随着组织竞争要素"由物向人"方向的转变（贾建锋、周舜怡和唐贵瑶，2017），客观的知识特征因素与信息技术已不再是组织推动员工进行知识共享的主要障碍，与人相关的组织环境与员工个体因素受到更多关注。以往关于组织环境因素的研究表明，能否在员工间创造信任与合作的组织氛围是组织推动知识共享的关键（Gillani 等，2018）。人力资源管理强度反映了组织传递人力资源管理信息的效率，能够塑造高强度的组织氛围，使人力资源管理的实践内容能够得到有效的实施（Bowen 和 Ostroff，2004）。已有研究表明，高人力资源管理强度能使组织获得员工的信任与认同，增进员工对组织目标的理解（Hauff、Alewell 和 Hansen，2016），对员工的角色外行为（如主动性行为）有积极的影响，因而有望成为知识共享这一典型角色外行为的前因变量。因此，本研究将首先探讨人力资源管理强度对知识共享的影响。

进一步讲，人力资源管理强度对知识共享的影响又具有怎样的过程机制呢？以往研究指出，组织环境想要推动知识共享这种会为个体带来挑战的角色外行为，需要改变员工对自身的认知，使员工发自内心地相信自己有能力来面对这种挑战（Papa，2015）。因而，如何将人力资源管理强度内化为员工对自身的认知，对于组织推动知识共享至关重要。根据自我决定理论，组织环境对基本心理需要的满足会沉淀为个体的成功经验与体验，提升个体对自身能力的认知与评价（Sweet 等，2012），进而影响个体的行为选择。而自我效能感恰恰反映了个体对自身能力的认知与评价，自我效能感高的个体对自己的能力有信心，且富有冒险精神，在面对挑战时会选择打破沉默并迎接挑战（杨皖苏、赵天滋和杨善林，2018）。因此，本研究拟基于自我决定理论，考察自我效能感在人力资源管理强度与知识共享间的中介效应。

此外，人力资源管理强度对知识共享的推动作用，在一定程度上还依赖于员工对人力资源管理信息最终产生了怎样的认知。信息素养作为员工在工作中处理各类信息能力的表征，会显著地影响其如何处理所接受的信息（Lloyd，2012）。已有研究表明，高信息素养的员工在工作中会积极获取各种不同来源的信息，并投入大量的资源（如时间和精力）对这些信息背后的立场、观点、倾向与视角进行批判性的反思（Bryan，2014），而这种批判性的反思会影响员工对人力资源管理信息的处理，进而影响个体的行为（Lloyd，2012；Bryan，2014）。基于此，本研究拟进一步考察员工信息素养对人力资源管理强度与知识共享间关系的调节效应。

综上，本研究将基于自我决定理论，解决如下问题：第一，探究人力资源管理强度对知识共享的影响效果；第二，考察自我效能感在人力资源管理强度与知识共享间的中介作用；第三，检验员工信息素养在人力资源管理强度与知识共享间的调节作用。

【理论架构】

1. 人力资源管理强度对知识共享的影响

人力资源管理强度包括独特性、一致性和共识性三个维度。其中，独特性是指各种人力资源管理信息能获得员工的关注并激发他们的工作兴趣；一致性是指人力资源管理的实施操作过程具有统一性，并使员工得到一致的人力资源管理信息；共识性是指员工对于组织传递的人力资源管理信息形成普遍认同感（Bowen和 Ostroff，2004）。本研究推测，人力资源管理强度正向影响知识共享，具体来说：

第一，当人力资源管理强度的独特性较高时，一方面，组织的人力资源管理信息对员工清晰可见，容易被员工感知和理解（Bowen 和 Ostroff，2004），这会使员工更加清楚什么样的信息是组织需要的（Hauff、Alewell 和 Hansen，2017），从而为其明确共享知识的方向；另一方面，组织的总体目标与员工的个人目标息息相关（Bowen 和 Ostroff，2004），这会使员工更加认同组织目标，从而推动其为了实现组织目标而共享更多的知识。

第二，当人力资源管理强度的一致性较高时，一方面，各类人力资源管理信息在组织内部传递和实施的过程中保持稳定统一（贾建锋、周舜怡和唐贵瑶，2017），这会减少因部门、职位和资历等方面的差异对员工造成的隔阂，促进了员工间的交流与合作，从而推动了知识共享的产生；另一方面，员工察觉到组织传递的人力资源管理信息与其实际表现一致，提升了员工对于组织的信任感与认同度（贾建锋、周舜怡和唐贵瑶，2017），从而使其为了组织的发展而更多地共享自己的知识。

第三，当人力资源管理强度的共识性较高时，一方面，高层决策者基于共同愿景达成了共识，这会促进员工之间形成共同的价值观念（Hauff、Alewell 和 Hansen，2017），并使其为共同的目标而奋斗，从而促进知识共享的产生；另一方面，组织传递的信息体现了人力资源管理的分配公平、程序公平与互动公平（Bowen 和 Ostroff，2004）。已有研究表明，能够反映组织公平性的信息会使员工相信进行知识共享不会为自己带来损失，减少了员工进行知识共享时的不安全感，从而推动知识共享的产生。

基于此，提出如下假设：

H1：人力资源管理强度正向影响知识共享。

2. 自我效能感的中介作用

自我效能感是个体对自身能力的评价，反映了个体对于自身能力的认知（Bandura，1982）。自我决定理论认为，自我效能感是由组织环境对个体基本心理需要满足的经验所决定的（Zgen 和 Bindak，2011）。个体的基本心理需要可以分为自主需要、胜任需要与关系需要三个方面。其中，自主需要是指个体在工作过程中感到的选择感与自主性；胜任需要是指个体在难度合适的工作中感到的胜任感；关系需要是指个体在社交关系中感到的安全感与归属感（Deci 和 Ryan，2004）。现有研究已经证实了自主需要、胜任需要与关系需要的满足能够提升个体的自我效能感（Sweet 等，2012），所以当组织环境能够满足个体的三种基本心理需要时，个体的自我效能感就会得到提升。因此，本研究推测，人力资源管理强度正向影响自我效能感，具体来说：

第一，从自主需要来讲，当人力资源管理强度较高时，员工在和组织的不断接触中，能够感到组织的人力资源管理不只是为组织服务的，还有助于实现自己的个人目标（Bowen 和 Ostroff，2004），因而在工作的过程中会逐渐地感到自己拥有选择权与自主权。因此，人力资源管理强度对自主需要的满足能够提升员工的自我效能感。

第二，从胜任需要来讲，当人力资源管理强度较高时，一方面，组织向员工提供了一致的人力资源管理信息，这有利于为员工建立稳定的工作环境（Hauff、Alewell 和 Hansen，2017），使其减少因为政策与环境的变动而损耗的心理资源，将更多的时间与精力集中在自己的工作上，从而更容易取得成功；另一方面，人力资源管理信息更加公开透明，会使员工更容易感知到组织向自己提供的成功机会，如来自组织的资源与制度支持（陈建安、陈明艳和金晶，2018），这会使其更容易在工作中取得成功的经验与体验，产生胜任感。因此，人力资源管理强度对胜任需要的满足能够提升员工的自我效能感。

第三，从关系需要来讲，当人力资源管理强度较高时，一方面，员工能够感受到组织对自己的支持，从而感到自己的工作与生活受到了保障，产生一种心理上的安全感（Ning，2016）；另一方面，员工能够在工作中感受到组织的公平性并提升对组织的认同度，这会使员工能够更好地感受到领导与同事对他的关怀与赞赏，形成良好的人际关系。因此，人力资源管理强度对关系需要的满足能够提升员工的自我效能感。

基于此，提出如下假设：

H2：人力资源管理强度正向影响自我效能感。

已有研究表明，自我效能感较高的员工相信自己的能力，愿意接受挑战（杨皖苏、赵天滋和杨善林，2018）。基于此，本研究推测，自我效能感能够正向影响知识共享，具体来说：

一方面，自我效能感较高的员工出于对自己能力的自信，会设置更高的目标水平，提高目标的难度。已有研究证实，个体目标难度越高，为了能够实现这一目标，个体就越可能将自己拥有的知识和他人进行共享（周小兰、李贞和张体勤，2018）。另一方面，自我效能感较高的员工愿意接受挑战，不惧怕和他人进行知识共享会丧失自己的竞争优势，反而相信自己能够通过获取他人知识取得新的竞争优势，提升自己的竞争力和创新能力。

基于此，提出如下假设：

H3：自我效能感正向影响知识共享。

高人力资源管理强度能通过满足员工的自主需要、胜任需要和关系需要来提升员工的自我效能感，而自我效能感得到提升的员工对自己的能力会更加自信，也就更敢于为了实现目标来面对知识共享带来的挑战，进而产生更多的知识共享行为。基于此，提出如下假设：

H4：自我效能感在人力资源管理强度和知识共享之间起中介作用。

3. 信息素养的调节作用

信息素养是信息时代员工的基本素养之一，反映了员工在工作过程中处理各类信息的能力，它具有批判的认知思维和大量的资源投入两个特点。其中，批判的认知思维是指这类员工对信息的认知不是直接生成的，而是会将其与其他来源的相关信息结合后，在批判性反思的基础上形成属于自己的认知（Lloyd，2012）；大量的资源投入是指这类员工为了能充分地利用信息，会投入大量的资源对所接收的信息进行处理（王宗军和蒋振宇，2020）。基于此，本研究推测，员工信息素养负向调节人力资源管理强度与知识共享之间的关系，具体来说：

第一，当员工信息素养较高时，意味着员工具有批判的认知思维（Lloyd，2012）。此时，即使高人力资源管理强度统一了各类人力资源管理信息（Bowen和Ostroff，2004），信息素养高的员工也不会对人力资源管理信息直接生成共同的认知，而是会将它和其他来源的信息结合后，经过批判性的反思最终形成属于自己的认知（Lloyd，2012）。由于这一认知过程涉及除了人力资源管理信息外其他来源的信息，并受控于员工主观的批判思维，因而会使这类员工对人力资源管理的认知与他人存在差异（Bryan，2014），认知上的差异使其容易在工作中与他人产生矛盾与分歧，增加了员工间进行交流与合作的难度，从而阻碍了知识共享的产生。反之，当员工信息素养较低时，其信息来源相对单一，认知的过程也较为简单（Lloyd，2012），因而更容易在高人力资源管理强度的作用下直接生成对人力资源管理信息的共同认知，推动其与他人的交流与合作，从而使其产生更多的知识共享行为。

第二，当员工信息素养较高时，意味着员工对信息的处理过程会涉及更多的对信息的评估、筛选、决策和实践等环节，需要其投入大量的资源（如时间和精力）（王宗军和蒋振宇，2020）。此时，虽然高人力资源管理强度传递的人力资源管理信息有助于员工明确知识共享的方向，但高信息素养的员工对这些信息的处理却会大量地减少其拥有的剩余资源，最终很可能使其减少知识共享这类角色外行为，以保证自己拥有充分的资源能投入自己的本职工作之中。反之，当员工的信息素养较低时，由于其较少对信息进行处理，因此拥有更多的剩余资源，在高人力资源管理强度传递的人力资源管理信息使其明确知识共享的方向后，会更充分地投入知识共享这种角色外行为之中，从而使其产生更多的知识共享行为。

基于此，提出如下假设：

H5：员工信息素养负向调节人力资源管理强度和知识共享之间的关系。员工的信息素养越高，人力资源管理强度与知识共享之间的正向关系越弱。

综上所述，本文的理论模型如图 1 所示。

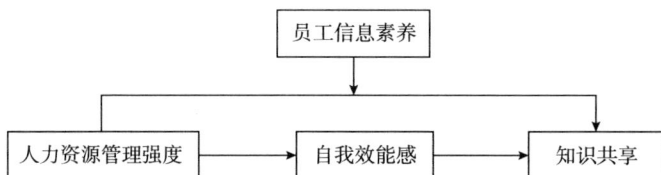

图 1 本文的理论模型

【实地调研】

1. 调查过程

本研究采用问卷调查的方式进行数据收集，调查对象为广西和广东的两家企业。在人力资源部门的协助下，研究者随机抽取了企业中的员工作为调查对象，在调查前，明确告知参与者调查的匿名性以及调查结果仅供科学研究之用，调查不会对员工本人和所在企业产生任何不利影响，并承诺对他们填写的所有信息绝对保密。总共发放问卷 300 份，回收问卷 264 份，筛选出有效问卷 221 份，有效回收率为 73.67%。

221 份有效问卷的描述性统计分析如下：在性别方面，男性占 53.39%，女性占 46.61%；在年龄方面，20～29 岁占 20.80%，30～39 岁占 39.81%，40～49 岁占 25.79%，50 岁及以上占 13.60%；在职级方面，普通员工占 61.99%，基层管理者占 12.68%，中层管理者占 17.19%，高层管理者占 8.14%；在所在部门方面，研发设计部门占 30.77%，生产制造部门占 13.57%，销售部门占 17.65%，财务部门占 9.05%，管理部门占 12.67%，其他部门占 16.29%；在学历方面，大专以下占 10.86%，大专占 12.67%，本科占 68.78.%，硕士占 3.62%，博士占 4.07%；在工作时间方面，10 年以下占 54.30%，10～19 年占 29.42%，20～29 年占 13.12%，30 年及以上占 3.16%。

2. 测量工具

人力资源管理强度：采用 Hauff、Alewell 和 Hansen（2017）编制的 7 题项量表。代表性题项包括："我能够感受到所在企业的一系列人力资源管理政策带来的积极影响""我理解企业的人力资源管理目标和实践"。在本研究中，该量表的 Cronbach's α 系数为 0.901。

自我效能感：采用 Schwarzer 等（1997）编制的 10 题项量表。代表性题项包括："面对一个难题时，我通常能找到几个解决方法""如果我尽力去做的话，我总是能够解决难题"。在本研究中，该量表的 Cronbach's α 系数为 0.913。

员工信息素养：采用王宗军和蒋振宇（2020）编制的 6 题项量表。代表性题项包括："在工作中，我善于快速地识别完成任务所需要的信息""在工作中，我经常准确地分析出信息所包含的意义"。在本研究中，该量表的 Cronbach's α 系数为 0.841。

知识共享：采用 Hooff 和 Ridder（2004）编制的 10 题项量表。代表性题项包括："在我学习了新知识后，我会让部门的同事也能够学习到它""我让我部门的同事共享我所拥有的技能"。在本研究中，该量表的 Cronbach's α 系数为 0.926。

控制变量：本研究选取了员工的年龄、职级、所在部门、性别、学历和工作时间作为控制变量。

【实证分析】

1. 验证性因子分析

为了检验研究所涉及变量的构念区分性，本研究对人力资源管理强度、自我效能感、员工信息素养与知识共享进行了验证性因子分析，结果如表 1 所示。由表 1 可见，与其他三个模型相比，四因子模型对实际数据拟合得最理想（$\chi^2/df =$

1.996，CFI = 0.935，TLI = 0.910，SRMR = 0.065，RMSEA = 0.067），说明本研究涉及的四个变量具有良好的区分效度。

表1　验证性因子分析结果

模型构成	χ^2/df	CFI	TLI	SRMR	RMSEA
四因子模型：HRMS, SE, EIL, KS	1.996	0.935	0.910	0.065	0.067
三因子模型：HRMS+EIL, SE, KS	5.855	0.594	0.565	0.116	0.148
二因子模型：HRMS+SE+EIL, KS	6.821	0.512	0.478	0.125	0.162
单因子模型：HRMS+SE+EIL+KS	8.179	0.397	0.356	0.142	0.180

注：HRMS 代表人力资源管理强度，SE 代表自我效能感，EIL 代表员工信息素养，KS 代表知识共享，"+"代表因子合并。受篇幅所限，三因子模型、二因子模型均只显示拟合度最好的模型。

2. 共同方法偏差检验

由于本研究的变量均由员工进行评价，收集到的变量信息可能会产生共同方法偏差问题，因此本研究进行了共同方法偏差检验。参考 Podsakoff 等（2003）的做法，加入共同方法潜因子，模型拟合参数 χ^2/df、CFI、TLI 和 RMSEA 的变化结果为 $\Delta\chi^2/df = 0.098$、$\Delta CFI = 0.014$、$\Delta TLI = 0.009$、$\Delta RMSEA = 0.003$，CFI、TLI 和 RMSEA 的变化量均低于临界值 0.02。综上，本研究并不存在严重的共同方法偏差问题。

3. 描述性统计分析

表2展示了各变量的均值、标准差和相关系数。其中，人力资源管理强度与自我效能感（r = 0.493，p<0.001）、知识共享（r = 0.474，p<0.001）显著正相关，自我效能感与知识共享（r = 0.407，p<0.001）显著正相关，为假设检验提供了初步的数据支撑。

表2 变量的均值、标准差和相关系数

变量	1	2	3	4	5	6	7	8	9	10
1. 年龄	1									
2. 职级	-0.105	1								
3. 所在部门	-0.013	0.152*	1							
4. 性别	0.071	-0.166*	0.160*	1						
5. 学历	0.078	0.136*	0.224**	0.079	1					
6. 工作时间	0.097	0.335***	0.079	0.029	0.196**	1				
7. 人力资源管理强度	-0.453***	0.198**	0.033	-0.115	-0.158*	-0.057	(0.901)			
8. 自我效能感	-0.231**	0.200**	-0.021	-0.07	-0.160*	0.001	0.493***	(0.913)		
9. 员工信息素养	-0.235***	0.06	0.350***	0.238***	-0.006	0.05	0.390***	0.400***	(0.841)	
10. 知识共享	-0.185**	-0.018	0.027	0.098	-0.207**	-0.055	0.474***	0.407***	0.493***	(0.926)
均值	37.226	1.715	3.081	1.466	2.774	9.462	5.005	4.814	5.282	5.132
标准差	8.616	1.020	1.854	0.500	0.844	8.199	0.991	0.934	0.928	1.159

注：*** 表示 p<0.001，** 表示 p<0.01，* 表示 p<0.05。对角线括号内为 Cronbach's α 系数。

4. 假设检验

（1）主效应和中介效应检验

本研究采用层次回归的方法检验主效应。由表 3 可知，人力资源管理强度对知识共享有显著的正向影响（M2，$\beta = 0.583$，$p<0.001$），由此，H1 得到支持。人力资源管理强度对自我效能感有显著的正向影响（M6，$\beta = 0.426$，$p<0.001$），由此，H2 得到支持。自我效能感对知识共享有显著的正向影响（M3，$\beta = 0.291$，$p<0.001$），由此，H3 得到支持。进一步地，在加入中介变量后，人力资源管理强度对知识共享的正向影响显著降低（M3，$\beta = 0.459$，$p<0.001$），说明自我效能感在人力资源管理强度与知识共享间起部分中介作用，由此，H4 得到支持。

同时，本研究使用 Process 插件对中介效应进行 Bootstrap 检验，以进一步验证中介效应。结果显示，间接效应的效应值为 0.124，95% 置信区间为 [0.051, 0.217] 不包含 0，说明自我效能感在人力资源管理强度和知识共享之间的中介效应存在，由此，H4 得到进一步验证。

表 3　回归分析结果

变量	知识共享（M1~M5）					自我效能感（M6）
	M1	M2	M3	M4	M5	M6
年龄	−0.023**	0.004	0.005	0.009	0.004	−0.001
职级	0.008	−0.091	−0.126	−0.068	−0.050	0.119
所在部门	0.033	0.019	0.024	−0.058	−0.075	−0.019
性别	0.278	0.336*	0.327*	0.126	0.089	0.034
学历	−0.295**	−0.195*	−0.163	−0.176*	−0.164*	−0.110
工作年限	−0.001	0.003	0.002	−0.001	−0.004	0.001
人力资源管理强度		0.583***	0.459***	0.410***	0.426***	0.426***
员工信息素养				0.493***	0.433***	
人力资源管理强度× 员工信息素养					−0.173*	
自我效能感			0.291***			
R^2	0.090	0.276	0.316	0.380	0.395	0.279
F	3.533**	11.575***	12.246***	16.235***	15.278***	11.799***

变量	知识共享（M1~M5）					自我效能感（M6）
	M1	M2	M3	M4	M5	M6
ΔR^2	0.090	0.186	0.040	0.104	0.015	0.175
ΔF	3.533 **	54.525 ***	12.553 ***	35.667 ***	5.106 *	51.757 ***

注：*** 表示 $p<0.001$，** 表示 $p<0.01$，* 表示 $p<0.05$。

（2）调节效应检验

表3中，人力资源管理强度和员工信息素养的交互项对知识共享有显著的负向影响（M5，$\beta=-0.173$，$p<0.05$），表明员工信息素养负向调节人力资源管理强度与知识共享之间的关系，即员工信息素养越高，人力资源管理强度对知识共享的正向影响越弱，由此，H5 得到了支持。

为了更直观地展现员工信息素养在人力资源管理强度与知识共享间的调节作用，本研究参考 Aiken 和 West（1991）的建议，绘制了调节效应图，如图 2 所示。由图 2 可知，当员工信息素养较高时，人力资源管理强度与知识共享之间的正向关系相对较弱（$\beta=0.265$，$p<0.01$），当员工信息素养较低时，人力资源管理强度与知识共享之间的正向关系相对较强（$\beta=0.587$，$p<0.001$），H5 得到了进一步验证。

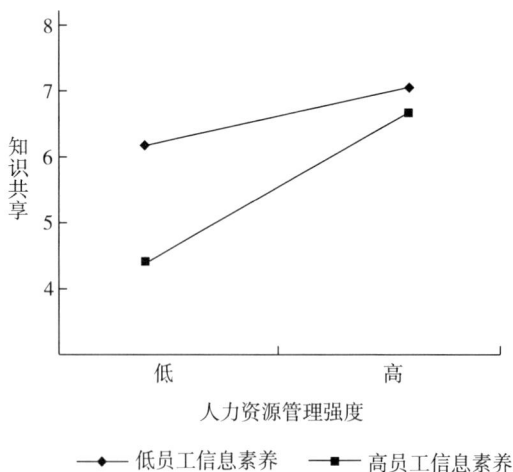

图 2　员工信息素养在人力资源管理强度与知识共享之间的调节作用

【理论贡献】

基于自我决定理论，采用 221 份调查数据，本研究检验了人力资源管理强度与知识共享之间的关系，并验证了自我效能感的中介作用和员工信息素养的调节作用。结果表明：人力资源管理强度正向影响知识共享；自我效能感在人力资源管理强度和知识共享之间发挥部分中介作用；员工信息素养减弱了人力资源管理强度对知识共享的促进作用，员工的信息素养越高，人力资源管理强度与知识共享的正向关系越弱。本研究的结论具有如下理论贡献：

第一，从人力资源管理措施实施过程的角度丰富了对知识共享前因的研究。以往从人力资源管理视角对知识共享前因的研究大多局限于各类措施的具体内容（Gillani 等，2018），缺少对其实施过程的探讨。本研究据此引入人力资源管理强度这一能够衡量人力资源管理措施实施过程的重要指标（贾建锋、周舜怡和唐贵瑶，2017），证实了其对知识共享具有正向的影响，这一结论为从人力资源管理措施实施过程的角度探究知识共享的影响因素提供了有力的扩展。

第二，从员工对自身认知的角度检验了人力资源管理强度对知识共享产生影响的心理过程机制。以往的研究主要探讨了人力资源管理强度如何通过推动员工对管理信息的有效认知来影响员工行为（Alfes 等，2019），却忽略了员工在这个过程中对自身的认知。本研究据此基于自我决定理论，引入自我效能感这一反映个体对自身能力评价的重要因素，验证了自我效能感在人力资源管理强度与知识共享间的中介作用，这一结论拓展了对人力资源管理强度影响知识共享的内在机制的解释，同时也进一步丰富了人力资源管理强度对员工角色外行为产生积极影响的理论依据。

第三，从员工信息素养的视角扩展了人力资源管理强度对知识共享发挥作用的边界条件。以往关于人力资源管理强度对员工行为发挥作用的边界条件的研究主要从组织角度出发，探讨组织因素在人力资源管理信息向员工传递过程中的调节作用（Hauff、Alewell 和 Hansen，2017），却较少关注员工自身处理信息的能力对组织信息传递效果的影响。本研究据此引入了员工信息素养这一反映员工在工作过程中处理各类信息能力的重要变量，验证了员工信息素养在人力资源管理强度与知识共享间的负向调节效应，这一结论有助于深入理解人力资源管理强度影响知识共享的边界条件。

【管理启示】

知识共享行为对组织的发展至关重要，因此采用正确的管理方式有效激发员工的知识共享行为是十分必要的。本研究的结论对寻求激发员工知识共享行为的组织具有重要意义。根据研究结论，我们给出如下管理建议：

第一，组织要重视人力资源管理的实施操作过程对组织知识管理的重要性。具体来讲，组织管理者应关注人力资源管理的具体实施过程，保证人力资源管理的政策与制度能落实到位。这就需要组织确保人力资源管理内容的明晰性、信息传达的准确性、执行过程的一致性以及高层管理者的共识性，使人力资源管理活动充分获得员工的信任与认可，从而真正地推动员工的知识共享行为。例如，海澜之家作为服装行业较早引入信息系统的企业，早在21世纪初就开始推行"模块化分工"，即针对日常工作的不同需求，采用适合的信息系统，然而这种分工方式阻碍了员工对组织信息的获取和交流。基于多种考虑，管理层决定搭建内部工作平台，此平台不仅能够实现诸如档案管理、信息整合等工作的自动处理，而且打破了原有模块之间的阻隔，实现数据的互联互通，促进了员工之间的信息交流。因此，提高员工对人力资源管理的感知，是促进知识共享的关键。

第二，组织要关注对员工自我效能感的提升在员工产生知识共享行为过程中的重要作用。具体来讲，组织管理者应审视人力资源管理实践内容的设计是否以员工为核心，保证员工在工作中有充分的自主权。例如，京瓷的创始人稻盛和夫在面对企业扩张时期出现的管理混乱问题时，创立了阿米巴经营方式，他将企业中的员工划分为多个独立的团体，团队中的员工共同经营以完成团队绩效任务，在这种管理方式下，员工积极贡献自身价值，最终实现了团队和组织整体的共同发展。同时，考虑员工在工作中的各项需要，为员工提供能力培训以及工作资源等方面的支持，帮助员工在工作中取得成功；注重与员工相处的方式方法，定期组织团队活动，构建以人为本的企业文化，从而建立良好的人际关系，使员工敢于面对知识共享带来的挑战，将自己的知识与他人共享。因此，帮助员工建立对自身能力的信心，是促进知识共享的重要途径。

第三，组织要关注对员工信息素养培训的方式和方法。信息素养是信息时代员工必须具备的素养之一，能帮助员工更好地处理工作中面对的信息，然而本研究的结果显示，员工的信息素养会减弱人力资源管理强度对知识共享的推动效果。因此，组织在对员工的信息素养进行培训的过程中，一方面，要注意和员工多交流、多沟通，对员工进行正确的引导。例如，对于具有较强批判思维的员工，组织可以通过面谈的方式来询问他们对于组织管理有何疑虑和问题，并及时解决他们的问题来保证员工对人力资源管理信息的认知合乎组织的期望。另一方面，此类员工需要消耗大量的认知资源，组织也可以及时向员工传达各类信息，保证员工对组织信息充分了解，从而减少其认知加工，以尽量规避员工信息素养对组织带来的负面作用。因此，关注员工的信息处理能力，是促进知识共享的重要保障。

【未来展望】

本研究还存在以下三点局限：

第一，在研究方法上，本研究的问卷均由员工填写，虽然实证证明了本研究的共同方法偏差问题并不严重，但未来仍可以通过从领导和员工等不同来源收集数据的方式，使数据收集的过程更加严谨。

第二，本研究发现自我效能感部分中介了人力资源管理强度与知识共享之间的关系，表明两者间可能存在其他的中介因素，未来研究应该进一步探索两者之间的过程机制。

第三，以往研究发现，一般自我效能感与特定情境的自我效能感间有密切的联系，一般自我效能感会通过影响特定情境的自我效能感进而影响特定情境下的工作行为（陆昌勤、凌文辁和方俐洛，2004），因此未来研究可以考虑将知识自我效能感放入研究框架，探讨其在人力资源管理强度和知识共享间的作用。

本篇参考文献

［1］ Aiken L S，West S G. Multiple Regression：Testing and Interpreting Interactions ［M］. Newbury Park：CA：Sage，1991.

［2］ Alfes K，Shantz A D，Bailey C，et al. Perceived Human Resource System Strength and Employee Reactions toward Change：Revisiting Human Resource's Remit as Change Agent ［J］. Human Resource Management，2019，58（3）：239-252.

［3］ Amabile T M，Hill K G，Hennessey B A，et al. The Work Preference Inventory：Assessing Intrinsic and Extrinsic Motivational Orientations ［J］. Journal of Personality and Social Psychology，1994，66（5）：950-967.

［4］ Amabile T M. A Model of Creativity and Innovation in Organizations ［J］. Research in Organizational Behavior，1988，10（1）：123-167.

［5］ Baloch M A，Meng F，Xu Z，et al. Dark Triad，Perceptions of Organizational Politics and Counterproductive Work Behaviors：The Moderating Effect of Political Skills ［J］. Frontiers in Psychology，2017，8：1972.

［6］ Bandura A. Self-Efficacy Mechanism in Human Agency ［J］. American Psychologist，1982，37（2）：122-147.

［7］ Bandura A. Social Foundations of Thought and Action：A Cognitive Social Theory ［M］. New York：Pretince Hall，1986.

［8］ Baron R M，Kenny D A. The Moderator-Mediator Variable Distinction in Social Psychological Research：Conceptual，Strategic，and Statistical Considerations ［J］. Journal of Personality and Social Psychology，1986，51（6）：1173-1182.

［9］ Bateman T S，Crant J M. The Proactive Component of Organizational Behavior：A Measure and Correlates ［J］. Journal of Organizational Behavior，1993，14（2）：103-118.

［10］ Belschak F D，Den Hartog D N. Pro-self，Prosocial，and Pro-organizational Foci of Proactive Behavior：Differential Antecedents and Consequences ［J］. Journal of Occupational and Organizational Psychology，2010，83（2）：

475-498.

[11] Bennett R J, Robinson S L. The Development of a Measure of Workplace Deviance [J]. Journal of Applied Psychology, 2000, 85 (3): 349-360.

[12] Berry C M, Carpenter N C, Barratt C L. Do Other-Reports of Counterproductive Work Behavior Provide an Incremental Contribution over Self-Reports? A Meta-Analytic Comparison [J]. Journal of Applied Psychology, 2012, 97 (3): 613-636.

[13] Bindl U K, Parker S K. Proactive Work Behavior: Forward-thinking and Change-oriented Action in Organizations [A] //APA Handbook of Industrial and Organizational Psychology, Vol 2: Selecting and Developing Members for the Organization [M]. American Psychological Association, 2011.

[14] Binnewies C, Wörnlein S C. What Makes a Creative Day? A Diary Study on the Interplay between Affect, Job Stressors, and Job Control [J]. Journal of Organizational Behavior, 2011, 32 (4): 589-607.

[15] Bowen D E, Ostroff C. Understanding HRM-firm Performance Linkages: The Role of the Strength of the HRM System [J]. Academy of Management Review, 2004, 29 (2): 203-221.

[16] Bryan J E. Critical Thinking, Information Literacy and Quality Enhancement Plans [J]. European Journal of Marketing, 2014, 42 (3): 388-402.

[17] Cohen J, Cohen P, West S G, et al. Applied Multiple Regression/Correlation Analysis for the Behavioral Sciences [M]. Routledge, 2014.

[18] Crant J M. Proactive Behavior in Organizations [J]. Journal of Management, 2000, 26 (3): 435-462.

[19] Deci E L, Ryan R M. Intrinsic Motivation and Self-Determination in Human Behavior [J]. Encyclopedia of Applied Psychology, 2004, 3 (2): 437-448.

[20] Deci E L, Ryan R M. The "What" and "Why" of Goal Pursuits: Human Needs and the Self-determination of Behavior [J]. Psychological Inquiry, 2000, 11 (4): 227-268.

[21] Deci E L. Intrinsic Motivation [M]. Plenum, 1975.

［22］Demerouti E. Design Your Own Job through Job Crafting ［J］. European Psychologist, 2014, 19 (4): 237-247.

［23］Den Hartog D N, Belschak F D. When does Transformational Leadership Enhance Employee Proactive Behavior? The Role of Autonomy and Role Breadth Self-efficacy ［J］. Journal of Applied Psychology, 2012, 97 (1): 194-202.

［24］Fay D, Frese M. The Concept of Personal Initiative: An Overview of Validity Studies ［J］. Human Performance, 2001, 14 (1): 97-124.

［25］Ferris G R, Frink D D, Galang M C, et al. Perceptions of Organizational Politics: Prediction, Stress-Related Implications, and Outcomes ［J］. Human Relations, 1996, 49 (2): 233-266.

［26］Ferris G R, Kacmar K M. Perceptions of Organizational Politics ［J］. Journal of Management, 1992, 18 (1): 93-116.

［27］Frenkel S J, Li M, Restubog S L D. Management, Organizational Justice and Emotional Exhaustion among Chinese Migrant Workers: Evidence from Two Manufacturing Firms ［J］. British Journal of Industrial Relations, 2012, 50 (1): 121-147.

［28］Fuller J B, Marler L E, Hester K. Bridge Building within the Province of Proactivity ［J］. Journal of Organizational Behavior, 2012, 33 (8): 1053-1070.

［29］Ghitulescu B E. Making Change Happen: The Impact of Work Context on Adaptive and Proactive Behaviors ［J］. Journal of Applied Behavioral Science, 2012, 49 (2): 206-245.

［30］Gillani S M F, Iqbal S, Akram S, et al. Specific Antecedents of Employees' Knowledge Sharing Behavior: A Mix Method Approach ［J］. Journal of Information & Knowledge Management Systems, 2018, 48 (2): 178-198.

［31］Griffin M A, Parker S K, Mason C M. Leader Vision and the Development of Adaptive and Proactive Performance: A Longitudinal Study ［J］. Journal of Applied Psychology, 2010, 95 (1): 174-182.

［32］Halbesleben J R B, Neveu J P, Paustian-Underdahl S C, et al. Getting to the "COR": Understanding the Role of Resources in Conservation of Resources Theory

[J] . Journal of Management, 2014, 40 (5): 1334-1364.

[33] Hauff S, Alewell D, Hansen N K. HRM System Strength and HRM Target Achievement—Toward a Broader Understanding of HRM Processes [J] . Human Resource Management, 2017, 56 (5): 715-729.

[34] Hollinger R C, Clark J P. Formal and Informal Social Controls of Employee Deviance [J] . Sociological Quarterly, 1982, 23 (3): 333-343.

[35] Hooff B V D, Ridder J A D. Knowledge Sharing in Context: The Influence of Organizational Commitment, Communication Climate and CMC Use on Knowledge Sharing [J] . Journal of Knowledge Management, 2004, 8 (6): 117-130.

[36] Huang J, Wang Y, You X. The Job Demands-resources Model and Job Burnout: The Mediating Role of Personal Resources [J] . Current Psychology, 2016, 35 (4): 562-569.

[37] Kacmar K M, Carlson D S. Further Validation of the Perceptions of Politics Scale (Pops): A Multiple Sample Investigation [J] . Journal of Management, 1997, 23 (5): 627-658.

[38] Lee H W, Pak J, Kim S, et al. Effects of Human Resource Management Systems on Employee Proactivity and Group Innovation [J] . Journal of Management, 2016, 45 (2): 819-846.

[39] Leroy H, Anseel F, Gardner W L, et al. Authentic Leadership, Authentic Followership, Basic Need Satisfaction, and Work Role Performance: A Cross-level Study [J] . Journal of Management, 2015, 41 (6): 1677-1697.

[40] Lloyd A. Information Literacy as a Socially Enacted Practice: Sensitising Themes for an Emerging Perspective of People-in-practice [J] . Journal of Documentation, 2012, 68 (6): 772-783.

[41] Motowidlo S J, Packard J S, Manning M R. Occupational Stress: Its Causes and Consequences for Job Performance [J] . Journal of Applied Psychology, 1986, 71 (4): 618-629.

[42] Ng T W H, Lam S S K, Feldman D C. Organizational Citizenship Behavior and Counterproductive Work Behavior: Do Males and Females Differ [J] . Journal of

Vocational Behavior, 2016, 93: 11-32.

[43] Ning L. Knowledge Sharing and Affective Commitment: The Mediating Role of Psychological Ownership [J]. Journal of Knowledge Management, 2016, 19 (6): 1146-1166.

[44] Ohly S, Sonnentag S, Pluntke F. Routinization, Work Characteristics and Their Relationships with Creative and Proactive Behaviors [J]. Journal of Organizational Behavior, 2006, 27 (3): 257-279.

[45] Papa L A. The Impact of Academic and Teaching Self-efficacy on Student Engagement and Academic Outcomes [J]. Dissertations & Theses Gradworks, 2015, 17 (5): 1-48.

[46] Parker S K, Collins C G. Taking Stock: Integrating and Differentiating Multiple Proactive Behaviors [J]. Journal of Management, 2010, 36 (3): 633-662.

[47] Parker S K, Williams H M, Turner N. Modeling the Antecedents of Proactive Behavior at Work [J]. Journal of Applied Psychology, 2006, 91 (3): 636-652.

[48] Podsakoff P M, Mackenzie S B, Lee J Y, et al. Common Method Biases in Behavioral Research: A Critical Review of the Literature and Recommended Remedies [J]. Journal of Applied Psychology, 2003, 88 (5): 879-903.

[49] Preacher K J, Hayes A F. Asymptotic and Resampling Strategies for Assessing and Comparing Indirect Effects in Multiple Mediator Models [J]. Behavior Research Methods, 2008, 40 (3): 879-891.

[50] Ryan R M. Psychological Needs and the Facilitation of Integrative Processes [J]. Journal of Personality, 1995, 63 (3): 397-427.

[51] Samnani A K, Salamon S D, Singh P. Negative Affect and Counterproductive Workplace Behavior: The Moderating Role of Moral Disengagement and Gender [J]. Journal of Business Ethics, 2014, 119 (2): 235-244.

[52] Schwarzer R, Born A, Iwawaki S, et al. The Assessment of Optimistic Self-Beliefs: Comparison of the Chinese, Indonesian, Japanese, and Korean Ver-

sions of the General Self-Efficacy Scale [J]. Psychologia, 1997, 40 (1): 1-13.

[53] Sonnentag S, Fritz C. Recovery from Job Stress: The Stressor-detachment Model as an Integrative Framework [J]. Journal of Organizational Behavior, 2015, 36 (S1): 72-103.

[54] Sonnentag S, Starzyk A. Perceived Prosocial Impact, Perceived Situational Constraints, and Proactive Work Behavior: Looking at Two Distinct Affective Pathways [J]. Journal of Organizational Behavior, 2015, 36 (4): 806-824.

[55] Stajkovic A, Luthans F. Going beyond Traditional Motivational and Behavioral Approaches [J]. Organizational Dynamics, 1998, 26 (4): 62-74.

[56] Strauss K, Griffin M A, Rafferty A E. Proactivity Directed Toward the Team and Organization: The Role of Leadership, Commitment and Role-breadth Self-efficacy [J]. British Academy of Management, 2009, 20 (3): 279-291.

[57] Sweet S N, Fortier M S, Strachan S M, et al. Testing and Integrating Self-Determination Theory and Self-Efficacy Theory in a Physical Activity Context [J]. Canadian Psychology, 2012, 53 (4): 319-327.

[58] Takeuchi R, Chen G, Lepak D P. Through the Looking Glass of a Social System: Cross-level Effects of High-performance Work Systems on Employees' Attitudes [J]. Personnel Psychology, 2009, 62 (1): 1-29.

[59] Wagner J A, Moch M K. Individualism-Collectivism: Concept and Measure [J]. Group &Organization Management, 1986, 11 (3): 280-304.

[60] Wu C H, Parker S K. Thinking and Acting in Anticipation: A Review of Research on Proactive Behavior [J]. Advances in Psychological Science, 2013, 21 (4): 679-700.

[61] Yang J, Diefendorff J M. The Relations of Daily Counterproductive Workplace Behavior with Emotions, Situational Antecedents, and Personality Moderators: A Diary Study in Hong Kong [J]. Personnel Psychology, 2009, 62 (2): 259-295.

[62] Zgen K, Bindak R. Determination of Self-Efficacy Beliefs of High School Students towards Math Literacy [J]. Educational Sciences: Theory and Practice, 2011, 11 (2): 1085-1089.

［63］Zhang Y W，LePine J A，Buckman B R，et al. It's Not Fair or Is It? The Role of Justice and Leadership in Explaining Work Stressor-job Performance Relationships［J］. Academy of Management Journal，2014，57（3）：675-697.

［64］陈建安，陈明艳，金晶. 支持性人力资源管理与员工工作幸福感——基于中介机制的实证研究［J］. 外国经济与管理，2018，40（1）：79-92.

［65］陈岩，綦振法，唐贵瑶. 人力资源管理强度与工作绩效关系的实证研究［J］. 华东经济管理，2015，29（12）：151-157.

［66］段锦云，黄彩云. 变革型领导对员工建言的影响机制再探：自我决定的视角［J］. 南开管理评论，2014，17（4）：98-109.

［67］郭文臣，杨静，付佳. 以组织犬儒主义为中介的组织支持感、组织公平感对反生产行为影响的研究［J］. 管理学报，2015，12（4）：530-537.

［68］侯杰泰，温忠麟，成子娟. 结构方程模型及其应用［M］. 北京：教育科学出版社，2004.

［69］贾建锋，王露，闫佳祺，等. 研究型大学教师胜任特征与工作绩效——人力资源管理强度的调节效应［J］. 软科学，2016，30（11）：105-108.

［70］贾建锋，周舜怡，唐贵瑶. 人力资源管理强度的研究回顾及在中国情境下的理论框架建构［J］. 中国人力资源开发，2017，34（10）：6-15.

［71］林新奇，丁贺. 人力资源管理强度对员工创新行为影响机制研究——一个被中介的调节模型［J］. 软科学，2017，31（12）：60-64.

［72］刘小禹，周爱钦，刘军. 魅力领导的两面性——公权与私权领导对下属创造力的影响［J］. 管理世界，2018，34（2）：112-122，188.

［73］陆昌勤，凌文辁，方俐洛. 管理自我效能感与一般自我效能感的关系［J］. 心理学报，2004，36（5）：586-592.

［74］马吟秋，席猛，许勤，等. 基于社会认知理论的辱虐管理对下属反生产行为作用机制研究［J］. 管理学报，2017，14（8）：1153-1161.

［75］裴瑞敏，李虹，高艳玲. 领导风格对科研团队成员创造力的影响机制研究——内部动机和 LMX 的中介作用［J］. 管理评论，2013，25（3）：111-118，145.

［76］王端旭，洪雁. 领导支持行为促进员工创造力的机理研究［J］. 南开

管理评论，2010，13（4）：109-114.

[77] 王娟，张喆，范文娜．高绩效工作系统、心理契约违背与反生产行为之间的关系研究：一个被调节的中介模型［J］．管理工程学报，2018，32（2）：8-16.

[78] 王宗军，蒋振宇．从知识获取到创新能力：信息素养的调节效应［J］．科研管理，2020，41（1）：274-284.

[79] 吴艳，温忠麟．结构方程建模中的题目打包策略［J］．心理科学进展，2011，19（12）：1859-1867.

[80] 杨陈，杨付，景熠，等．谦卑型领导如何改善员工绩效：心理需求满足的中介作用和工作单位结构的调节作用［J］．南开管理评论，2018，21（2）：121-134，171.

[81] 杨皖苏，赵天滋，杨善林．差序式领导、自我效能感与员工沉默行为关系的实证研究——雇佣关系氛围与组织结构有机性的调节作用［J］．企业经济，2018，37（10）：110-119.

[82] 易明，罗瑾琏，王圣慧，等．时间压力会导致员工沉默吗——基于SEM与fsQCA的研究［J］．南开管理评论，2018，21（1）：203-215.

[83] 张剑，郭德俊．内部动机与外部动机的关系［J］．心理科学进展，2003，11（5）：545-550.

[84] 张剑，宋亚辉，刘肖．削弱效应是否存在：工作场所中内外动机的关系［J］．心理学报，2016，48（1）：73-83.

[85] 张绿漪，黄庆，蒋昀洁，等．反生产工作行为：研究视角、内容与设计［J］．心理科学进展，2018，26（2）：306-318.

[86] 张亚军，张军伟，崔利刚，等．组织政治知觉对员工绩效的影响：自我损耗理论的视角［J］．管理评论，2018，30（1）：78-88.

[87] 张永军，廖建桥，赵君．国外反生产行为研究回顾与展望［J］．管理评论，2012，24（7）：84-92.

[88] 张永军．绩效考核公平感对反生产行为的影响：交换意识的调节作用［J］．管理评论，2014，26（8）：158-167，180.

[89] 张永军．伦理型领导与员工反生产行为：领导信任、领导认同与传统

性的作用 ［J］．管理评论，2017，29（12）：106-115.

［90］赵君，赵书松．发展式绩效考核对反生产行为的影响——探讨组织承诺和领导政治技能的作用 ［J］．软科学，2016，30（9）：66-70.

［91］赵燕梅，张正堂，刘宁，等．自我决定理论的新发展述评 ［J］．管理学报，2016，13（7）：1095-1104.

［92］周密，刘倩，梁安．组织内成员间知识共享的影响因素研究 ［J］．管理学报，2013，10（10）：1545-1552.

［93］周小兰，李贞，张体勤．绩效考核干预下个体成就目标导向对知识共享意愿的影响研究 ［J］．科研管理，2018，39（3）：90-100.

效能涌现篇

人力资源管理强度和高承诺组织匹配对员工工作绩效的影响机制

【李嘉诚提升员工绩效的管理策略】

李嘉诚是长江和记实业有限公司及长江实业集团有限公司资深顾问，连续21年蝉联香港首富。他把东方的制度管理和西方的科学管理糅合在了一起，形成了自己独特且行之有效的管理体系：

第一，在东方的制度管理方面：首先，健全企业的规章制度，加强过程管理，以使员工行事有章可循，公司运行可规范化、管理可制度化。其次，对管理层的选拔侧重才能，不论出身，给予职业发展机会，注重员工的个人提升。最后，在人力资源管理方面做到了制度约束和过程管理的结合，在管理方式、管理手段和管理理念等方面进行改变，达到破旧立新之效。

第二，在西方的科学管理方面：人才是企业发展的核心，李嘉诚在留住人才方面可谓精诚所至，在对待自己的员工方面可谓处处为他们着想，从而他也为企业赢得了员工的归属感，使李氏集团的员工在他们退休前的最后一天仍继续待在企业里工作。一方面，在福利薪金方面，李嘉诚会为他的员工做出一个长期的福利规划，考虑他们在将来退休时的养老等问题。另一方面，在危机时刻，用自己的资金填补了员工因金融风暴而受到的损失。这种义举收获了员工的真心和忠诚，很多员工都会毫无保留地把公司当作自己的家。这使员工增强了对企业的忠心、信任感和归属感，使其更加愿意为了企业付出努力，从而提升个人的工作绩效。

从案例中可以看出，李嘉诚一方面通过提供内部职业发展机会和为员工进行福利规划等方式提升了员工对组织的承诺，另一方面通过健全企业的规章制度和加强过程管理等方式促进了员工对组织人力资源管理的理解和形成共识，在这两方面管理措施双管齐下和协调搭配的过程中，员工的工作绩效得以提升。基于此实践背景，本部分将通过理论研究探讨如何通过高承诺型组织与人力资源管理强度的共建来有效提升员工的工作绩效。

案例来源：张尚国. 李嘉诚管理日志［M］. 杭州：浙江大学出版社，2013.

【问题缘起】

在过去的十多年中，学者们对高承诺组织越来越感兴趣（Pfeffer 和 Jeffrey，1997；Tsui 等，1997；Baron 和 Kreps，1999；Wang 等，2003；Xiao 和 Tsui，2007）。以往研究主要关注高承诺雇佣关系、高承诺文化和高承诺人力资源管理系统等内容（Tsui 等，1997；Wang 等，2003；Xiao 和 Tsui，2007；Angelis 等，2011；Chiang、Han 和 Chuang，2011）。Xiao 和 Tui（2007）发现，高承诺组织具有很强的合作规范，它可以促进组织和员工之间的信任，使组织更像一个家族一样运作。

现有关于高承诺组织的研究表明，其对组织产出具有积极影响（Arthur，1994；Huselid，1995；Youndt 等，1996），其中也有研究关注了高承诺组织对个人行为的影响，例如 Duan、Shi 和 Ling（2017）。然而，较少研究探讨组织系统情境与过程的一致性对个体结果的作用机制。作为一个过程型人力资源管理概念（Bowen 和 Ostroff，2004），人力资源管理强度是指能够影响组织传递人力资源管理信息的效率，并创造高强度组织氛围的人力资源管理的一系列元属性（Bowen 和 Ostroff，2004；Bambacas 和 Bordia，2009）。Ostroff 和 Bowen（2016）认为，将人力资源管理强度和组织情境相结合是关键而且必要的，因为它能够产生一种有利于组织和员工发展的强工作氛围。因此，本研究旨在探讨高承诺组织和人力资源管理强度的交互效应对员工工作绩效的影响。

主动担责行为是一种积极主动的工作行为（Parker 和 Collins，2010），它主要是指个体通过自愿的和建设性的努力来影响组织功能和工作程序改变的行为（Morrison 和 Phelps，1999）。现有研究发现，主动担责行为能够积极影响个体产出（Morrison 和 Phelps，1999；Kim、Wright 和 Su，2010）。根据资源保存理论（Hobfoll，1989），高承诺组织被认为是一种重要的组织资源（Kalshoven 和 Boon，2012）。基于此，本研究认为，较高的高承诺组织和人力资源管理强度能够使员工更好地捕捉和获取组织资源，而为了获得更多的资源或防止资源流失，这些员工将会表现出主动担责行为，从而提升工作绩效。

综上，本研究将基于资源保存理论，解决如下问题：第一，检验人力资源管理强度和高承诺组织的交互效应对员工主动担责行为的影响；第二，探究主动担责行为对员工绩效的影响；第三，考察主动担责行为在高承诺组织和人力资源管理强度的交互效应与员工工作绩效间的中介作用。

【理论架构】

1. 人力资源管理强度和高承诺组织的交互效应对主动担责行为的影响

组织实践可以分为基于控制的组织实践和基于承诺的组织实践两种类型（Arthur，1994）。前者注重纯粹的经济交换和严格的控制，而后者给予员工强烈的信任感、承诺感和互惠感（Tsui 等，1997；Wang 等，2003）。基于承诺的组织实践，即高承诺组织是本研究的重点。Xiao 和 Tsui（2007）发现，在组织成员行动和互动的过程中，高承诺组织关注组织与员工之间的信任、组织内的合作规范、信息共享和决策参与。

人力资源管理实践在组织系统中发挥着关键作用，它能够将组织信息传达给所有成员（Guzzo 和 Noonan，1994）。人力资源管理系统通过发送沟通信号来使员工可以据此做出归因，以加深员工对组织所重视、期望和奖励的事物的了解（Bowen 和 Ostroff，2004）。Bowen 和 Ostroff（2004）将人力资源管理强度划分为独特性、一致性和共识性三个维度。独特性是指人力资源管理措施具有能获得员工关注并激发他们工作兴趣的突出特征，包括可视性、可理解性、职权正当性和相关性；一致性是指人力资源管理的信息具有统一性，包括充分性、有效性和人力资源管理信息一致性；共识性是指员工对组织的人力资源管理能够形成普遍认同，包括人力资源管理决策者共识性和公平性（Bowen 和 Ostroff，2004）。

以往研究发现，组织成员如何看待人力资源管理可能与他们的态度和行为有关（Guzzo 和 Noonan，1994；Wang 等，2003；Delmotte、De Winne 和 Sels，2012）。Guzzo 和 Noonan（1994）还发现，相比于实际环境，员工对组织系统主观感知的反应更加强烈。因此，我们关注高承诺组织和人力资源管理强度对主动担责行为的交互效应。主动担责行为是指个体通过自愿的和建设性的努力来影响组织功能和工作程序改变的主动性工作行为（Parker 和 Collins，2010）。

资源保存理论认为，组织资源可能通过创建、维护、保护和积累这些资源本身来进行激励（Hobfoll，1989）。当员工觉得组织有助于他们的长期发展时，员工会在工作中感到满意、幸福和有活力（Boon 和 Kalshoven，2014）。根据资源保存理论，拥有较高组织资源的个体更有可能寻求其他机会来获得更多的资源（Hobfoll，1989）。因此，高承诺组织可以被视为一种组织资源，它能够为员工提供授权、信任、学习和发展机会（Kalshoven 和 Boon，2012）。同时，当员工感知到较高的人力资源管理强度时，他们会将人力资源管理信息视为一种有目的的管理方法（Li、Frenkel 和 Sanders，2011），他们能够了解到组织期望和奖励什么（Bowen 和 Ostroff，2004），并且自身处在一个积极的工作氛围中（Bowen 和 Ostroff，2004）。因此，高承诺组织和人力资源管理强度的交互效应可以加强员工对资源的理解和评估，员工可以通过为组织做出贡献来获得更多的组织资源或防止资源流失，进而促使员工参与主动担责行为。

基于此，提出如下假设：

H1：人力资源管理强度和高承诺组织的交互效应能够影响员工主动担责行为。人力资源管理强度越高，高承诺组织和员工主动担责行为之间的正向关系越强。

2. 主动担责行为对员工工作绩效的影响

工作绩效是指在员工职位描述中指定和要求的，并由组织授权、评估和管理的行为（Janssen 和 Van Yperen，2004）。现有研究表明，主动性工作行为与员工的工作绩效有关（Pitt、Ewing 和 Berthon，2002；Chiang 和 Hsieh，2012；Kim 等，2012）。本研究推测，员工主动担责行为正向影响员工的工作绩效，具体来说：

一方面，参与主动担责行为的员工旨在改善其工作方式，从而提高工作效率，并使整个组织受益（Kim、Wright 和 Su，2010）。因此，主动担责行为有助于改善员工的工作绩效。另一方面，参与主动担责行为的员工倾向于改进工作程序，优化组织政策（Morrison 和 Phelps，1999；Kim、Wright 和 Su，2010）。他们为组织实现程序改革做出贡献而被激励，而这种程序的改革又有助于提升员工的工作绩效。

基于此，提出如下假设：

H2：主动担责行为正向影响员工的工作绩效。

3. 主动担责行为的中介作用

为了进一步厘清高承诺组织和人力资源管理强度的交互效应提升员工工作绩效的作用机制，本研究推测，高承诺组织和人力资源管理强度的交互效应可能通过提升员工的主动担责行为来提升员工的工作绩效，具体来说：

一方面，高承诺组织确保了员工的就业安全，它允许员工从内部和外部工作中获取资源（Xiao 和 Tsui，2007），而较高的人力资源管理强度加强了员工对组织信息的理解（Delmotte、De Winne 和 Sels，2012）。因此，为了获得更多的资源或防止现有资源的损失，员工愿意表现良好并为组织做出贡献（Hobfoll，1989）。另一方面，员工为了组织的利益寻找解决方案和解决问题，符合组织的高承诺价值导向（Xiao 和 Tsui，2007）。而当员工感知到较高的人力资源管理强度时，他们会在高承诺组织中利用组织资源来获得成功（Fleming 和 Spicer，2004）。因此，他们愿意为了获得高绩效而工作，以便使组织和自己都受益。

基于此，提出如下假设：

H3：主动担责行为在高承诺组织和人力资源管理强度的交互效应与员工工作绩效之间起中介作用。

综上所述，本文的理论模型如图 1 所示。

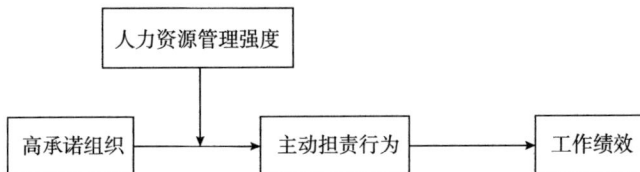

图1 本文的理论模型

【实地调研】

1. 调查过程

本研究采用两阶段问卷调查进行数据收集。在正式调查之前，我们按照翻译—回译程序将原始量表进行翻译（Brislin，1980）。首先，两位语言专家分别进行原始量表的中文翻译。其次，另外两位专家独立将中文问卷进一步回译成英文（Qian、Cao 和 Takeuchi，2013）。最后，研究人员与四位专家召开了一次会议，仔细审查了测量量表。为了降低共同方法偏差，我们对领导和员工两种样本进行了两阶段调查。在第一阶段（T1），员工评价了高承诺组织、人力资源管理强度和控制变量。两个月后（T2），我们请完成第一次调查的员工评价主动担责行为；同时，邀请他们的直线领导评价他们的工作绩效。这种不同样本来源和不同时段的数据收集方式有助于减少共同方法偏差，并能够加强对高承诺组织、人力资源管理强度、主动担责行为和工作绩效之间关系的因果推断（Podsakoff 等，2003）。我们邀请了 11 家公司的 328 名员工参与了研究，并向他们发送了调查问卷。这 11 家公司包含生产和服务行业中的国有企业、私有企业、外资和合资企业。所有的问卷都是在员工工作期间填写，并通过内部邮件系统返回。在 328 名接受问卷调查的员工中，206 名员工返回了填答高承诺组织、人力资源管理强度和主动担责行为的问卷。由于领导者在评估和奖励系统中起着关键的作用，因此我们邀请员工的直线经理（n＝50）来评价员工的工作绩效。在 206 名受访的员工中，有 200 名获得了领导者的评价。

200 份有效问卷的描述性统计分析如下：在性别方面，男性占 40.5%，女性占 59.5%；在年龄方面，平均年龄为 32.54 岁（SD＝5.20）；在工作时间方面，平均工作时间为 5.92 年（SD＝4.91）；在企业性质方面，国有企业占 36.4%，私营企业占 27.3%，外资企业占 27.3%，合资企业占 9.0%；在企业规模方面，500 人以下的企业占 27.3%，500~999 人的企业占 9.0%，1000~1499 人的企业占 36.4%，1500~1999 人的企业占 9.0%，2000 人及以上的企业占 18.3%。

2. 测量工具

高承诺组织：采用 Xiao 和 Tsui（2007）编制的 15 题项量表。代表性题项为："我们公司的招聘程序很严谨""我们公司的股票、期权或利润会与员工分享"。在本研究中，该量表的 Cronbach's α 系数为 0.867。

人力资源管理强度：采用 Hauff、Alewell 和 Hansen（2017）编制的 7 题项量表。代表性题项包括："我能够感受到所在企业的一系列人力资源管理政策带来的积极影响""我理解企业的人力资源管理目标和实践"。在本研究中，该量表的 Cronbach's α 系数为 0.928。

主动担责行为：采用 Parker 和 Collins（2010）编制的 3 题项量表。代表性题项为："我经常尝试为工作小组或部门改进工作流程""我经常尝试采取更有效的工作方法"。在本研究中，该量表的 Cronbach's α 系数为 0.704。

工作绩效：采用 Janssen 和 Van Yperen（2004）编制的 5 题项量表。代表性题项为："该员工总是完成他/她的工作描述中规定的职责""该员工从不回避他/她的份内工作"。在本研究中，该量表的 Cronbach's α 系数为 0.788。

控制变量：根据以往文献（Parker、Williams 和 Turner，2006；Parker 和 Collins，2010），将员工的性别、年龄和工作时间作为个体层面的控制变量，将企业性质和企业规模作为组织层面的控制变量。

【实证分析】

1. 验证性因子分析

本研究采用 Mplus 7.4 进行验证性因子分析来检验变量的区分效度。参考 Liu 等（2015）的做法，我们将高承诺组织、人力资源管理强度和工作绩效的测量题项分别打包成三项。由表 1 可知，四因子模型（$\chi^2/df = 2.331$，CFI = 0.957，TLI = 0.941，RMSEA = 0.082，SRMR = 0.043）的拟合效果优于其他模型，表明本研究的研究变量之间具有较好的区分效度。

表1 验证性因子分析结果

模型构成	χ^2/df	CFI	TLI	RMSEA	SRMR
四因子模型：JP，TC，PSHRM，PHCO	2.331	0.957	0.941	0.082	0.043
三因子模型a：JP+TC，PSHRM，PHCO	3.236	0.923	0.901	0.106	0.055
三因子模型b：JP，TC，PSHRM+PHCO	6.235	0.821	0.768	0.162	0.080
二因子模型：JP+TC，PSHRM+PHCO	6.990	0.787	0.735	0.173	0.087
单因子模型：JP+TC+PSHRM+PHCO	12.803	0.572	0.477	0.243	0.173

注：JP代表工作绩效，TC代表主动担责行为，PSHRM代表人力资源管理强度，PHCO代表高承诺组织，"+"代表因子合并。

2. 描述性统计分析

表2展示了各变量的相关系数、均值及标准差。其中，工作绩效与高承诺组织（r=0.209，p<0.001）和主动担责行为（r=0.557，p<0.001）显著正相关，主动担责行为与高承诺组织显著正相关（r=0.166，p<0.001），为假设检验提供了初步的数据支撑。

表2 变量的均值、标准差和相关系数

变量	1	2	3	4	5	6	7	8	9
1. 性别	1								
2. 年龄	0.035	1							
3. 工作时间	0.020	0.287***	1						
4. 企业性质	0.095	0.407***	-0.027	1					
5. 企业规模	-0.195**	0.015	-0.173**	0.173**	1				
6. 高承诺组织	0.040	0.154**	-0.028	0.264***	0.010	(0.867)			
7. 人力资源管理强度	0.102	0.332***	-0.015	0.396***	0.005	0.604***	(0.928)		

续表

变量	1	2	3	4	5	6	7	8	9
8. 主动担责行为	−0.094	−0.102	−0.032	0.047	0.051	0.166**	0.196***	(0.704)	
9. 工作绩效	−0.079	0.082	−0.001	0.066	0.103	0.209***	0.339***	0.557***	(0.788)
均值	1.595	32.54	5.923	2.05	3.115	4.079	4.526	5.327	5.036
标准差	0.492	5.196	4.909	0.976	1.557	0.95	1.054	0.856	0.817

注：*** 表示 p<0.001，** 表示 p<0.01，* 表示 p<0.05。对角线括号内为 Cronbach's α 系数。

3. 假设检验

在本研究中，我们邀请了 50 位直线经理来评价员工的工作绩效。考虑到嵌套效应，采用多层次结构方程模型对研究模型进行检验。首先使用 HLM 6.08 进行零模型检验并计算 ICC。然而，ICC 值接近于零（ICC<10⁻⁴）。根据 Aguinis、Gottfredson 和 Culpepper（2013）的结论，ICC 值接近于 0 表明单层次的模型较为合理，建议使用层次回归方法。因此，我们使用 STATA 14.0 进行层次回归分析来检验研究假设，分析结果如表 3 所示。

表 3   回归分析结果

变量	主动担责行为（M1~M3）			工作绩效（M4~M5）	
	M1	M2	M3	M4	M5
性别	−0.158	−0.186	−0.193	−0.109	−0.032
年龄	−0.005	−0.013	−0.01	0.012	0.013
工作时间	−0.005	−0.001	−0.005	−0.006	−0.003
企业性质	0.058	−0.005	−0.005	0.034	0.017
企业规模	0.021	0.017	0.020	0.050	0.038
高承诺组织		0.158*	0.185*		0.097
人力资源管理强度		0.059	0.058		

变量	主动担责行为（M1~M3）			工作绩效（M4~M5）	
	M1	M2	M3	M4	M5
高承诺组织× 人力资源管理强度			0.116*		
主动担责行为					0.510***
R^2	0.015	0.062	0.088	5.44	0.336
ΔR^2		0.047**	0.026*		0.312***
F	0.58	4.79	5.44	0.95	13.88

注：***表示 $p<0.001$，**表示 $p<0.01$，*表示 $p<0.05$。

（1）交互效应检验

人力资源管理强度和高承诺组织的交互项对主动担责行为的正向影响显著（M3，$\beta=0.116$，$p<0.05$），由此，H1 得到了支持。图 2 反映了简单斜率分析的结果，相对于人力资源管理强度低（−1SD）时，当人力资源管理强度高（+1SD）时，高承诺组织对主动担责行为的正向影响更强。具体而言，当人力资源管理强度低时，高承诺组织对主动担责行为的影响不显著（$\beta=0.076$，$t=0.90$，$p=0.369$），当人力资源管理强度高时，高承诺组织对主动担责行为的正向影响显著（$\beta=0.295$，$t=3.07$，$p<0.01$），H1 得到了进一步验证。

（2）被中介的调节效应检验

主动担责行为对工作绩效的正向影响显著（M5，$\beta=0.510$，$p<0.001$），由此，H2 得到了支持。为验证主动担责行为在人力资源管理强度和高承诺组织的交互效应与工作绩效之间的中介作用，我们根据 Edwards 和 Lambert（2007）的建议，使用 Mplus 7.4 估计了在人力资源管理强度不同水平下，高承诺组织影响工作绩效的第一阶段（从高承诺组织到主动担责行为）、第二阶段（从主动担责行为到工作绩效）、间接、直接以及总效应的路径系数（见表 4）。由表 4 可知，当人力资源管理强度高时，高承诺组织通过主动担责行为对工作绩效的间接影响显著（$\beta=0.126$，$p<0.05$，+1SD），当人力资源管理强度处于平均水平时，该间接影响同样显著（$\beta=0.074$，$p<0.05$，M），当人力资源管理强度低时，该间接影响不显著（$\beta=0.022$，$p>0.05$，−1SD）。

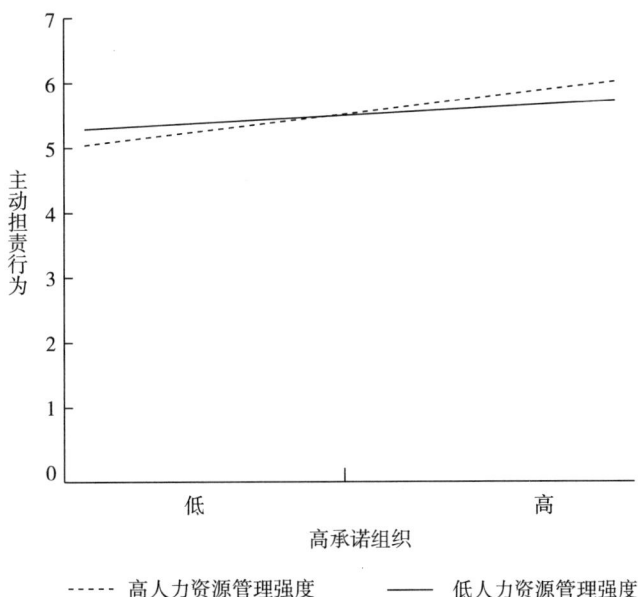

纵轴：主动担责行为（0~7）
横轴：高承诺组织（低、高）

----- 高人力资源管理强度　　　—— 低人力资源管理强度

图 2　人力资源管理强度和高承诺组织的交互效应对主动担责行为的影响

表 4　被中介的调节效应分析

调节变量	阶段			效应量		
	值	第一阶段	第二阶段	直接效应	间接效应	总效应
人力资源管理强度	−1SD	0.076	0.511 ***	0.202	0.022	0.224 **
	M	0.186 **	0.511 ***	0.202	0.074 *	0.276 **
	+1SD	0.295 **	0.511 ***	0.202	0.126 *	0.328 ***

注：＊＊＊表示 p<0.001，＊＊表示 p<0.01，＊表示 p<0.05。

为了进一步验证理论模型，我们采用 Bootstrap 方法来检验被中介的调节效应。结果显示，人力资源管理强度和高承诺组织的交互效应通过主动担责行为对工作绩效的间接影响显著（95%CI：[0.017，0.144]），H3 得到了支持。

【理论贡献】

基于资源保存理论，采用 200 份跨时点调查数据，本研究检验了高承诺组织与人力资源管理强度的交互效应通过主动担责行为对工作绩效产生影响的被中介的调节作用模型。结果表明：高承诺组织和人力资源管理强度的交互效应能够正向影响员工主动担责行为，当人力资源管理强度高时，高承诺组织和员工主动担责行为之间的正向关系越强；主动担责行为在高承诺组织和人力资源管理强度对员工工作绩效的交互效应之间起中介作用。本研究的结论具有如下理论贡献：

第一，基于资源保存理论探讨了高承诺组织对员工工作绩效的影响。现有研究将高承诺组织视为具有工作承诺的组织环境（Fleming 和 Spicer，2004；Xiao 和 Tsui，2007）。尽管高承诺组织可以促进组织和员工之间的信任（Fleming 和 Spicer，2004；Xiao 和 Tsui，2007），但如果在实施中出现问题，组织认为有价值的人力资源实践可能不会被员工视为有价值的资源（Boon 和 Kalshoven，2014）。因此，如果员工不能清晰地感知、一致地解释和共享人力资源管理信息，组织的人力资源管理可能是无效的。在此基础上，本研究基于资源保存理论，探讨了高承诺组织如何以及何时有助于提高员工的主动担责行为。研究结果表明，高承诺组织有助于员工获取资源，而员工为了获得更多的资源或者防止资源流失，会主动为组织做出贡献。

第二，考察了高承诺组织和人力资源管理强度的交互效应对员工工作绩效的提升作用，从而整合了人力资源管理系统的内容和过程。Ostroff 和 Bowen（2016）的研究提出，需要进一步探索人力资源管理强度和组织氛围相结合的效果，而本研究恰恰响应了这一呼吁。以往研究考察了高承诺组织的影响效果（Fleming 和 Spicer，2004；Xiao 和 Tsui，2007）或人力资源管理强度的影响效果（Heffernan 等，2016；Farndale 和 Sanders，2017；Hauff、Alewell 和 Hansen，2017），但很少有研究关注它们之间的交互作用。高承诺的组织可以实现信息共享、决策参与和组织公平（Xiao 和 Tsui，2007），而高强度的人力资源管理系统可以通过发送信号，来向员工传达组织所重视、期望和奖励的行为（Ostroff 和 Bowen，2016）。因此，高承诺组织与人力资源管理强度之间的交互效应将有助于员工获得更多的组织资源或防止资源流失。

第三，发现了高承诺组织和人力资源管理强度的交互效应影响员工工作绩效的过程机制。以往研究发现，实施主动担责行为的个体会试图改善工作场所的程序（Parker 和 Collins，2010；Dysvik、Kuvaas 和 Buch，2016），这是对组织的建设性贡献（Morrison 和 Phelps，1999；Lee，2016；Ouyang、Lam 和 Chen，2016）。本研究根据资源保存理论发现，当员工从高承诺组织中获得资源时，他们会表现出主动担责行为，从而助益于组织发展。因此，本研究的结果证实，组织和个人可以通过相互作用来实现共同受益。

【管理启示】

高承诺组织和人力资源管理强度的有效共建对于提升员工工作绩效是至关重要的。因此，采用正确的管理方式有效提升组织对员工的承诺以及促进员工对人力资源的感知十分必要。本研究的结论对于寻求提升员工工作绩效的组织具有重要意义。根据研究结论，我们给出如下管理建议：

第一，组织应积极向员工提供高承诺和资源支持，使他们积极采取主动担责行为进而提升组织整体的工作绩效。组织应通过人力资源管理策略，如提供内部职业机会、鼓励员工参与决策和对员工进行技能培训等方式来体现对员工的高承诺，并在人力资源实践的招聘、培训开发、绩效评估等每一个模块都尽可能提升员工对于组织的信任和心理依附，实现各个模块整体的效用最大化，以创造具有强烈合作规范的集体氛围。这将促使员工积极利用资源，并鼓励他们进一步参与主动担责行为进而提高工作绩效。华为公司就采用了"员工赋能管理"制度，引入了国内外优秀的专家和学者为员工提供先进的知识和丰富的资源，这使员工愿意做出更多的主动行为。

第二，管理者应该明确人力资源管理系统的特征，加强员工对人力资源管理强度的感知。管理者应向员工有效地传递、解释和分享人力资源管理信息并表明组织对于未来发展的期望，如定期组织员工学习组织相关的人力资源管理政策和制度，帮助员工答疑解惑，从而使组织内形成良好的信息流通氛围。同时，组织还应要求员工不仅要了解人力资源管理信息，提高人力资源管理强度的独特性，还要理解人力资源管理政策和制度的具体含义，形成与组织统一的认识，提高人力资源管理强度的共识性和一致性。这种较高的人力资源管理强度能够帮助组织成员认识到什么是被重视、被期望和被奖励的，这也有助于员工获得更多的组织资源。东软集团在"人力资源能力成熟度模型"的实施过程中更加关注人力资源管理的实施过程，围绕业务目标，建立了包括人、技术和过程的人力资源管理体系，从而使员工更加了解组织的制度和政策，更愿意主动为组织服务。

【未来展望】

本研究还存在以下三点局限：

第一，本研究是从个人感知而非组织层面来衡量高承诺组织和人力资源管理强度的。一些学者认为，当考察如何通过影响个人的产出来提高组织效率时，关注组织系统（如人力资源管理系统）的感知是十分重要的（Kehoe 和 Wright，2013）。因此，未来研究可以从组织层面检验高承诺组织和人力资源管理强度的交互效应，能够有助于清楚地解释不同组织之间的多层次差异。

第二，本研究关注如何以及何时通过主动担责行为来提高员工的工作绩效。研究发现，主动担责行为可以帮助员工改善工作程序和优化组织政策，最终提高工作绩效。然而，本研究并没有关注角色外的工作绩效。因此，未来研究可以从角色外绩效的角度对此进行考察。

第三，本研究从员工而非领导的角度来评价主动担责行为。虽然根据 Lance、Teachout 和 Donnelly（1992）的研究，个体能够比他人更加敏锐地察觉到与他人行为之间的差异，但从两种不同的来源（员工和领导）来评价主动担责行为可能比单独使用自我报告更加客观。

人力资源管理强度对员工
创造力的影响机制

【海尔公司提升员工创造力的管理策略】

马斯洛需求层次理论认为，生存需求在最下面，然后从下往上依次是安全、社交、尊重和自我实现。仿照如上的金字塔模型，张瑞敏也创造了一个人类工作时能力释放的金字塔图。最底端是顺从，即按照老板的要求去完成工作，这是工作的基础。顺从的上面一层是勤奋，即努力工作和加班，这是每一位员工需要具备的优秀品质。再往上一层是智慧，即头脑聪明，对于培训的内容能很好地吸收，能够及时地发现问题、解决问题。除此之外，海尔还需要创造力，需要那些不是被安排工作，而是有自主自发性的员工。这些人会从行业其他竞争对手当中看到机会，他们会提出自己的想法来挑战传统的思维、传统的智慧，这些人才是有激情和有热情的人。张瑞敏认为，富有激情和创造力的员工才是海尔真正的核心能力，所以金字塔最上面的三个要素是激情、想象力和积极性，这些是不能购买到的东西，是员工给企业的一个礼物。张瑞敏认为，这就是海尔和其他公司的一个比较大的不同，即自我颠覆的能力。很多公司的运作和思维成型后，僵化定势，很难改变，特别是组织架构，但是海尔可以很快地改变，因为海尔员工的核心能力就是创造力。那么，是什么造就了海尔创新的组织氛围呢？

一些曾在海尔工作的员工到其他公司工作以后给予张瑞敏的反馈是："新公司和海尔最大的不同，就是海尔在人力资源管理过程中透明，组织拥有活络的人际关系网，这种人际关系的建立有助于组织信息的传递和流通。"张瑞敏还提到："在互联网时代，应该更多地鼓励员工独立思考，培育他们的创业创新的精神，而不仅仅是一个执行的角色。我们尝试不断地把新观念传递给员工，使员工和组织形成一致的认知和目标。比如，每周六我们在管理会议上宣讲组织的新理念和新制度，鼓励大家改变思考方式，形成主动创新会受到组织奖励的认知，促进员工主动获取信息。同时，我们也乐于接受员工提出的新观点，给予他们一定的正向反馈以此表示鼓励。"

从案例中可以看出，海尔公司在互联网时代引入了先进的管理理念，通过人力资源管理过程向员工传递组织的新理念和新制度，使员工对组织政策和制度形成清晰、一致的认知。这一过程中，组织对员工的创造力十分重视，在情感上会给予员工正向反馈，在信息上鼓励员工多多互动，自主获取信息，以此促进员工的创造力。基于此实践背景，本部分将通过理论研究探讨如何通过有效的人力资源管理提升员工的创造力。

案例来源：听张瑞敏谈海尔管理的那些事儿．2014-12-14．http：//www.ceconline.com/el/car/8800072923/01/.

【问题缘起】

世界范围内的科技革命正在如火如荼地开展，创新能力成为企业持续竞争优势的重要来源。而企业进行创新的根本力量来源于内部的员工，员工创造力被认为是企业创新的基石，如何激发和塑造员工创造力成为理论界和实践界共同关注的问题（Liu 等，2017）。

组织情境下的创造力是指员工在工作过程中对工作内容或组织产生的新颖的或有用的想法，是一种组织所期待的积极行为（李志成、祝养浩和占小军，2019）。个体特征和环境因素是被探讨最多的两类创造力的影响因素：在个体特征方面，人格（Gong 等，2012）、情绪和偏好（Bledow、Rosing 和 Frese，2013）等对创造力产生影响；在组织环境方面，组织氛围（Amabile 等，1996）、组织内关系（Zhou 和 George，2001）、奖励（涂乙冬和陆欣欣，2017）等对创造力产生影响。人力资源管理作为组织与员工进行沟通的重要渠道，被视为影响员工行为的重要组织环境因素。已有研究验证了高绩效工作系统（侯宇和胡蓓，2019）、高承诺工作系统（Chang 等，2014）、双元型人力资源管理系统（胡文安等，2017）对创造力的积极影响。然而，这些研究多聚焦于内容导向的人力资源管理制度的设计，忽略了具体制度的实施过程。在现实中，很多企业精心设计了完善的人力资源管理制度，但却无法在员工中形成一致的理解和认可，最终影响措施的有效实行（唐贵瑶、魏立群和贾建锋，2013）。因此，Bowen 和 Ostroff（2004）认为，人力资源管理效能的发挥不能单纯依靠内容或过程，更应该是两者同时发挥作用，而人力资源管理强度恰恰反映了员工对于组织人力资源管理内容和过程的感知（Ostroff 和 Bowen，2016）。基于此，本研究将从内容和过程并重的思想出发，探讨人力资源管理强度对员工创造力的影响。

依据 IPO（Input-Processing-Output）模型，在人力资源管理强度（输入端）对创造力（输出端）产生影响的过程中，需要经过一定的转化机制。以往研究分别从社会互动视角和心理因素视角探讨组织环境因素到创造力的转化过程：社会互动视角以社会网络理论为基础，从社会关系出发，多以社会网络（Shalley，2003）、强弱连接（Baer，2010）等作为转化机制，重点分析员工是否在客观上有能力表现出创造力；心理因素视角则以动机理论为基础，从个体需求满足出发，多以内部动机（刘小禹、周爱钦和刘军，2018）、创新自我效能感和心理安全感（王永跃和张玲，2018）等作为转化机制，重点分析员工是否在主观上有意愿表现出创造力。两种视角对于解释创造力的激发和塑造均具有重要意义（Jia 等，2018），但它们局限于各自的研究领域：社会互动视角强调个体间相互作用，忽视了个体内部的重要影响因素；而心理因素视角将个体从群体中独立出来，忽视了群体联结和支持的重要性。因此，本研究将整合并对比社会互动（能力）和心理因素（意愿）两条路径，探讨人力资源管理强度对员工创造力影响的过程机制。在社会互动方面，员工主导型社会化策略是员工在组织中形成社会网络的重要方式，体现了员工在组织内积极搜寻信息、建立联系，为提高个人能力所做出的努力，是员工提高能力和绩效、展示个体优势的基础（Griffin、Colella 和 Goparaju，2000）；在心理因素方面，情感承诺反映了员工对组织的情感依附，是员工愿意为组织付出的重要内部动机之一，能够促进员工做出对组织有利的行为（刘祯，2013）。基于此，本研究将从员工主导型社会化策略和情感承诺两条路径出发，探讨人力资源管理强度对创造力影响的双中介机制。

综上，本研究将整合人力资源管理强度影响创造力的"能力"和"意愿"两条路径，解决如下问题：第一，在社会互动（能力）视角下，考察员工主导社会化策略在人力资源管理强度和创造力之间的中介作用；第二，在心理因素（意愿）视角下，考察情感承诺在人力资源管理强度和创造力之间的中介作用；第三，比较社会互动视角和心理因素视角下的中介作用是否存在显著差异。

【理论架构】

1. 主导型社会化策略的中介作用

Bowen 和 Ostroff（2004）首次提出"人力资源管理强度"的概念，将其定义为"能够影响组织传递人力资源管理信息的效率，并创造高强度组织氛围的人力资源管理的一系列元属性"。这一系列元属性的实现不仅能够帮助人力资源管理措施的内容传递有效信息，还能通过传递过程影响员工对信息的感知和共享。因此，人力资源管理强度不仅关注人力资源管理政策、制度和措施等内容选择，更关注人力资源管理的实施过程，即人力资源管理政策、制度和措施等内容是否真实地、清晰地被员工所了解和认可。人力资源管理强度是一个评判人力资源管理系统综合质量的指标，对成功的人力资源管理系统的特征进行了限定，但却不过多涉及具体的管理措施，避免了普适观下人力资源管理模式不够灵活、权变观下人力资源管理模式考虑因素过多的缺点。

根据 Kelley（1967）的研究，员工的行为会受到情境强弱程度的影响，而情境的强弱取决于独特性（因果关系是显而易见的）、一致性（在时间和形态上原因与结果关系的一致性）和共识性（人们对原因和结果之间关系的看法是一致的）。基于此，Bowen 和 Ostroff（2004）提出，人力资源管理强度也应该包含上述三个维度，即独特性、一致性和共识性。独特性是指组织的人力资源管理措施具有显而易见、引人关注的特性；一致性是指组织的人力资源管理措施"言行合一"，在与员工充分沟通的情况下确保内容和实施过程的统一；共识性是指员工能够通过组织的各项人力资源管理实践，形成对组织的共同理解和认同（唐贵瑶、魏立群和贾建锋，2013）。以往的研究更多地将人力资源管理强度置于个体感知层面进行研究（Ostroff 和 Bowen，2016）。

在组织社会化研究领域，采取何种策略提高员工社会化的有效性一直备受关注。早期研究强调组织在社会化过程中的主导作用，随着研究的深入，学者们发现员工在社会化过程中并非完全被动的，员工主导的社会化策略开始受到关注。Griffin 等（2000）将员工主导型社会化策略总结为反馈与信息收集、建立关系、非正式的师徒关系、工作变动的协商、积极进取、参加与工作有关的活动、自我行为管理、观察和模仿八个方面。本研究推测，人力资源管理强度会正向影响员工主导型社会化策略，具体来说：

第一，从人力资源管理强度的独特性维度出发，高独特性意味着员工能够清晰地了解组织内的各项规章制度，降低了信息不确定性带来的时间和心理资源消耗，有利于员工通过信息搜索和收集获得正确信息（林新奇和丁贺，2017），进而根据组织的期望进行自我行为管理。第二，从人力资源管理强度的一致性维度出发，高一致性意味着组织制定的各项措施在实施过程中保持一致，员工容易对组织产生信任和认同（贾建锋、赵雪冬和赵若男，2020），从而自愿参与工作有关的活动，积极进取。第三，从人力资源管理强度的共识性维度出发，高共识性意味着员工间就组织的人力资源管理措施形成了共同的理解，普遍接受和认同组织的价值观（Jia 等，2020），有利于员工间进行观察和模仿，建立关系。

基于此，提出如下假设：

H1：人力资源管理强度正向影响员工主导型社会化策略。

员工主导型社会化策略有助于提高个体的专业能力和人际能力，个体掌握的相关领域知识和技能是创造力的重要组成部分（Amabile 等，1996）。在专业能力方面，员工通过在组织内广泛搜寻信息，主动参与工作有关的事务，积极进取（Griffin、Colella 和 Goparaju，2000），增强了对组织现状的了解，学习并积累了工作所需的技能，提高了专业能力。在人际能力方面，员工通过积极与领导和同事建立关系、注重对同事的观察和模仿、借助非正式的师徒关系等方法来获得领导和同事的支持，提高了人际能力。员工的专业能力越强，越可能发现工作中存在的问题；而人际能力越强，越有自信表达新想法。较强的专业能力和人际能力使员工对自己解决问题充满自信，越有可能针对问题进行积极思考，提出新的想法，促进创造力的提高（侯宇和胡蓓，2019）。因此，本研究推测，人力资源管理强度对创造力的影响作用能够通过员工主导型社会化策略进行传递。较高的人力资源管理强度通过向员工传递清晰一致的组织政策和信息，加深了个体对工作现状的了解，有利于员工通过积极的信息收集和建立关系等方式提高专业能力和人际能力并应用于解决实际问题，使员工有能力为了组织改进而付出努力，激发了创造力。

基于此，提出如下假设：

H2：员工主导型社会化策略在人力资源管理强度和创造力之间起中介作用。

2. 情感承诺的中介作用

在中国的企业中，情感维系着个体和组织之间的关系（钟山、施杨和赵曙明，2017）。情感承诺作为个体和组织的情感联结，往往是员工基于对组织与自己的期望比较后进行归因的结果。因此，组织是否关注个人的价值、能否为员工提供良好的职业发展以及公平的组织氛围都是情感承诺形成的重要依据，而员工能否感知到组织所提供的这些措施，则与人力资源管理强度密切相关（唐贵瑶、魏立群和贾建锋，2013）。基于此，本研究推测，人力资源管理强度会正向影响情感承诺，具体来说：

第一，从人力资源管理强度的独特性维度出发，高独特性意味着员工对组织的各项培训、晋升和福利等人力资源管理政策都形成了清晰的认识，在了解到组织为个人发展提供良好计划和机会的情况下，员工更容易对组织产生认同和信任（贾建锋、赵雪冬和赵若男，2020），增加对组织的情感投入。第二，从人力资源管理强度的一致性维度出发，高一致性意味着员工相信组织是言行一致的，对于自己在达到组织要求后能够获得相应奖励充满信心，愿意不断地与组织进行互惠交换，形成稳定的情感联系。第三，从人力资源管理强度的共识性维度出发，高共识性意味着员工认为组织的人力资源管理措施是公平的，有利于员工和组织之间建立起信任，同时员工间的共识有利于人际关系的建立，扩大了员工和组织情感联系的范围。

基于此，提出如下假设：

H3：人力资源管理强度正向影响情感承诺。

情感承诺有助于增强员工与组织的联系并提升工作动机。根据创造力构成理论，丰富的工作动机是创造力的重要组成部分（Amabile 等，1996）。员工通过与组织建立积极的情感联系，形成对组织较高的情感依赖（刘祯，2013）。组织目标的实现和个体的自我实现紧密联系（Riketta，2002），组织的改进和提高被视作个人的进步与发展。此时，员工的工作动力不仅来自组织提供的薪酬奖励，更来自内心对工作和组织的认可，内外部工作动机同时获得满足。员工发自内心地希望组织变得更好，也愿意努力尝试，主动为组织改进提出新方法，创造力得到提升。基于此，本研究推测，人力资源管理强度对创造力的影响可以通过情感承诺来传递。较高的人力资源管理强度为员工提供了清晰一致的人力资源管理信息，有利于员工与组织之间的情感交换，增强了员工与组织之间的联系并丰富了工作动机，使员工有意愿为了组织改进而付出努力，激发了创造力。

基于此，提出如下假设：

H4：情感承诺在人力资源管理强度和创造力之间起中介作用。

3. 双重中介作用的比较

在员工主导型社会化策略和情感承诺都能够传递人力资源管理强度对创造力影响的情况下，本研究进一步推测，情感承诺的作用效果会强于员工主导型社会化策略。能力是创造力激发的客观前提，而意愿则是创造力激发的主观前提。在主客观条件并存的情况下，主观条件往往起到决定性作用。中国社会中家文化盛行，一个好的组织会与员工建立起情感联系，让员工有家的感觉。在这种情况下，员工将提高组织绩效视作实现自我价值的重要途径之一（刘祯，2013），愿意为了组织变得更好而付出自己的努力（Riketta，2002）。即使员工能力上有所欠缺，但内心也充满热情，愿意不断提高自身能力，积极主动思考工作内容，并提出新想法。反之，如果员工与组织之间仅仅是雇佣关系，即使员工具有非常强的能力，一旦组织没有提供给员工满意的报酬或奖励等外部激励，员工也不愿意付出额外的努力，创造力也不会得到激发。因此，本研究推测，相比于"能力"这条客观路径来说，"意愿"这条主观路径对创造力的激发作用更强。

基于此，提出如下假设：

H5：情感承诺的中介作用强于员工主导型社会化策略的中介作用。

综上所述，本文的理论模型如图 1 所示。

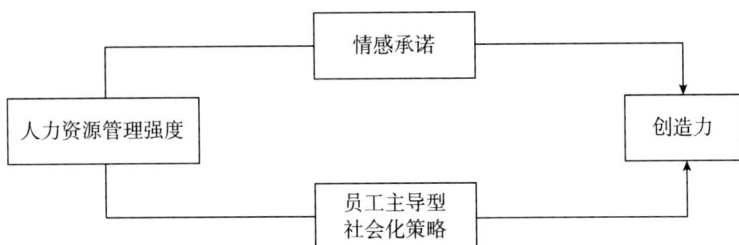

图 1　本文的理论模型

【实地调研】

1. 调查过程

为了控制共同方法偏差，本研究采用了多时点设计的纸质问卷收集方式。首先，联系了有意向参与研究的企业人力资源部门，告知了研究目的、注意事项以及问卷收集流程。其次，在人力资源部门的协助下，向参与研究的员工和直线领导介绍了研究的意义和流程，强调调查结果仅用于学术研究。在完成上述基础工作后，研究人员在 T1 时点向员工发放了调查问卷，调查内容主要包括员工的个人背景信息和人力资源管理强度，该阶段共发放问卷 280 份，回收问卷 273 份；在 T2 时点向提交了 T1 问卷的员工继续发放问卷，调查内容主要是员工评价的员工主导型社会化策略和情感承诺，发放问卷 273 份，回收问卷 253 份；在 T3 时点向提交了 T2 问卷员工的 79 名直线领导发放调查问卷，调查内容主要是直线领导评价的员工创造力，回收问卷 73 份。

234 份员工有效问卷的描述性统计分析如下：在性别方面，男性占 51.3%，女性占 48.7%；在年龄方面，26 岁以下占 14.5%，26~30 岁占 25.1%，31~35 岁占 25.6%，36~40 岁占 19.6%，40 岁以上占 15.2%；在学历方面，高中及以下占 0.9%，本科及以上占 91.1%；在工作时间方面，1 年以下占 15.0%，1~5

年占 26.5%，5 年以上占 58.5%。

2. 测量工具

人力资源管理强度：采用 Delmotte、De Winne 和 Sels（2012）编制的 31 个题项量表。代表性题项包括："在企业里，我能切身感受到人力资源管理措施的重要意义""人力资源部成员能够就管理其他员工的方式达成共识"。在本研究中，该量表的 Cronbach's α 系数为 0.95。

员工主导型组织社会化策略：采用陈卫旗（2009）编制的 9 个题项量表。代表性题项包括："我会通过观察同事来学习我在公司中该如何表现""我在工作中根据公司赞许的方式行动，逐步适应公司的要求"。在本研究中，该量表的 Cronbach's α 系数为 0.82。

情感承诺：采用吕福新和顾珊珊（2007）在 Meyer 和 Allen（1991）编制的量表基础上修改的 6 个题项量表。代表性题项包括："我将公司的难题视作我自己的难题""我喜欢这家公司"。在本研究中，该量表的 Cronbach's α 系数为 0.93。

创造力：采用 Zhou 和 George（2001）编制的 13 个题项量表。代表性题项包括："该员工会提出实现目标的新方法""该员工一有机会就能表现出他在工作上的创造性"。在本研究中，该量表的 Cronbach's α 系数为 0.95。

控制变量：本研究选取了员工的性别、学历、年龄和工作时间作为控制变量。

【实证分析】

1. 验证性因子分析

本研究利用平衡法对员工主导型社会化策略、情感承诺和创造力量表进行打包处理，人力资源管理强度量表按照维度进行了打包，最终每个量表都被打包成三项。为了保证各变量之间的区分效度，本研究进行了验证性因子分析，结果如表 1 所示，四因子模型的拟合效果（$\chi^2/df = 1.83$，LI = 0.978，CFI = 0.985，RM-

SEA＝0.060）最为理想。

表1 验证性因子分析结果

模型构成	χ^2/df	TLI	CFI	RMSEA
四因子模型：HRMS, EST, AC, EC	1.83	0.978	0.985	0.060
三因子模型 a：HRMS+AC, EST, EC	5.72	0.877	0.911	0.142
三因子模型 b：HRMS, EST+AC, EC	6.54	0.856	0.895	0.154
二因子模型 a：HRMS+EST+AC, EC	10.20	0.760	0.818	0.198
二因子模型 b：HRMS+EST, AC+EC	10.23	0.760	0.818	0.199
单因子模型：HRMS+EST+AC+EC	23.77	0.407	0.542	0.312

注：HRMS 代表人力资源管理强度，EST 代表员工主导型社会化策略，AC 代表情感承诺，EC 代表创造力，"+"代表因子合并。

2. 共同方法偏差检验

尽管本研究在问卷收集过程中采用了多来源和多时点的方法来收集，但人力资源管理强度、员工主导型社会化策略和情感承诺均由员工填答。为了进一步证明本研究受共同方法偏差问题的影响较小，我们采用两种方法进行检验：Harman 单因子法和共同方法偏差因子法。Harman 单因子分析结果显示，未旋转的第一个因子的方差解释率为 27.52%，低于 40%。在四因子模型的基础上加入共同方法偏差因子的五因子模型拟合指标的变化均小于临界值 0.02（$\Delta CFI＝0.006$，$\Delta TLI＝0.004$，$\Delta RMSEA＝0.006$），证明了本研究的共同方法偏差问题不严重。

3. 描述性统计分析

表2展示了各变量的相关系数、均值及标准差。其中，人力资源管理强度与员工主导型社会化策略（$r＝0.350$，$p<0.001$）和情感承诺（$r＝0.658$，$p<0.001$）都显著正相关，而员工主导型社会化策略和情感承诺都与创造力（$r＝0.338$，$p<0.001$；$r＝0.226$，$p<0.001$）显著正相关，为假设检验提供了初步的数据支撑。

表2 变量的均值、标准差和相关系数

变量	1	2	3	4	5	6	7	8
1. 年龄	1							
2. 性别	-0.054	1						
3. 学历	0.048	0.120	1					
4. 工作时间	0.534***	-0.097	-0.132*	1				
5. 人力资源管理强度	-0.123	0.190**	0.081	-0.034***	(0.95)			
6. 员工主导型社会化策略	-0.130*	0.093	-0.026	-0.110	0.350***	(0.82)		
7. 情感承诺	-0.201**	0.111	0.011	-0.274***	0.658***	0.323***	(0.93)	
8. 创造力	-0.139*	-.067	0.016	-0.052	0.111	0.338***	.226***	(0.95)
均值	2.33	1.49	3.21	2.88	3.58	3.91	3.49	3.42
标准差	0.945	0.501	0.438	1.271	0.597	0.501	0.822	0.713

注：***表示 $p<0.001$，**表示 $p<0.01$，*表示 $p<0.05$。对角线括号内为 Cronbach's α 系数。

4. 假设检验

本研究采用了 Mplus 7.0 进行统计分析，结果如表3所示。人力资源管理强度对员工主导型社会化策略具有显著的正向影响（M5，$\beta=0.294$，$p<0.001$），由此，H1 得到支持；人力资源管理强度对情感承诺具有显著的正向影响（M7，$\beta=0.884$，$p<0.001$），由此，H3 得到支持。员工主导型社会化策略和情感承诺均对创造力具有显著的正向影响（M3，$\beta=0.119$，$p<0.001$；M3，$\beta=0.177$，$p<0.01$），为中介检验奠定了基础。

表3 回归分析结果

变量	创造力（M1~M3）			员工主导型社会化策略（M4~M5）		情感承诺（M6~M7）	
	M1	M2	M3	M4	M5	M6	M7
年龄	-0.122*	-0.127	-0.084	-0.049	-0.059	-0.062	-0.092
性别	-0.109	-0.139	-0.148	0.087	0.031	0.144	-0.025
学历	0.060	0.056	0.093	-0.046	-0.053	-0.051	-0.072

续表

变量	创造力（M1～M3）			员工主导型社会化策略（M4～M5）		情感承诺（M6～M7）	
	M1	M2	M3	M4	M5	M6	M7
工作时间	0.018	0.040	0.034	−0.023	0.021	−0.149**	−0.019
人力资源管理强度		0.153+	−0.136		0.294***		0.884***
员工主导型社会化策略			0.119***				
情感承诺			0.177**				
F	1.557	1.945	6.165***	1.622	7.142***	5.474***	37.297***
R²	0.026	0.041	0.160	0.028	0.135	0.087	0.450
ΔR²		0.014	0.119		0.108		0.363

注：***表示 $p<0.001$，**表示 $p<0.01$，*表示 $p<0.05$，+表示 $p<0.1$。

中介作用的 Bootstrap 结果如表 4 所示。将员工主导型社会化策略和情感承诺同时作为中介变量进行 Bootstrap 5000 次分析后，员工主导型社会化策略这一路径上，a1×b1 的 95% 的置信区间为［0.062，0.233］，不包括 0，证明员工主导型社会化策略的中介作用存在，H2 得到支持；情感承诺这一路径上，a2×b2 的 95% 的置信区间为［0.023，0.295］，不包括 0，证明情感承诺的中介作用存在，H4 得到支持。为了验证两条路径的中介作用差异，本研究对两条中介路径的差异进行了 Bootstrap 5000 次分析，发现两条路径差异的 95% 置信区间为［−0.183，0.152］，包括 0，说明两条路径之间并不存在显著差异，H5 未得到支持。本研究推测，H5 没有得到支持的可能原因是，现代企业均对创新十分重视，出台了多样化激励员工创新创造的政策，那些具有创造能力的员工在丰厚外部激励的刺激下，也会为了获得奖励和报酬而表现出创造力，从而使两条路径的差异并不显著。

表 4　中介效应 Bootstrap 分析结果

路径	效应	95%CI		结果
		下限	上限	
间接效应	0.289	0.144	0.462	显著
路径 1：人力资源管理强度→员工主导型社会化策略→创造力	0.132	0.062	0.233	显著

路径	效应	95%CI		结果
		下限	上限	
路径2：人力资源管理强度→情感承诺→创造力	0.149	0.023	0.295	显著
（差异比较）路径1与路径2	0.017	−0.183	0.152	不显著

【理论贡献】

采用234份多时点配对数据，本研究整合了"能力"和"意愿"两条路径，分析了人力资源管理强度和员工创造力之间的转化机制。结果表明：在能力方面，员工主导型社会化策略在人力资源管理强度和创造力之间起到了中介作用；在意愿方面，情感承诺在人力资源管理强度和创造力之间起到了中介作用。综合来看，两条路径的差异并不显著。本研究的结论具有如下理论贡献：

第一，从人力资源管理内容和过程并重的思想出发，补充了人力资源管理强度和创造力的相关研究。以往研究更多关注了个体特质和组织氛围方面的创造力影响因素（Amabile 等，1996；Zhou 和 George，2001；Gong 等，2012；Bledow 等，2013），忽视了人力资源管理在创造力激发和转化方面的重要作用。此外，仅有的关注人力资源管理和创造力之间关系的研究也集中于人力资源管理的内容设计（Chang 等，2014；胡文安等，2017；侯宇和胡蓓，2019），忽视了人力资源管理措施的实施过程对创造力的激发作用。本研究从员工对组织人力资源管理内容和过程的感知出发，借助"人力资源管理强度"构念，证明了员工对于人力资源管理措施的有效感知通过一定的转化机制能够激发创造力。本研究强调了对人力资源管理内容和过程给予同等的重视，拓展了人力资源管理与创造力之间关系的研究，对创造力的激发机制研究有所补充。

第二，提出了员工主导型社会化策略的中介作用，丰富了社会互动视角下的创造力影响因素。以往研究更多从创造力构成模型出发寻找激发机制（Amabile 等，1996），以社会网络为基础的社会互动视角研究还比较少。本研究除了从心理因素视角出发，关注员工是否具有发挥创造力的意愿的主观条件，还从社会互动角度出发，考虑员工是否有能力展示创造力的客观条件。本研究分析了员工主导型社会化策略的重要作用，证明了它是人力资源管理强度向创造力进行转化的重要中介机制之一，为创造力的社会互动视角研究增加了新的研究内容。

第三，整合了"能力"和"意愿"两条路径，推动了创造力的转化机制研究。以往研究大多采用单一中介机制的方法，从社会互动视角（"能力"路径）或心理因素视角（"意愿"路径）出发分析创造力的激发和转化问题（Shalley，2003；Baer，2010；刘小禹、周爱钦和刘军，2018；王永跃和张玲，2018），忽视了两种视角之间存在冲突还是合作的问题。本研究采用双路径机制，探索了能力（员工主导型社会化策略）和意愿（情感承诺）的双重中介作用，证明了社会互动视角和心理因素视角的同等重要性。本研究为解释创造力的转化机制提供了整合视角，有利于创造力相关研究和理论的进一步扩展。

【管理启示】

员工创造力是企业创新的源泉，因此探讨如何激发员工的创造力是十分必要的。本研究的结论对寻求激发员工创造力的组织具有重要意义。根据研究结论，我们给出如下管理建议：

第一，企业要给予人力资源管理措施的基本内容和实施过程同样的重视。研究发现，人力资源管理措施的内容固然重要，但是其实施过程也不容忽视。员工对人力资源管理措施的有效感知有利于员工在组织中进行积极社会化，与组织建立情感联系，最终达到激发创造力的作用。因此，企业需要改变以往单纯强调人力资源管理内容设计的思路，关注人力资源管理措施的实施过程，提高人力资源管理措施的独特性、一致性和共识性，比如，广泛借助互联网技术，丰富信息公开的渠道；加强组织层级间的沟通，保证措施的内容和实施过程具有统一性；鼓励员工参与措施内容设计，提高组织公平感知等。例如，阿里巴巴公司建立了"阿里味儿"论坛，在这个平台上，无论职位高低或观点对错，每位员工都可以自由发帖，与上级沟通，比如质疑公司颁布的管理措施、诉说遭遇到来自主管的不公正对待。阿里坚持"即使是毒草，也要让他长在阳光下"，这种公开、透明的氛围使每位员工都能以一种平等的姿态参与到工作的讨论和公司的建设中，也有利于员工交流和理解人力资源相关信息，从而提升自身的创造性。

第二，企业要支持员工在组织内进行社会关系的建立，加强员工与同事间、员工与领导间的情感交流。研究发现，"能力"和"意愿"都是创造力激发的重要机制，员工可以通过在组织内实施主动的社会化策略，提高自身能力，激发创造力。因此，企业需要给予员工相应的资源支持，如提供丰富的同事间、上下级间的交流机会，组建跨部门的工作团队，奖励主动参与工作行为的员工。员工通过与组织建立的情感联系，将个人命运和组织紧密联系起来，激发创造力。为此，企业需要重视培养员工的归属感，在组织内提倡"家文化"，鼓励员工参与组织的决策。知名企业海底捞公司的做法值得借鉴，其不仅给予员工多方面的实际支持，也积极打造"家文化"，比如推行"传帮带"机制，为每位入职的新员工安排一名老员工，一方面在工作上手把手教学，加强新老员工的沟通交流，让新员工快速熟悉工作，另一方面在生活上无微不至地关怀照料，让新员工感受到家的温暖。

【未来展望】

本研究还存在以下三点局限：

第一，虽然采用多时点配对的方式收集研究数据在一定程度上避免了同源偏差，但本研究没有将时间因素考虑进去。员工的组织社会化本身是一个动态过程，而情感承诺的形成也需要时间，因此未来研究可以采用纵向追踪的方法，将研究模型随时间变化的可能性进行进一步探讨。

第二，本研究的变量均属于个体层面，但人力资源管理强度和创造力均可以在更高层面上进行研究。团队创造力的研究已经屡见不鲜，未来研究也可以关注人力资源管理强度对团队创造力的影响机制。

第三，本研究更关注对创造力激发机制的整合和探索，没有对边界作用进行分析。未来的研究也可以关注人力资源管理措施的内容和过程在激发创造力过程中可能存在的边界条件，丰富创造力的相关研究。

人力资源管理强度对公司
创业的影响机制

【QX 公司推动企业发展的管理策略】

QX 建设集团有限公司（以下简称 QX 公司）发展至今近三十年，从一个只按政府计划承建房地产开发项目的行政组织，逐渐发展成为一个成功上市的大型住宅产业集团。近三十年来，在公司规模快速扩大、业务范围不断调整、管理体制持续变革、战略不断调整升级的过程中，QX 公司的人力资源管理实践也随之适时而变，整个演变历程可以划分为三个阶段。

第一阶段：内部合理调配，外部大量引进（1984~1998 年）。作为全民所有制企业，QX 公司成立之初，因为当时的历史环境，其人事调配只能服从区委组织部或区人事局的统一安排，没有独立的用人自主权。1993 年，新上任的董事长开始着手进行人事改革，推行总经理负责制，除总经理由区委区政府任命外，其余人员均经过群众评议、专家考核和组织把关等选拔程序进行聘任。通过聘任制度，公司合理配置了人力资源，形成了"人员能进能出，干部能上能下"的灵活用人机制，同时有效地遏制了关系户"塞人"的行为。与此同时，QX 公司也积极从企业外部引进发展需要的人才。内部人才的合理调配和外部大批高素质人才的引进提升了公司整体人力资源的水平和学历层次，也为公司的经营发展和战略升级奠定了基础。

第二阶段：储备人力资源，引进稀缺人才（1999~2007 年）。面对房地产行业的竞争加剧，QX 公司决定以"拥有能整合资金、技术、管理、服务的职业经理人才"为目标打造公司的核心竞争能力。QX 公司几乎每年都要引进新员工，通过有计划、有步骤和有重点地招收优秀应届高校毕业生，为企业的持续快速发展储备了人力资源，形成了人才梯队，更为"人才主要内部培养"的战略实施提供了保障。与此同时，QX 公司引进了一批高层次、高素质的稀缺人才，以应对更加困难的问题。

第三阶段：内部挖潜、提高效率，提升人力资源管理的战略作用（2008 年至今）。QX 公司对人力资源管理的相关流程进行了全面的梳理和规范，并将其纳入新的管理体系中，使其进一步与其他业务活动保持协调一致。除此之外，QX 公司还进行了一些人力资源管理的专项改进活动，如"定岗、定编、定员"工作、新的员工考核方案和薪酬制度优化等。这些举措，除了能够进一步激励员工、挖掘内部潜力之外，也提高了集团人力资源管理工作的专业性和战略性，为更好地支撑企业发展奠定了基础。

从案例中可以看出，QX 公司经历了三次人力资源管理变革，采用多种人力资源举措对人才进行合理的引进和培养，为公司发展和战略目标的实现提供了契合的人力资源支撑，推动了公司一步步的发展。基于此实践背景，本部分将通过理论研究探讨如何通过有效的人力资源管理促进企业的发展。

案例来源：姜雨 . QX 建设的战略性人力资源管理实践 . 中国管理案例共享中心案例库，2012.

【问题缘起】

在过去的十几年里，创新在增强组织竞争力方面的重要性日益凸显，公司创业研究蓬勃发展（Zahra，1996；Hayton 和 Kelley，2006；Schmelter 等，2010；Zhang 和 Jia，2010）。因此，除了早期关于公司创业结果变量的研究外，学者们也越来越关注公司创业的前因，以便更好地理解公司创业是如何产生的。例如，公司内部因素（如所有权结构、治理制度和内部管理实践）已被证明会影响公司创业（Zahra，1996；Barringer 和 Bluedorn，1999；Zahra、Neubaum 和 Huse，2000）。近年来，由于强调高层管理者（包括 CEO）在决定企业战略方向和定位方面的作用，学者们开始研究高层管理者的领导风格或其他性格特征对企业创业活动的影响（Ling 等，2008；Chen 等，2014；Chen 和 Nadkarni，2017）。同时，也有研究论述了市场导向在公司创业过程中的作用（Liu、Luo 和 Shi，2003；Simsek、Veiga 和 Lubatkin，2007），但对于其过程机制还没有进一步的实证研究证据。因此，本研究拟通过人力资源管理强度来探讨市场导向如何影响公司创业。

这一机制的基本逻辑是：市场导向是企业引导其管理实践面向市场的战略思维（Ruekert，1992；Wei 和 Lau，2005），对于市场导向高的企业来说，其内部管理系统都是面向市场和顾客的。人力资源管理实践作为组织中最重要的管理方面之一，其设计和实施都是基于市场导向的组织理念（Wei 和 Lau，2005）。例如，选择能响应顾客需求或市场竞争者行动的员工，并奖励他们这种行为。奖励制度还可以激励员工采取适当的行为，为顾客创造更高的价值（Narver 和 Slater，1990）。人力资源管理强度代表了员工对人力资源管理实践的共同理解程度，以及对组织目标的行为塑造程度（Bowen 和 Ostroff，2004）。这种基于企业市场导向设计的高强度的人力资源管理系统，可能会支持企业对变革的适应性（Bowen 和 Ostroff，2004；Bednall、Sanders 和 Runhaar，2014），从而影响公司创业。因此，本研究的主要目的是探讨基于市场导向设计的高强度的人力资源管理系统是如何将市场导向战略转化为公司创业的。

此外，根据权变视角（Delery 和 Doty，1996），人力资源管理实践对企业绩效的影响取决于内外部的各种情景因素。因此，我们还考察了在中国情境下的等级文化对人力资源管理强度与公司创业之间关系的影响。由于中国的商业改革和日益激烈的市场竞争，一些中国企业的组织文化已经从等级型向团队型、发展型演变（Wei 等，2008）。然而，如果组织文化与管理实践不一致，企业文化的演变效果可能并不显著。研究发现，组织价值观和管理实践之间的不一致会降低创新参与度（Lee 等，2004）。一个高强度的人力资源管理系统保持了人力资源管理实践的兼容性和稳定性（Bowen 和 Ostroff，2004）。作为一种共享价值观的模式，等级文化也保持了稳定性和可预测性（Engelen 等，2014）。因此，在中国企业中，与人力资源管理强度相一致的等级文化强化了人力资源管理系统对公司创业的积极作用。然而，随着中国与全球经济的逐步融合，中国企业在本土市场和全球市场都面临着激烈竞争。竞争激烈的商业环境要求企业实施灵活的人力资源系统以提高组织效率（Ketkar 和 Sett，2010），所以激烈的竞争限制了人力资源管理强度的有效性。因此，本研究的另一个目的是探讨等级文化和竞争强度对人力资源管理强度与公司创业关系的调节作用。

综上，本研究将基于权变理论，解决如下问题：第一，考察人力资源管理强度在市场导向与公司创业间的中介作用；第二，检验等级文化和竞争强度在人力资源管理强度与公司创业间的调节作用。

【理论架构】

1. 市场导向对公司创业的影响

公司创业是指通过生产新产品、创造新业务和引入新商业模式来追求机会的创业活动（Stevenson 和 Jarillo，1990；Zahra，1993；Schmelter 等，2010）。公司创业包含三个维度，即创新、风险投资和战略更新（Stevenson 和 Jarillo，1990；Zahra，1993）。创新是指创造新产品、新服务、新的生产过程和组织体系的过程（Lumpkin 和 Dess，1996；Zahra，1996）；风险投资涉及新业务的开展，包括成立新公司、兼并其他企业、与其他组织合作等方式（Guth 和 Ginsberg，1990；Chesbrough，2002）；战略更新是指重新定义企业经营理念，引入创新所需的全系统变革的过程（Zahra，1993）。以往的研究已证实了市场导向与公司创业之间的关系（Barrett 和 Weinstein，1998；Wood、Bhuian 和 Kiecker，2000）。在本研究中，我们将强调市场导向与公司创业的三个核心维度之间的联系。

第一，市场导向使企业能够获取顾客的相关信息，监控竞争对手的行动，并开发新产品以满足顾客不断变化的需求（Dibrell、Craig 和 Hansen，2011；Wang 和 Chung，2013）。市场导向的企业也更能促进其职能部门之间的信任、沟通、合作和承诺（Auh 和 Menguc，2005），所有这些都能促进创新（Gatignon 和 Xuereb，1997）。第二，市场导向有助于决策者了解顾客需求和市场环境的发展趋势，从而识别新的创业机会（Eisenhardt，1989；Hsieh、Nickerson 和 Zenger，2007）。以市场为导向的公司能够获取有关技术变革及其影响的信息，并将这些信息纳入诸如研发、市场准入和技术定位等活动中（Augusto 和 Coelho，2009），从而支持公司的风险投资。第三，市场导向有利于相关产品和管理的改进（Han、Kim 和 Srivastava，1998），这反过来又有助于战略更新。市场导向还可以帮助企业产生新的洞见和知识（Baker 和 Sinkula，1999），帮助企业更新生产系统，提高财务和运营效率（Li，2005）。总体来说，所有这些理论基础和相关的实证证据（Murray，1981；Barrett 和 Weinstein，1998；Liu、Luo 和 Shi，2003）都能够支持市场导向促进公司创业的命题。

2. 人力资源管理强度的中介作用

人力资源管理强度被定义为"能够影响组织传递人力资源管理信息的效率，并创造高强度组织氛围的人力资源管理的一系列元属性"。通过这种元属性，向员工发送一致的人力资源管理信息，使他们能够理解被期望的行为并形成集体意识（Bowen 和 Ostroff，2004）。市场导向型企业可以使员工对企业的市场目标有一个共同的理解，这可以建立员工对人力资源管理实践的强烈认同感（Yaprak、Tasoluk 和 Kocas，2015），从而促进公司创业。这也与 Wei 和 Lau（2008）的观点一致，即根据企业的战略方向设计的人力资源管理系统可以为企业带来更多的利益（Wei 和 Lau，2008）。本研究推测，市场导向正向影响人力资源管理强度，具体来说：

第一，独特性意味着人力资源实践的可视性和吸引注意力的能力（Bowen 和 Ostroff，2004）。对于具有明确战略导向的企业来说，他们为满足市场需求而设计的人力资源管理政策和实践对员工来说更加显而易见。在市场导向型企业工作的人力资源管理从业者更具备根据市场信息部署人力资源实践的能力（Delmotte、Winne 和 Sels，2012）。在市场导向型的企业中，跨职能协调促进了人力资源管理部门与其他职能部门之间的沟通、合作和信任（Auh 和 Menguc，2005），帮助其他部门的员工更清楚地理解人力资源管理信息。所有这些都可以提高人力资源管理实践的有效性（Bowen 和 Ostroff，2004）。

第二，市场导向可以减少角色冲突和模糊，从而提高人力资源管理系统的一致性。一致性指随着时间的推移，人力资源实践在人与环境之间建立一致关系的程度（Bowen 和 Ostroff，2004）。以市场为导向的企业能够更好地形成关于卓越顾客价值重要性的共同愿景（Yaprak、Tasoluk 和 Kocas，2015），因此，在市场导向型企业中的员工更有可能认为顾客价值创造相对于其他不一致的需求而言更加重要（Siguaw、Brown 和 Widing，1994）。因此，市场导向有助于提高员工绩效沟通期望的一致性，并降低绩效考核标准的不确定性（Kohli 和 Jaworski，1990；Siguaw、Brown 和 Widing，1994）。在以市场为导向的企业中，员工更容易收到一致的人力资源管理信息，从而按照企业的期望行事，以满足市场需求。

第三，共识性是指员工对事件—效应关系的看法达成一致的程度（Bowen 和 Ostroff，2004）。市场导向促进了职能部门之间的沟通（Auh 和 Menguc，2005），促进了整个公司的信息共享，进而有助于员工在什么是重要的，以及什么样的行为被期望和什么样的行为会获得奖励方面达成共识（Veld、Paauwe 和 Boselie，2010）。市场导向带来的开放性沟通也增强了员工对公平的感知（Kernan 和 Hanges，2002），如人力资源管理系统的公平性。

基于以上原因，我们认为市场导向和人力资源管理强度之间存在正相关关系。鉴于现有的关于人力资源管理实践与公司创业之间关系的研究结果（Hayton，2005；Kaya，2006；Schmelter 等，2010；Zhang 和 Jia，2010；Tang、Chen 和 Jin，2015），本研究推测，人力资源管理强度正向影响公司创业，具体来说：

第一，在具有高强度人力资源管理系统的组织中工作，员工可以更好地理解组织的目标，比如持续地为顾客创造价值进而减少工作环境中的不确定性（Wood 等，2012），这有助于增强员工的心理安全，激发他们从事创业活动。

第二，当人力资源管理实践的设计和传达更加一致时，员工的知识和技能可以得到提升（Bednall、Sanders 和 Runhaar，2014），使员工能够参与公司的创业活动（McGrath，2001）。此外，根据社会交换理论，在高强度的人力资源管理系统的激励下，员工更能够努力工作，例如创新产品和寻找新的投资机会，以便不断为顾客创造卓越的价值，从而支持公司创业（Giannikis 和 Nikandrou，2013）。

第三，由于个体更愿意与持有相似看法的人互动，因此共识的形成可以促进员工之间的密切互动和开放沟通（Klein 等，2001）。感知到人力资源管理系统公平性的员工也更有可能对工作保持积极态度（Walumbwa、Wu 和 Orwa，2008），激励他们积极参与创业任务（Judge 和 Ilies，2004）。此外，当员工对工作中值得做的事情有共同的理解时，他们更容易在工作中（比如在为顾客创造卓越价值的创业任务中）获得他人的支持（Chou 等，2008）。因此，由企业的市场导向战略驱动的高强度的人力资源管理系统有利于公司创业。

基于此，提出如下假设：

H1：人力资源管理强度在市场导向与公司创业之间起中介作用。

3. 等级文化与竞争强度的调节作用

根据权变视角（Delery 和 Doty，1996），人力资源管理对组织结果的影响既受到内部因素的影响，也受到外部因素的影响（Bae 和 Lawler，2000）。具体而言，一个适合不同组织和环境背景的人力资源管理系统有助于企业实现其预期结果（Wei、Liu 和 Herndon，2011；Kim、Wright 和 Su，2012）。权变视角同样适用于人力资源管理强度的研究（Farndale 和 Sanders，2017）。因此，我们探讨了内部因素等级文化和外部因素竞争强度对人力资源管理强度与公司创业之间关系的调节作用。

以控制和内部关注为特征的等级文化可以减少模糊性（Quinn 和 Rohrbaugh，1983；Jaworski、Stathakopoulos 和 Krishnan，1993），帮助维持企业的稳定性和可预测性（Quinn 和 Rohrbaugh，1983；Engelen 等，2014）。与等级文化相一致的高强度的人力资源管理系统使企业能够向员工传达一致的信息，并保持其人力资源管理实践的兼容性和稳定性（Bowen 和 Ostroff，2004）。研究发现，人力资源管理与组织文化的一致性会影响人力资源管理实践的有效性（Bae 和 Lawler，2000；Wei、Liu 和 Herndon，2011）。同时，Farndale 和 Sanders（2017）指出，考虑组织文化在人力资源管理强度领域的作用十分重要。本研究推测，等级文化正向调节人力资源管理强度与公司创业之间的关系，具体来说：

等级文化有助于保持组织内部流程的一致性和稳定性（Büschgens、Bausch 和 Balkin，2013）。等级森严的文化鼓励一致和稳定的心态，这种心态使员工更愿意接受高强度的人力资源管理系统，更容易认为人力资源管理实践具有高度的独特性和一致性，并达成人力资源管理目标的共识。在这种情况下，高强度的人力资源管理系统更容易实施，企业能够更好地激励员工以创业的方式行动或思考，从而促进公司创业（Wright、Dunford 和 Snell，2001；Tang 等，2015）。因此，我们提出，等级文化可以增强人力资源管理强度对公司创业的影响。

基于此，提出如下假设：

H2：等级文化正向调节人力资源管理强度与公司创业之间的关系。组织等级文化越高，人力资源管理强度和公司创业之间的正向关系越强。

竞争强度是指行业内市场的竞争程度（Jaworski 和 Kohli，1993；Cui、Griffith 和 Cavusgil，2005）。在激烈竞争环境中经营的公司必须经常改变其营销组合行为（Song 和 Parry，2009），来自竞争对手的压力也会使企业提高人力资源管理系统和流程的灵活性（Ketkar 和 Sett，2010）。具体而言，更有能力调整其人力资源管理实践以适应不断变化的市场环境的企业将更具竞争力（Tang、Chen 和 Jin，2015）。然而，高强度的人力资源管理系统会随着时间的推移保持一致性和稳定性（Bowen 和 Ostroff，2004）。因此，本研究推测，竞争强度负向调节人力资源管理强度与公司创业之间的关系，具体来说：

以往的研究认为，如果高强度的人力资源管理系统不包括针对灵活性和创新的实践，可能会导致组织僵化及抵制变革（Bowen 和 Ostroff，2004）。简言之，激烈的竞争环境需要高度的灵活性和创新，而一个高强度的人力资源管理系统不太可能提供这种能力，从而导致组织抵制变革，阻碍公司创业。因此，当企业面临激烈的竞争时，人力资源管理强度对公司创业的正向影响可能较弱。

基于此，提出如下假设：

H3：竞争强度负向调节人力资源管理强度与公司创业之间的关系。竞争强度越高，人力资源管理强度和公司创业之间的正向关系越弱。

综上所述，本文的理论模型如图 1 所示。

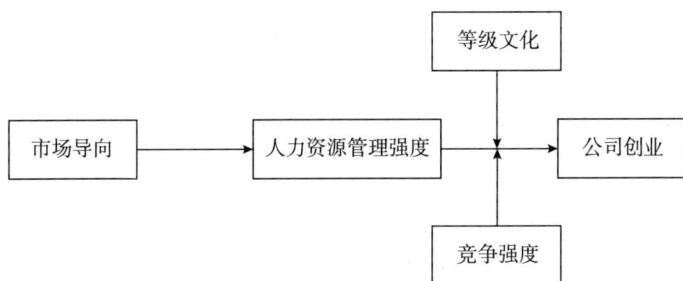

图1　本文的理论模型

【实地调研】

1. 调查过程

为减少共同方法偏差的潜在影响，更好地推断模型中的因果关系，我们分别选取两个时点（间隔 10 个月）收集数据。T1 时点，我们选取 200 家公司并发放问卷。在两所大学的研究助理和公司人力资源经理的协助下，我们组织了两阶段的问卷调研。在第一波数据收集中，CEO 回答了关于市场导向和竞争强度的问题，我们最终获得了 120 位 CEO 的可用调查问卷，回复率为 60%。在大约 10 个月后的第二次调查中（T2 时点），我们向得到 CEO 回复的公司发送了 120 套问卷（由一线员工和 CFO 回答）。一线员工评估人力资源管理强度和企业文化，CFO 回答了与公司创业相关的问题。最后，在对 CEO、CFO 和员工的问卷进行匹配后，最终保留 97 套有效问卷用于数据分析。

97 套有效问卷的描述性统计分析如下：在企业性质方面，国有企业占 9.3%，私营企业占 90.7%；在所属行业方面，制造业占 32%，服务行业占 68%。

2. 测量工具

市场导向：采用 Hult、Ketchen 和 Slater（2005）基于 Narver 和 Slater（1990）的研究编制的 7 题项量表。代表性题项包括："我们所有的业务职能都是为了满足目标市场的需求而整合的""我们定期、系统地测量客户满意度"。在本研究中，该量表的 Cronbach's α 系数为 0.90。

公司创业：采用 Zahra（1996）编制的 14 题项量表。代表性题项包括："在过去的三年里，我们公司向市场推出了大量新产品""在过去的三年里，我们公司进入了许多新的行业"。本研究中，该量表的 Cronbach's α 系数为 0.94。

人力资源管理强度：采用 Delmotte 等（2012）编制 31 题项的量表。代表性题项包括："在企业里，我能切身感受到人力资源管理措施的重要意义""人力资源部成员能够就管理其他员工的方式达成共识"。本研究中，该量表的 Cronbach's α 系数为 0.98。

等级文化：采用 Quinn 和 Spreitzer（1991）编制的 4 题项量表。代表性题项包括："我们公司强调绩效和稳定""公司领导被认为是协调人和组织者"。本研究中，该量表的 Cronbach's α 系数为 0.83。

竞争强度：采用 Jaworski 和 Kohli（1993）编制的 3 题项量表。代表性题项包括："价格竞争是我们这一行的标志""在我们这一行，每天都能听到新的竞争行动"。本研究中，该量表的 Cronbach's α 系数为 0.69。

控制变量：本研究选取了企业成立时间、企业规模、企业性质、所属行业和环境动态性作为控制变量。

【实证分析】

1. 验证性因子分析

为检验理论模型中所涉及变量的区分效度，本研究进行了验证性因子分析。表 1 显示，五因子模型拟合效果最优（$\chi^2/df = 1.608$，TLI = 0.940，CFI = 0.950，RMSEA = 0.080），说明本研究的五个变量具有良好的区分效度。

表 1　验证性因子分析结果

模型构成	χ^2/df	TLI	CFI	RMSEA
五因子模型：MO, CE, HRMS, HC, CI	1.608	0.940	0.950	0.080
四因子模型：MO+HC, CE, HRMS, CI	1.787	0.920	0.930	0.091
单因子模型：MO+CE+HRMS+HC+CI	4.448	0.640	0.690	0.194

注：MO 代表市场导向，CE 代表公司创业，HRMS 代表人力资源管理强度，HC 代表等级文化，CI 代表竞争强度，"+"代表因子合并。受篇幅所限，四因子模型只显示拟合度最好的模型。

2. 描述性统计分析

表 2 展示了各变量的相关系数、均值及标准差。其中，市场导向与人力资源管理强度（r = 0.64，p < 0.01）、公司创业（r = 0.51，p < 0.01）显著正相关，人

表 2　变量的均值、标准差和相关系数

变量	1	2	3	4	5	6	7	8	9	10
1. 企业成立时间	1									
2. 企业规模	0.38**	1								
3. 企业性质	0.03	-0.07	1							
4. 所属行业	-0.02	-0.02	0.22*	1						
5. 环境动态性	-0.02	0.21*	-0.03	0.04	(0.86)					
6. 市场导向	0.08	0.07	0.20*	0.14	0.14	(0.90)				
7. 人力资源管理强度	0.04	-0.01	0.14	0.20	0.20	0.64**	(0.98)			
8. 等级文化	0.08	0.06	0.10	0.12	-0.05	0.67**	0.60**	(0.83)		
9. 竞争强度	0.04	-0.05	0.01	0.16	0.52**	0.15**	0.28**	0.13	(0.69)	
10. 公司创业	0.15	0.03	0.15	0.21*	0.30**	0.51**	0.64**	0.41**	0.37**	(0.94)
均值	2.73	5.46	1.09	1.68	3.31	4.05	3.89	4.13	3.59	3.81
标准差	0.69	1.38	0.29	0.47	0.94	0.55	0.64	0.64	0.86	0.57

注：** 表示 $p<0.01$，* 表示 $p<0.05$。对角线括号内为 Cronbach's α 系数。

力资源管理强度与公司创业（r＝0.64，p<0.01）显著正相关，为假设检验提供了初步的数据支撑。

3. 假设检验

（1）中介效应检验

为了检验中介效应的显著性，在本研究中，我们遵循 Preacher 和 Hayes（2004）的方法，采用 Bootstrap 方法抽取 1000 次样本来估计 95% 置信区间（CI）。

如表 3 所示，市场导向对人力资源管理强度有显著的正向影响（$\beta = 0.71$，$t = 7.39$，$p < 0.01$；Bootstrap95% CI = ［0.52，0.90］），人力资源管理强度对公司创业有显著的正向影响（$\beta = 0.43$，$t = 4.79$，$p < 0.01$；Bootstrap95% CI = ［0.25，0.61］）。进一步地，本研究使用 Bootstrap 方法来验证中介效应（MacKinnon 等，2002）。结果表明，市场导向对公司创业的间接影响为 0.31，Bootstrap95% 置信区间为 ［0.17，0.49］，不包括 0，由此，H1 得到了支持。

表 3 中介效应的回归分析结果

模型	系数	标准差	T 值	P 值	置信区间	
					下限	上限
结果变量：人力资源管理强度						
常量	0.66	0.48	1.39	0.17	−0.28	1.60
市场导向	0.71	0.10	7.39	0.00	0.52	0.90
企业成立时间	0.03	0.08	0.40	0.69	−0.13	0.19
企业规模	−0.04	0.04	−1.00	0.32	−0.12	0.04
企业性质	−0.01	0.18	−0.07	0.94	−0.37	0.35
所属行业	0.14	0.11	1.29	0.20	−0.08	0.36
环境动态性	0.09	0.06	1.54	0.13	−0.02	0.20
结果变量：公司创业						
常量	0.70	0.41	1.70	0.09	−0.12	1.52
人力资源管理强度	0.43	0.09	4.79	0.00	0.25	0.61

续表

模型	系数	标准差	T 值	P 值	置信区间	
					下限	上限
市场导向	0.15	0.10	1.45	0.15	-0.06	0.36
企业成立时间	0.12	0.07	1.73	0.09	-0.02	0.26
企业规模	-0.03	0.04	-0.75	0.45	-0.10	0.04
企业性质	0.06	0.16	0.38	0.70	-0.25	0.37
所属行业	0.11	0.10	1.09	0.28	-0.09	0.30
环境动态性	0.12	0.05	2.42	0.02	0.02	0.21

市场导向对公司创业的直接效应

效应量	标准差	T 值	P 值	置信区间	
				下限	上限
0.15	0.10	1.45	0.15	-0.06	0.36

市场导向对公司创业的间接效应

效应量	标准差	置信区间下限	置信区间上限
0.31	0.08	0.17	0.49

注：报告的为非标准化回归系数。Bootstrap 样本量为 1000 次。

（2）调节效应检验

本研究采用 SPSS macro 程序和 Bootstrap 方法检验等级文化和竞争强度对人力资源管理强度和公司创业之间关系的调节效应。为了防止多重共线性的影响，我们将交互项中的变量进行了中心化。结果如表 4 所示，人力资源管理强度与等级文化的交互项对公司创业具有显著的正向影响（$\beta = 0.17$，$t = 2.56$，$p < 0.05$），Bootstrap95% 置信区间为 [0.04，0.31]，不包括 0，由此，H2 得到了支持。人力资源管理强度与竞争强度的交互项对公司创业具有显著的负向影响（$\beta = -0.15$，$t = -2.17$，$p < 0.05$），Bootstrap 95% 置信区间为 [-0.30，-0.01]，不包括 0，由此，H3 得到了支持。

表4 等级文化和竞争强度调节效应的回归结果分析

模型	系数	标准差	T 值	P 值	置信区间	
					下限	上限
结果变量：公司创业						
常量	2.93	0.34	8.72	0.00	2.26	3.59
等级文化	0.22	0.10	2.24	0.03	0.02	0.41
人力资源管理强度	0.47	0.09	5.40	0.00	0.30	0.65
等级文化×人力资源管理强度	0.17	0.07	2.56	0.01	0.04	0.31
竞争强度	0.02	0.06	0.37	0.71	-0.10	0.15
竞争强度×人力资源管理强度	-0.15	0.07	-2.17	0.03	-0.30	-0.01
企业成立时间	0.11	0.07	1.61	0.11	-0.03	0.24
企业规模	-0.02	0.03	-0.47	0.64	-0.08	0.05
企业性质	0.10	0.15	0.67	0.50	-0.19	0.39
所属行业	0.11	0.09	1.17	0.25	-0.08	0.29
环境动态性	0.11	0.06	1.96	0.05	-0.00	0.22

为了进一步理解这两种调节的性质，本研究采用点估计法估计了人力资源管理强度对公司创业的条件效应（Preacher、Curran 和 Bauer，2006），变量均值和均值加减一个标准差分别代表中、高、低情况下的等级文化和竞争强度，结果如表5所示。人力资源管理强度在所有9个点上都与公司创业显著正相关，随着等级文化的减弱和竞争强度的增加，其效应接近于零。进一步地，本研究采用 Aiken 和 West（1991）的程序绘制了调节效应图，计算了等级文化和竞争强度的平均值加减一个标准差的斜率。图2显示了等级文化的调节作用模式，等级文化越高，人力资源管理强度对公司创业的正向影响越强，由此，H2 得到了进一步支持。图3显示了竞争强度的交互模式，竞争强度越低，人力资源管理强度对公司创业的正向影响越强，由此，H3 得到了进一步支持。

表5　不同竞争强度和等级文化值下人力资源管理强度对公司创业的条件效应

竞争强度	等级文化	效应量	标准差	T 值	P 值	置信区间	
						下限	上限
-0.86	-0.64	0.49	0.11	4.62	0.00	0.28	0.71
-0.86	0.00	0.61	0.10	5.80	0.00	0.40	0.81
-0.86	0.64	0.72	0.12	6.03	0.00	0.48	0.95
0.00	-0.64	0.36	0.09	3.92	0.00	0.18	0.54
0.00	0.00	0.47	0.09	5.40	0.00	0.30	0.65
0.00	0.64	0.58	0.10	5.66	0.00	0.38	0.79
0.86	-0.64	0.23	0.11	2.01	0.05	0.00	0.46
0.86	0.00	0.34	0.11	3.12	0.00	0.12	0.56
0.86	0.64	0.45	0.12	3.74	0.00	0.21	0.69

注：报告的为标准化回归系数。Bootstrap 样本量为 1000 次。

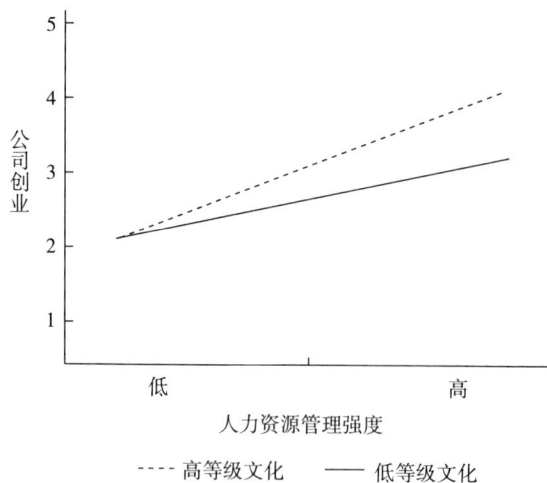

图2　等级文化在人力资源管理强度与公司创业之间的调节作用

（3）补充分析

为了构建一个更具体的人力资源管理对公司创业的影响模型，我们进一步检验了人力资源管理强度如何影响公司创业的三个维度（创新、风险投资和战略更

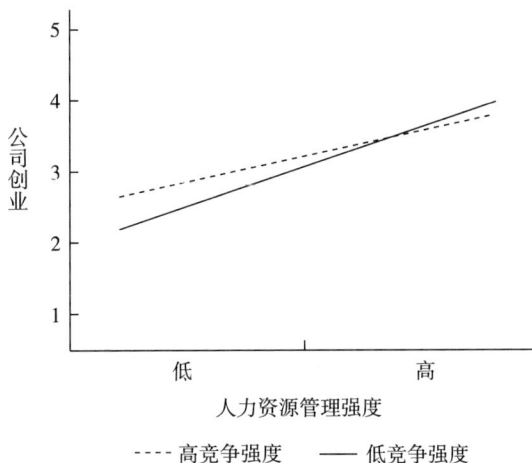

图3 竞争强度在人力资源管理强度与公司创业之间的调节作用

新)。分析结果表明，人力资源管理强度对创新（$\beta = 0.55$，$t = 6.59$，$p < 0.01$）、风险投资（$\beta = 0.46$，$t = 5.30$，$p < 0.01$）和战略更新（$\beta = 0.60$，$t = 7.15$，$p < 0.01$）均具有显著的正向影响。

【理论贡献】

基于权变理论，采用97份配对数据，本研究检验了市场导向与公司创业之间的关系，并验证了人力资源管理强度的中介作用和等级文化、竞争强度的调节作用。结果表明：人力资源管理强度在市场导向与公司创业之间起中介作用；等级文化增强了人力资源管理强度对公司创业的促进作用，组织文化等级越高，人力资源管理强度与公司创业的正向关系越强；竞争强度减弱了人力资源管理强度对公司创业的促进作用，竞争强度越低，人力资源管理强度与公司创业的正向关系越强。本研究的结论具有如下理论贡献：

第一，扩展了市场导向与公司创业之间关系的研究。以前的研究虽然考察了市场导向和公司创业之间的关系（Barrett 和 Weinstein，1998；Wood 等，2000），但市场导向影响公司创业的过程机制研究较为匮乏。本研究考察了人力资源管理强度在上述关系中的中介作用，从而揭开了市场导向对公司创业影响的黑箱。

第二，拓宽了对人力资源管理强度的理解。先前的研究集中于将人力资源管理实践或内容作为市场导向的作用结果和公司创业的影响因素（Hayton，2005；Wei 和 Lau，2008）。本研究提出，可以根据市场导向设计一个高强度的人力资源管理系统来促进公司创业，从而证实了人力资源管理强度的重要性，并促进了对人力资源管理实施过程的关注。

第三，从等级文化的角度拓展了人力资源管理强度对公司创业影响的边界条件。与常见的等级文化的负面影响不同（Richard 等，2009；Brettel、Chomik 和 Flatten，2014；Engelen 等，2014），本研究提出并验证了等级文化在人力资源管理强度与公司创业关系中的调节作用，提供了与以往新兴经济体人力资源管理战略研究相一致的证据（Bae 和 Lawler，2000），并丰富了等级文化和人力资源管理强度的研究（Farndale 和 Sanders，2017）。

第四，从竞争强度的角度拓展了人力资源管理强度对公司创业影响的边界条件。本研究发现，当竞争强度高时，高强度的人力资源管理系统可能无法满足竞争环境的要求，并导致组织抵制变革从而阻碍公司创业。这一结论与以往环境动态性影响人力资源管理实践的结果相一致（Datta、Guthrie 和 Wrigh，2005；Selvarajan 等，2007），从而为权变理论提供了进一步的实证证据。

【管理启示】

公司创业有利于企业在市场中获得竞争优势，因此采用正确的管理过程促进公司创业是十分必要的。本研究的结论对寻求激发创业发展的组织具有重要意义。根据研究结论，我们给出如下管理建议：

第一，企业应该以市场为导向制定相关的管理政策，以此适应市场的需求。企业应重视顾客价值，从而使员工优先考虑顾客价值的创造，意识到什么行为是被期望的和什么行为是会得到奖励的。例如，北京宴之中国服务一直从中国市场出发，坚持打造中国商务宴请一流品牌。该公司将直面宾客的服务员升级为服务师的"空姐化"工作流程再造，使服务员成为真正的脑力劳动者，从而为顾客提供更好的服务。

第二，企业应该建立高强度的人力资源管理系统。企业应注重向员工广泛宣传组织的人力资源管理措施、向员工发送关于人力资源管理内容的一致信息，以及鼓励员工参与决策。例如，华为公司通过建立华为大学对员工开展培训来加强员工对组织人力资源管理政策的了解，并通过导师制来提高员工参与管理的能力。

第三，企业要选择适合自身发展的组织文化。以往研究认为，为了应对中国的商业改革和日益激烈的市场竞争，中国企业的组织文化更有可能从等级文化演变为团队文化和发展文化（Wei 等，2008）。然而，本研究发现，等级文化正向调节人力资源管理强度和公司创业之间的关系。这表明，组织文化没有好坏之分，重要的是文化是否适合该企业的发展。因此，每个企业都应该不断寻找适合自己发展的组织文化，例如建立了高强度的人力资源管理系统的中国企业，可以选择有益于其发展的等级文化，这将有助于促进公司的创业发展。

第四，管理者需要认识到，人力资源管理强度可能并不总是对公司创业产生积极影响。本研究发现，竞争强度会对人力资源管理强度与公司创业之间的正向关系产生负面影响。这说明，在竞争激烈的环境中，高强度的人力资源管理系统可能会导致组织抵制变革，从而阻碍公司创业。因此，当企业处于竞争激烈的环境中时，组织的人力资源管理应更加注重灵活和创新。例如，在竞争激烈的互联网行业，阿里巴巴推出"暖心计划"，彰显出其在数字时代的创新精神，通过对人力资本的投资，促进企业充分调动了员工的积极性和创造性，最终助益于组织发展。

【未来展望】

本研究还存在以下三点局限：

第一，本研究关注了市场导向对人力资源管理强度的影响，未来的研究还应关注其他战略导向的作用。

第二，本研究结果显示，高强度的人力资源管理系统有助于公司创业，未来的研究可以探讨人力资源管理强度对其他组织结果（特别是负面结果）和个人结果的影响，以加强对人力资源管理强度的理解。

第三，本研究对等级文化和竞争强度在人力资源管理强度与企业创业关系中的调节作用的研究处于初步阶段，未来的研究应该探索其他调节变量的影响。

本篇参考文献

［1］Aguinis H，Gottfredson R K，Culpepper S A. Best-practice Recommendations for Estimating Cross-level Interaction Effects Using Multilevel Modeling ［J］. Journal of Management，2013，39（6）：1490-1528.

［2］Aiken L S，West S G. Multiple Regression：Testing and Interpreting Interactions ［M］. Sage Publications，Inc，1991.

［3］Amabile T M，Conti R，Coon H，et al. Assessing the Work Environment for Creativity ［J］. Academy of Management Journal，1996，39（5）：1154-1184.

［4］Angelis J，Conti R，Cooper C，et al. Building A High-commitment Lean Culture ［J］. Journal of Manufacturing Technology Management，2011，22（5）：569-586.

［5］Arthur J B. Effects of Human-resource Systems on Manufacturing Performance and Turnover ［J］. Academy of Management Journal，1994，37（3）：670-687.

［6］Augusto M，Coelho F. Market Orientation and New-to-the-world Products：Exploring the Moderating Effects of Innovativeness，Competitive Strength，and Environmental Forces ［J］. Industrial Marketing Management，2009，38（1）：94-108.

［7］Auh S，Menguc B. Top Management Team Diversity and Innovativeness：The Moderating Role of Interfunctional Coordination ［J］. Industrial Marketing Management，2005，34（3）：249-261.

［8］Bae J，Lawler J J. Organizational and HRM Strategies in Korea：Impact on Firm Ferformance in an Emerging Economy ［J］. Academy of Management Journal，2000，43（3）：502-517.

［9］Baer M. The Strength-of-weak-ties Perspective on Creativity：A Comprehensive Examination and Extension ［J］. Journal of Applied Psychology，2010，95（3）：592-601.

［10］ Baker W E, Sinkula J M. The Synergistic Effect of Market Orientation and Learning Orientation on Organizational Performance ［J］. Journal of the Academy of Marketing Science, 1999, 27 (4): 411-427.

［11］ Bambacas M, Bordia P. Predicting Different Commitment Components: The Relative Effects of How Career Development HRM Practices Are Perceived ［J］. Journal of Management & Organization, 2009, 15 (2): 224-240.

［12］ Baron J N, Kreps D M. Consistent Human Resource Practices ［J］. California Management Review, 1999, 41 (3): 29-53.

［13］ Baron R M, Kenny D A. The Moderator-mediator Variable Distinction in Social Psychological Research: Conceptual, Strategic, and Statistical Considerations ［J］. Journal of Personality and Social Psychology, 1986, 51 (6): 1173-1182.

［14］ Barrett H, Weinstein A. The Effect of Market Orientation and Organizational Flexibility on Corporate Entrepreneurship ［J］. Entrepreneurship: Theory and Practice, 1998, 23 (1): 57-58.

［15］ Barringer B R, Bluedorn A C. The Relationship Between Corporate Entrepreneurship and Strategic Management ［J］. Strategic Management Journal, 1999, 20 (5): 421-444.

［16］ Bednall T C, Sanders K, Runhaar P. Stimulating Informal Learning Activities Through Perceptions of Performance Appraisal Quality and Human Resource Management System Strength: A Two-wave Study ［J］. Academy of Management Learning & Education, 2014, 13 (1): 45-61.

［17］ Bledow R, Rosing K, Frese M. A Dynamic Perspective on Affect and Creativity ［J］. Academy of Management Journal, 2013, 56 (2): 432-450.

［18］ Boon C, Kalshoven K. How High-commitment HRM Relates to Engagement and Commitment: The Moderating Role of Task Proficiency ［J］. Human Resource Management, 2014, 53 (3): 403-420.

［19］ Bowen D E, Ostroff C. Understanding HRM-firm Performance Linkages: The Role of the Strength of the HRM System ［J］. Academy of Management Review, 2004, 29 (2): 203-221.

［20］Brettel M, Chomik C, Flatten T C. How Organizational Culture Influences Innovativeness, Proactiveness, and Risk-Taking: Fostering Entrepreneurial Orientation in SMEs ［J］. Journal of Small Business Management, 2014, 53 (4): 868-885.

［21］Brislin R W. Translation and Content Analysis of Oral and Written Material ［J］. Handbook of Cross-cultural Psychology, 1980, 2 (2): 349-444.

［22］Büschgens T, Bausch A, Balkin D B. Organizational Culture and Innovation: A Meta-analytic Review ［J］. Journal of Product Innovation Management, 2013, 30 (4): 763-781.

［23］Chang S, Jia L, Takeuchi R, et al. Do High-commitment Work Systems Affect Creativity? A Multilevel Combinational Approach to Employee Creativity ［J］. Journal of Applied Psychology, 2014, 99 (4): 665-680.

［24］Chen J, Nadkarni S. It's about Time! CEOs' Temporal Dispositions, Temporal Leadership, and Corporate Entrepreneurship ［J］. Administrative Science Quarterly, 2017, 62 (1): 31-66.

［25］Chen Y, Tang G, Jin J, Xie Q, Li J. CEOs' Transformational Leadership and Product Innovation Performance: The Roles of Corporate Entrepreneurship and Technology Orientation ［J］. Journal of Product Innovation Management, 2014, 31 (Supplement S1): 2-17.

［26］Chesbrough H W. Making Sense of Corporate Venture Capital ［J］. Harvard Business Review, 2002, 80 (3): 90-99.

［27］Chiang C F, Hsieh T S. The Impacts of Perceived Organizational Support and Psychological Empowerment on Job Performance: The Mediating Effects of Organizational Citizenship Behavior ［J］. International Journal of Hospitality Management, 2012, 31 (1): 180-190.

［28］Chiang H H, Han T S, Chuang J S. The Relationship between High-commitment HRM and Knowledge-sharing Behavior and Its Mediators ［J］. International Journal of Manpower, 2011, 32 (5-6): 604-622.

［29］Chou L F, Wang A C, Wang T Y, et al. Shared Work Values and Team

Member Effectiveness: The Mediation of Trustfulness and Trustworthiness [J]. Human Relations, 2008, 61 (12): 1713-1742.

[30] Cui A S, Griffith D A, Cavusgil S T. The Influence of Competitive Intensity and Market Dynamism on Knowledge Management Capabilities of Multinational Corporation Subsidiaries [J] . Journal of International Marketing, 2005, 13 (3): 32-53.

[31] Datta D K, Guthrie J P, Wright P M. Human Resource Management and Labor Productivity: Does Industry Matter? [J] . Academy of Management Journal, 2005, 48 (1): 135-145.

[32] Delery J E, Doty D H. Modes of Theorizing in Strategic Human Resource Management: Tests of Universalistic, Contingency, and Configurational Performance Predictions [J] . Academy of Management Journal, 1996, 39 (4): 802-835.

[33] Delmotte J, De Winne S, Sels L. Toward an Assessment of Perceived HRM System Strength: Scale Development and Validation [J] . The International Journal of Human Resource Management, 2012, 23 (7): 1481-1506.

[34] Dibrell C, Craig J, Hansen E. Natural Environment, Market Orientation, and Firm Innovativeness: An Organizational Life Cycle Perspective [J] . Journal of Small Business Management, 2011, 49 (3): 467-489.

[35] Duan J, Shi J, Ling B. The Influence of High Commitment Organization on Employee Voice Behavior: A Dual-process Model Examination [J] . Acta Psychologica Sinica, 2017, 49 (4): 539-553.

[36] Dysvik A, Kuvaas B, Buch R. Perceived Investment in Employee Development and Taking Charge [J] . Journal of Managerial Psychology, 2016, 31 (1): 50-60.

[37] Edwards J R, Lambert L S. Methods for Integrating Moderation and Mediation: A General Analytical Framework Using Moderated Path Aanalysis [J]. Psychological Methods, 2007, 12 (1): 1-22.

[38] Eisenhardt K M. Making Fast Strategic Decisions in High-velocity Environments [J] . Academy of Management Journal, 1989, 32 (3): 543-576.

[39] Engelen A, Flatten T C, Thalmann J, et al. The Effect of Organizational

Culture on Entrepreneurial Orientation: A Comparison between Germany and Thailand [J]. Journal of Small Business Management, 2014, 52 (4): 732-752.

[40] Farndale E, Sanders K. Conceptualizing HRM System Strength through A Cross-cultural Lens [J]. International Journal of Human Resource Management, 2017, 28 (1): 132-148.

[41] Fleming P, Spicer A. You Can Checkout Anytime, But You Can Never Leave: Spatia Boundaries in a High Commitment Organization [J]. Human Relations, 2004, 57 (1): 75-94.

[42] Gatignon H, Xuereb J M. Strategic Orientation of the Firm and New Product Performance [J]. Journal of Marketing Research, 1997, 34 (1): 327-332.

[43] Giannikis S, Nikandrou I. The Impact of Corporate Entrepreneurship and High-performance Work Systems on Employees' Job Attitudes: Empirical Evidence from Greece during the Economic Downturn [J]. The International Journal of Human Resource Management, 2013, 24 (19): 3644-3666.

[44] Gong Y, Cheung S Y, Wang M, et al. Unfolding the Proactive Process for Creativity: Integration of the Employee Proactivity, Information Exchange, and Psychological Safety Perspectives [J]. Journal of Management, 2012, 38 (5): 1611-1633.

[45] Griffin A E C, Colella A, Goparaju S. Newcomer and Organizational Socialization Tactics: An Interactionist Perspective [J]. Human Resource Management Review, 2000, 10 (4): 453-474.

[46] Guth W D, Ginsberg A. Guest Editors' Introduction: Corporate Entrepreneurship [J]. Strategic Management Journal, 1990, 19 (1): 24-25.

[47] Guzzo R A, Noonan K A. Human-resource Practices as Communications and the Psychological Contract [J]. Human Resource Management, 1994, 33 (3): 447-462.

[48] Han J K, Kim N, Srivastava R K. Market Orientation and Organizational Performance: Is Innovation the Missing Link? [J]. Journal of Marketing, 1998, 62 (62): 30-45.

［49］ Hauff S, Alewell D, Hansen N K. HRM System Strength and HRM Target Achievement—Toward A Broader Understanding of HRM Processes ［J］. Human Resource Management, 2017, 56（5）: 715-729.

［50］ Hayton J C, Kelley D J. A Competency-based Framework for Promoting Corporate Entrepreneurship ［J］. Human Resource Management, 2006, 45（3）: 407-427.

［51］ Hayton J C. Promoting Corporate Entrepreneurship through Human Resource Management Practices: A Review of Empirical Research ［J］. Human Resource Management Review, 2005, 15（1）: 21-41.

［52］ Heffernan M, Harney B, Cafferkey K, et al. Exploring the HRM-performance Relationship: The Role of Creativity Climate and Strategy ［J］. Employee Relations, 2016, 38（3）: 438-462.

［53］ Hobfoll S E. Conservation of Resources—A New Attempt at Conceptualizing Stress ［J］. American Psychologist, 1989, 44（3）: 513-524.

［54］ Hsieh C, Nickerson J A, Zenger T R. Opportunity Discovery, Problem Solving and A Theory of the Entrepreneurial Firm ［J］. Journal of Management Studies, 2007, 44（7）: 1255-1277.

［55］ Hult G T M, Ketchen D J, Slater S F. Market Orientation and Performance: An Integration of Disparate Approaches ［J］. Strategic Management Journal, 2005, 26（12）: 1173-1181.

［56］ Huselid M A. The Impact of Human-resource Management-Practices on Turnover, Productivity, and Corporate Financial Performance ［J］. Academy of Management Journal, 1995, 38（3）: 635-672.

［57］ Janssen O, Van Yperen N W. Employees' Goal Orientations, the Quality of Leader-member Exchange, and the Outcomes of Job Performance and Job Satisfaction ［J］. Academy of Management Journal, 2004, 47（3）: 368-384.

［58］ Jaworski B J, Kohli A K. Market Orientation: Antecedents and Consequences ［J］. Journal of Marketing, 1993, 57（3）: 53-71.

［59］ Jaworski B J, Stathakopoulos V, Krishnan H S. Control Combinations in

Marketing: Conceptual Framework and Empirical Evidence [J] . Journal of Marketing, 1993, 57 (1): 57-69.

[60] Jia J, Liu H, Chin T, et al. The Continuous Mediating Effects of GHRM on Employees' Green Passion via Transformational Leadership and Green Creativity [J] . Sustainability, 2018, 10 (9): 3237-3254.

[61] Jia J, Yan J, Jahanshahi A A, et al. What Makes Employees More Proactive? Roles of Job Embeddedness, the Perceived Strength of the HRM System and Empowering Leadership [J] . Asia Pacific Journal of Human Resources, 2020, 58 (1): 107-127.

[62] Judge T A, Ilies R. Is Positiveness in Organizations Always Desirable? [J] . The Academy of Management Executive, 2004, 18 (4): 151-155.

[63] Kalshoven K, Boon C T. Ethical Leadership, Employee Well-being, and Helping the Moderating Role of Human Resource Management [J] . Journal of Personnel Psychology, 2012, 11 (1): 60-68.

[64] Kaya N. The Impact of Human Resource Management Practices and Corporate Entrepreneurship on Firm Performance: Evidence from Turkish Firms [J] . The International Journal of Human Resource Management, 2006, 17 (12): 2074-2090.

[65] Kehoe R R, Wright P M. The Impact of High-performance Human Resource Practices on Employees' Attitudes and Behaviors [J] . Journal of Management, 2013, 39 (2): 366-391.

[66] Kelley H H. Attribution Theory in Social Psychology [A] . Levine D (Ed.) . Nebraska Symposium on Motivation [C] . Lin-coln: University of Nebraska Press, 1967.

[67] Kernan M C, Hanges P J. Survivor Reactions to Reorganization: Antecedents and Consequences of Procedural, Interpersonal, and Informational Justice [J] . Journal of Applied Psychology, 2002, 87 (5): 916-28.

[68] Ketkar S, Sett P K. Environmental Dynamism, Human Resource Flexibility, and Firm Performance: Analysis of A Multi-level Causal Model [J] . The International Journal of Human Resource Management, 2010, 21 (8): 1173-1206.

［69］ Kim S, Wright P M, Su Z. Human Resource Management and Firm Performance in China: A Critical Review ［J］. Asia Pacific Journal of Human Resources, 2010, 48 (1): 58-85.

［70］ Klein K J, Conn A B, Smith D B, et al. Is Everyone in Agreement? An Exploration of within-group Agreement in Employee Perceptions of the Work Environment ［J］. Journal of Applied Psychology, 2001, 86 (1): 3-16.

［71］ Kohli A K, Jaworski B J. Market Orientation: The Construct, Research Propositions, and Managerial Implications ［J］. Journal of Marketing, 1990, 54 (2): 1-18.

［72］ Lance C E, Teachout M S, Donnelly T M. Specification of the Criterion Construct Space—An Application of Hierarchical Confirmatory Factor - analysis ［J］. Journal of Applied Psychology, 1992, 77 (4): 437-452.

［73］ Lee F, Edmondson A C, Thomke S, et al. The Mixed Effects of Inconsistency on Experimentation in Organizations ［J］. Organization Science, 2004, 15 (3): 310-326.

［74］ Lee K. Ethical Leadership and Followers' Taking Charge: Trust in, and Identification with, Leader as Mediators ［J］. Social Behavior and Personality, 2016, 44 (11): 1793-1802.

［75］ Li J J. The Formation of Managerial Networks of Foreign Firms in China: The Effects of Strategic Orientations ［J］. Asia Pacific Journal of Management, 2005, 22 (4): 423-443.

［76］ Li X B, Frenkel S J, Sanders K. Strategic HRM As Process: How HR System and Organizational Climate Strength Influence Chinese Employee Attitudes ［J］. International Journal of Human Resource Management, 2011, 22 (9): 1825-1842.

［77］ Ling Y, Simsek Z, Lubatkin M H, et al. Transformational Leadership's Role in Promoting Corporate Entrepreneurship: Examining the CEO - TMT Interface ［J］. Academy of Management Journal, 2008, 51 (3): 557-576.

［78］ Liu D, Gong Y, Zhou J, et al. Human Resource Systems, Employee Creativity, and Firm Innovation: The Moderating Role of Firm Ownership [J]. Academy of Management Journal, 2017, 60 (3): 1164-1188.

[79] Liu S S, Luo X, Shi Y Z. Market-oriented Organizations in An Emerging Economy: A Study of Missing Links [J]. Journal of Business Research, 2003, 56 (6): 481-491.

[80] Liu S, Luksyte A, Zhou L, et al. Overqualification and Counterproductive Work Behaviors: Examining A Moderated Mediation Model [J]. Journal of Organizational Behavior, 2015, 36 (2): 250-271.

[81] Lumpkin G T, Dess G G. Clarifying the Entrepreneurial Orientation Construct and Linking It to Performance [J]. Academy of Management Review, 1996, 21 (1): 135-172.

[82] MacKinnon D P, Lockwood C M, Hoffman J M, et al. A Comparison of Methods to Test Mediation and Other Intervening Variable Effects [J]. Psychological Methods, 2002, 7 (1): 83-104.

[83] McGrath R G. Exploratory Learning, Innovative Capacity, and Managerial Oversight [J]. Academy of Management Journal, 2001, 44 (1): 118-131.

[84] Meyer J P, Allen N J. A Three-Component Conceptualization of Organizational Commitment [J]. Human Resource Management Review, 1991, 1 (1): 61-89.

[85] Morrison E W, Phelps C C. Taking Charge at Work: Extra Role Efforts to Initiate Workplace Change [J]. Academy of Management Journal, 1999, 42 (4): 403-419.

[86] Murray J A. Marketing Is Home for the Entrepreneurial Process [J]. Industrial Marketing Management, 1981, 10 (2): 93-99.

[87] Narver J C, Slater S F. The Effect of a Market Orientation on Business Profitability [J]. Journal of Marketing, 1990, 54 (4): 20-35.

[88] Ostroff C, Bowen D E. Reflections on the 2014 Decade Award: Is There Strength in the Construct of HR System Strength? [J]. Academy of Management Review, 2016, 41 (2): 196-214.

[89] Ouyang K, Lam W, Chen Z. The Benefits and Costs of Employee Taking Charge: From A Resource Perspective [J]. Academy of Management Annual Meeting Proceedings, 2016 (1): 15687.

[90] Parker S K, Collins C G. Taking Stock: Integrating and Differentiating Multiple Proactive Behaviors [J]. Journal of Management, 2010, 36 (3): 633–662.

[91] Parker S K, Williams H M, Turner N. Modeling the Antecedents of Proactive Behavior at Work [J]. Journal of Applied Psychology, 2006, 91 (3): 636–652.

[92] Pfeffer, Jeffrey. New Directions for Organization Theory [M]. University Press, Oxford, 1997.

[93] Pitt L F, Ewing M T, Berthon P R. Proactive Behavior and Industrial Salesforce Performance [J]. Industrial Marketing Management, 2002, 31 (8): 639–644.

[94] Podsakoff P M, MacKenzie S B, Lee J Y, et al. Common Method Biases in Behavioral Research: A Critical Review of The Literature and Recommended Remedies [J]. Journal of Applied Psychology, 2003, 88 (5): 879–903.

[95] Preacher K J, Curran P J, Bauer D J. Computational Tools for Probing Interactions in Multiple Linear Regression, Multilevel Modeling, and Latent Curve Analysis [J]. Journal of Educational and Behavioral Statistics, 2006, 31 (4): 437–448.

[96] Preacher K J, Hayes A F. SPSS and SAS Procedures for Estimating Indirect Effects in Simple Mediation Models [J]. Behavior Research Methods, Instruments, & Computers, 2004, 36 (4): 717–731.

[97] Qian C L, Cao Q, Takeuchi R. Top Management Team Functional Diversity and Organizational Innovation in China: The Moderating Effects of Environment [J]. Strategic Management Journal, 2013, 34 (1): 110–120.

[98] Quinn R E, Rohrbaugh J A. Spatial Model of Effectiveness Criteria: Toward A Competing Values Approach to Organizational Analysis [J]. Management Science, 1983, 29 (3): 363–377.

［99］Quinn R, Spreitzer G. The Psychometric of the Competing Values Culture Instrument and an Analysis of the Impact of Organizational Culture on Quality of Life ［M］. JAI Press, Greenwich, 1991.

［100］Richard O C, Mcmillan-Capehart A, Bhuian S N, et al. Antecedents and Consequences of Psychological Contracts: Does Organizational Culture Really Matter? ［J］. Journal of Business Research, 2009, 62（8）: 818-825.

［101］Riketta M. Attitudinal Organizational Commitment and Job Performance: A Meta-analysis ［J］. Journal of Organizational Behavior, 2002, 23（2）: 257-266.

［102］Ruekert R W. Developing A Market Orientation: An Organizational Strategy Perspective ［J］. International Journal of Research in Marketing, 1992, 9（3）: 225-245.

［103］Ryu S, Kim S. First-Line Managers' HR Involvement and HR Effectiveness: The Case of South Korea ［J］. Human Resource Management, 2013, 52（6）: 947-966.

［104］Schmelter R, Mauer R, Börsch C, et al. Boosting Corporate Entrepreneurship through HRM Practices: Evidence from German SMEs ［J］. Human Resource Management, 2010, 49（4）: 715-741.

［105］Selvarajan T T, Ramamoorthy N, Flood P C, et al. The Role of Human Capital Philosophy in Promoting Firm Innovativeness and Performance: Test of A Causal Model ［J］. The International Journal of Human Resource Management, 2007, 18（8）: 1456-1470.

［106］Shalley P S E. The Social Side of Creativity: A Static and Dynamic Social Network Perspective ［J］. Academy of Management Review, 2003, 28（1）: 89-106.

［107］Siguaw J A, Brown G, Widing R E. The Influence of the Market Orientation of the Firm on Sales Force Behavior and Attitudes ［J］. Journal of Marketing Research, 1994, 31（1）: 106-116.

［108］Simsek Z, Veiga J F, Lubatkin M H. The Impact of Managerial Environmental Perceptions on Corporate Entrepreneurship: Towards Understanding Discretionary Slack's Pivotal Role [J] . Journal of Management Studies, 2007, 44 (8): 1398-1424.

[109] Song M, Parry M E. The Desired Level of Market Orientation and Business Unit Performance [J] . Journal of the Academy of Marketing Science, 2009, 37 (2): 144-160.

[110] Stevenson H H, Jarillo J C. A Paradigm of Entrepreneurship: Entrepreneurial Management [J] . Strategic Management Journal, 1990, 11: 17-27.

[111] Tang G, Chen Y, Jin J. Entrepreneurial Orientation and Innovation Performance: Roles of Strategic HRM and Technical Turbulence [J] . Asia Pacific Journal of Human Resources, 2015, 53 (2): 163-184.

[112] Tang G, Wei L Q, Snape E, et al. How Effective Human Resource Management Promotes Corporate Entrepreneurship: Evidence from China [J] . International Journal of Human Resource Management, 2015, 26 (12): 1586-1601.

[113] Tsui A S, Pearce J L, Porter LW, et al. Alternative Approaches to The Employee Organization Relationship: Does Investment in Employees Pay Off [J] . Academy of Management Journal, 1997, 40 (5): 1089-1121.

[114] Veld M, Paauwe J, Boselie P. HRM and Strategic Climates in Hospitals: Does the Message Come across at the Ward Level? [J] . Human Resource Management Journal, 2010, 20 (4): 339-356.

[115] Walumbwa F O, Wu C, Orwa B. Contingent Reward Transactional Leadership, Work Attitudes, and Organizational Citizenship Behavior: The Role of Procedural Justice Climate Perceptions and Strength [J] . Leadership Quarterly, 2008, 19 (3): 251-265.

[116] Wang C L, Chung H F L. The Moderating Role of Managerial Ties in Market Orientation and Innovation: An Asian Perspective [J] . Journal of Business Research, 2013, 66 (12): 2431-2437.

[117] Wang D X, Tsui A S, Zhang Y C, et al. Employment Relationships and Firm Performance: Evidence from An Emerging Economy [J] . Journal of Organizational Behavior, 2003, 24 (5): 511-535.

［118］ Wei L Q, Lau C M. Market Orientation, HRM Importance and Competency: Determinants of Strategic HRM in Chinese Firms ［J］. The International Journal of Human Resource Management, 2005, 16 (10): 1901-1918.

［119］ Wei L Q, Lau C M. The Impact of Market Orientation and Strategic HRM on Firm Performance: The Case of Chinese Enterprises ［J］. Journal of International Business Studies, 2008, 39 (6): 980-995.

［120］ Wei L Q, Liu J, Herndon N C. SHRM and Product Innovation: Testing the Moderating Effects of Organizational Culture and Structure in Chinese Firms ［J］. The International Journal of Human Resource Management, 2011, 22 (1): 19-33.

［121］ Wei L Q, Liu J, Zhang Y, et al. The Role of Corporate Culture in the Process of Strategic Human Resource Management: Evidence from Chinese Enterprises ［J］. Human Resource Management, 2008, 47 (4): 777-794.

［122］ Wood S, Veldhoven M V, Croon M, et al. Enriched Job Design, High Involvement Management and Organizational Performance: The Mediating Roles of Job Satisfaction and Well-being ［J］. Human Relations, 2012, 65 (4): 7-17.

［123］ Wood V R, Bhuian S, Kiecker P. Market Orientation and Organizational Performance in Not-for-profit Hospitals ［J］. Journal of Business Research, 2000, 48 (3): 213-226.

［124］ Wright P M, Dunford B B, Snell S A. Human Resources and the Resource Based View of the Firm ［J］. Journal of Management, 2001, 27 (6): 701-721.

［125］ Xiao Z X, Tsui A S. When Brokers May Not Work: The Cultural Contingency of Social Capital in Chinese High-tech Firms ［J］. Administrative Science Quarterly, 2007, 52 (1): 1-31.

［126］ Yaprak A, Tasoluk B, Kocas C. Market Orientation, Managerial Perceptions, and Corporate Culture in an Emerging Market: Evidence from Turkey ［J］. International Business Review, 2015, 24 (3): 443-456.

［127］ Youndt M A, Snell S A, Dean J W, et al. Human Resource Management, Manufacturing Strategy, and Firm Performance ［J］. Academy of Management Journal, 1996, 39 (4): 836-866.

［128］Zahra S A. Environment, Corporate Entrepreneurship, and Financial Performance: A Taxonomic Approach ［J］. Journal of Business Venturing, 1993, 8 (4): 319-340.

［129］Zahra S A. Governance, Ownership, and Corporate Entrepreneurship: The Moderating Impact of Industry Technological Opportunities ［J］. Academy of Management Journal, 1996, 39 (6): 1713-1735.

［130］Zahra S A, Neubaum D O, Huse M. Entrepreneurship in Medium–size Companies: Exploring the Effects of Ownership and Governance Systems ［J］. Journal of Management, 2000, 26 (5): 947-976.

［131］Zhang Z, Jia M. Using Social Exchange Theory to Predict the Effects of High–performance Human Resource Practices on Corporate Entrepreneurship: Evidence from China ［J］. Human Resource Management, 2010, 49 (4): 743-765.

［132］Zhou J, George J M. When Job Dissatisfaction Leads to Creativity: Encouraging the Expression of Voice ［J］. Academy of Management Journal, 2001, 44 (4): 682-696.

［133］陈卫旗. 组织与个体的社会化策略对人—组织价值匹配的影响 ［J］. 管理世界, 2009 (3): 99-110.

［134］侯宇, 胡蓓. 人—工作匹配视角下高绩效人力资源实践对个体创造力的影响研究 ［J］. 管理评论, 2019 (3): 131-142.

［135］胡文安, 罗瑾琏, 钟竞, 等. 双元型人力资源系统如何激发员工创造力?——一项基于高新技术企业的纵向动态追踪研究 ［J］. 研究与发展管理, 2017 (5): 1-12.

［136］贾建锋, 赵雪冬, 赵若男. 人力资源管理强度如何影响员工的主动行为: 基于自我决定理论 ［J］. 中国人力资源开发, 2020 (3): 6-17.

［137］李志成, 祝养浩, 占小军. 创造力与职场不文明行为——基于自我损耗理论的视角 ［J］. 当代财经, 2019 (9): 72-81.

［138］林新奇, 丁贺. 人力资源管理强度对员工创新行为影响机制研究——

一个被中介的调节模型［J］. 软科学，2017（12）：60-64.

［139］刘小禹，周爱钦，刘军. 魅力领导的两面性——公权与私权领导对下属创造力的影响［J］. 管理世界，2018（2）：112-122，188.

［140］刘祯. 情感承诺的概念及主要研究关系：一个理论框架［J］. 珞珈管理评论，2013（1）：56-63.

［141］吕福新，顾姗姗. 心理所有权与组织公民行为的相关性分析——基于本土企业的视角和浙江企业的实证［J］. 管理世界，2007（5）：94-103.

［142］唐贵瑶，魏立群，贾建锋. 人力资源管理强度研究述评与展望［J］. 外国经济与管理，2013（4）：40-48.

［143］涂乙冬，陆欣欣. 重赏之下必有勇夫？创新奖励与员工及团队创造力的机制研究［J］. 珞珈管理评论，2017（1）：62-76.

［144］王永跃，张玲. 心理弹性如何影响员工创造力：心理安全感与创造力自我效能感的作用［J］. 心理科学，2018（1）：118-124.

［145］钟山，施杨，赵曙明. 人力资源管理实践对价值观一致性影响的跨层研究［J］. 当代财经，2017（10）：68-76.

本书中所有变量的测量量表

为方便读者在本书的基础上进行进一步研究，在此将本书中所有变量的测量量表进行展示。根据篇章顺序将变量量表依次列出，对应文中"测量工具"部分的变量出现顺序进行排序。

1. 领导共建篇

（1）人力资源管理强度与授权型领导的共建机制

表1　工作嵌入量表

序号	题项
1	我觉得我隶属于本企业
2	我很难离开本企业
3	我对本企业投入太深，以至于无法离开
4	我觉得我和本企业密不可分
5	我简直不能离开我工作的这个企业
6	对我来说，离开本企业很容易
7	我与本企业组织紧密相连

资料来源：Crossley C D, Bennett R J, Jex S M. Development of A Global Measure of Job Embeddedness and Integration into A Traditional Model of Voluntary Turnover［J］. Journal of Applied Psychology, 2007, 92（4）: 1031-1042.

表2　人力资源管理强度量表

序号	题项
1	我知道企业的人力资源管理目标和实践
2	我理解企业的人力资源管理目标和实践

序号	题项
3	我接受企业的人力资源管理目标和实践
4	我的直接主管和人力资源部门在进行人力资源管理工作时遵循同样的原则与指导方针
5	我能够感受到所在企业的一系列人力资源政策带来的积极影响
6	我们企业的人力资源管理人员之间能够实现协调一致
7	我们企业十分重视对人力资源管理工作的投资

资料来源：Hauff S，Alewell D，Hansen N K. HRM System Strength and HRM Target Achievement—Toward a Broader Understanding of HRM Processes［J］. Human Resource Management，2017，56（5）：715-729.

表3　授权型领导量表

序号	维度	题项
1	增加工作意义	我的领导帮助我了解我的个人目标与企业目标的关系
2		我的领导帮助我认识到我的工作对企业全局的重要性
3		我的领导帮助我了解如何将我的工作融入全局
4	促进参与决策	我的领导经常让我参与制定决策
5		我的领导经常向我征求战略决策方面的意见
6		如果决策可能对我产生影响，我的领导会事先询问我的想法
7	表达对高绩效的信心	我的领导相信我能够处理高要求的工作
8		即使犯错，我的领导依然能够相信我能够进步和提高
9		我的领导充分相信我能够出色地完成任务
10	提供自主权	我的领导允许我以自己的方式做事
11		我的领导会保持规章制度尽可能简洁，从而使我工作更加高效
12		我的领导允许我快速地做出决策以满足顾客需求

资料来源：Ahearne M，Mathieu J，Rapp A. To Empower or Not to Empower Your Sales Force? An Empirical Examination of Influence of Leadership Empowerment Behavior on Customer Satisfaction and Performance ［J］. Journal of Applied Psychology，2005，90（5）：945-955.

表4　主动性行为量表

序号	维度	题项
1	建言	讨论关于工作的话题时，我经常打破沉默，或鼓励他人发表观点
2		我的观点可能对工作有所帮助时，我经常尽量让相关的人都能知道
3		我经常在工作场合与别人交流工作上的观点，即使自己的观点不同于别人或者观点得不到认同
4		我经常就如何改变工作程序说出自己的新想法

序号	维度	题项
5	问题预防	即使一开始会延迟事情进展，我还是经常会采取长远有效的工作机制
6		我经常尝试找出事情出错的根源
7		我经常花时间去思考如何防止问题的重复发生
8	创新行为	我经常产生创造性的想法
9		我经常寻找关于技术、管理、工艺或者产品的新理念
10		我经常探讨并寻求能够实现新想法的资源与支持
11	主动担责行为	我经常尝试为工作小组或部门改进工作流程
12		我经常尝试采取更有效的工作方法
13		当工作小组或部门遇到问题时，我经常尝试提供解决方案

资料来源：Parker S K, Collins C G. Taking Stock：Integrating and Differentiating Multiple Proactive Behaviors [J]. Journal of Management, 2010, 36 (3)：633-662.

（2）人力资源管理强度与家长型领导的共建机制

表1 家长型领导量表

序号	维度	题项
1	仁慈型领导	我的领导关心我个人的生活起居
2		我的领导平常会向我嘘寒问暖
3		我有急难时，我的领导会及时向我伸出援手
4		对相处较久的部属，领导会提供无微不至的照顾
5		我的领导对我的照顾会扩及我的家人
6	德行型领导	我的领导为人正派，不会假公济私
7		我的领导对待我们公正无私
8		我的领导是我做人做事的好榜样
9		我的领导能够以身作则
10		我的领导不会因个人的利益去拉关系、走后门
11	威权型领导	开会时，我们都照领导的意思作最后的决定
12		与我的领导一起工作时，他/她带给我很大的压力
13		当任务无法完成时，领导会斥责我们
14		我的领导对于个别很重要的信息，不会透露给我们知道
15		本部门内大小事情都由我的领导独自决定

资料来源：Farh J L, Cheng B S, Chou L F, et al. Authority and Benevolence：Employees' Responses to Paternalistic Leadership in China [M]. China's Domestic Private Firms. Routledge, 2014：230-260.

表2　内隐建言信念量表

序号	维度	题项
1	忠诚和目标认同上的顾虑	提出变革的建议可能会触犯那些创建规则或程序的人
2		挑战现有的程序是冒险的，因为有可能被视为在质疑那些建立或支持这些程序的人的才智
3		向上级建议更好的做事方法，可能会冒犯目前在掌管该流程或产品的人
4		质疑当前团队的工作方式是不好的，因为制定这些工作规范的人可能会认为这是针对他的
5	证据或方案充分性的考量	向我所在的小组展示尚不完善、有待进一步论证的想法，没什么太大的意义
6		当提出一个想法或建议时，为了证明该想法或建议不错，我必须能够解答每一个问题才行
7		当一个新想法的某些方面被质疑时，说"不知道"或"不确定"会让我处于被动
8		除非我有清晰的解决方案，要不然我不应该说三道四
9	不能越级建言	当着众人的面在我上司面前指出问题或需要改进的地方，会使领导很难堪
10		忠于我的领导意味着我不应在他/她的上司面前指出问题
11		当着其他领导的面提出改进建议，会让大家以为是我的领导无能
12		如果不能确定我的领导是否回答得上来，我就不应该在他的上司面前提出这些问题
13	不要在公众场合让领导难堪	在他人面前指出领导的问题或低效率可能会让他难堪
14		没有提前告知我的领导就在团队里提出建议，会让他感到难堪
15		在公开发表言论之前，我应该先私下和我的领导沟通
16		在一群人面前，给我的领导准备时间去讨论一个问题或一项建议是很重要的
17	建言会导致负面职业后果	在当今世界，如果我想有进步的机会，我必须在对掌权者提出改进意见方面非常小心
18		保持沉默比说出改善建议更可能在组织中获得嘉奖
19		指出问题、错误或低效率很可能使我的工作评价降低
20		工作中说出可行的改进建议，会导致那些把我的言论当作威胁的上级对我实施报复

资料来源：Detert，J R，Edmondson，A C. Implicit Voice Theories：Taken-for-granted Rules of Self-censorship at Work ［J］. Academy of Management Journal，2011，54（3）：461-488.

表3　建言行为量表

序号	维度	题项
1	促进性建言	我会主动为影响组织发展的问题提出建议
2		我会主动建议对组织有益的新项目
3		我会提出改善本组织工作程序的建议
4		我会主动提出建设性建议，帮助部门实现目标
5		我会主动提出建设性建议，以改善组织运行

序号	维度	题项
6		我会建议其他同事不要有妨碍工作表现的不良行为
7		我会诚实地说出可能给组织造成严重损失的问题
8	抑制性建言	我敢于就可能影响工作效率的事情发表意见，即使这会让其他人难堪
9		我敢于指出问题，即使这会妨碍与其他同事的关系
10		我会主动向管理层报告工作场所的协调问题

资料来源：Liang J，Farh C I C，Farh J L. Psychological Antecedents of Promotive and Prohibitive Voice：A Two-wave Examination ［J］. Academy of Management Journal，2012，55（1）：71-92.

表4 人力资源管理强度量表

序号	维度	题项
1		人力资源部开展的工作完全符合我们的需要
2		人力资源部能够为企业带来较高的附加价值
3		在企业里，我能切身感受到人力资源管理措施的重要意义
4		人力资源部门出台的许多措施都没什么用处
5	独特性	我经常怀疑人力资源部门出台的措施是否有用
6		大多数员工不了解人力资源部门的真正职能
7		人力资源部门会定期把他们采取的举措向我们通报
8		人力资源部经常"暗箱操作"
9		在整个企业中，大家都很清楚人力资源部该干什么、不该干什么
10		在我们企业中，人力资源管理人员一般都比较受大家尊敬
11		我们的人力资源部门采取的措施不能激励员工
12		人力资源部门不能积极地改善员工的行为
13		我们企业中，实施的人力资源管理措施理论上听着很好，实际不实用
14		人力资源部门开发的测评程序未能实现预期效用
15	一致性	人力资源管理措施的预期效果与实际效果有很大差异
16		我们的人力资源政策经常变动
17		各种人力资源管理举措释放的"信号"很不一致
18		人力资源部门出台的举措经常前后矛盾，产生严重冲突
19		在我们企业中，人力资源部不会说一套、做一套，所说的和所做的传递的"信号"非常具有一致性

序号	维度	题项
20		在我们企业中，人力资源管理与各业务部门的管理协调一致
21		人力资源部成员能够就管理其他员工的方式达成共识
22		人力资源部门和高管层有共同的愿景
23		我们的管理层一致支持人力资源管理政策的实施
24		在我们企业中，人力资源管理制度是人力资源部和各级业务管理部门共同制定的
25	共识性	我觉得奖金和其他报酬的分配都很公平
26		我认为晋升是公平的
27		如果表现良好，我们会得到应有的赏识与奖励
28		我们的奖惩和绩效严格挂钩
29		人力资源部门制定决策时，经常存在"偏心"的现象
30		某些员工会受到优待，因为他们和人力资源部职员有"关系"
31		我们企业的人力资源部在制定决策时总是使用"双重标准"

资料来源：Delmotte J, De Winne S, Sels L. Toward an Assessment of Perceived HRM System Strength: Scale Development and Validation [J]. The International Journal of Human Resource Management, 2012, 23 (7): 1481-1506.

（3）人力资源管理强度与真实型领导的共建机制

表1　真实型领导量表

序号	维度	题项
1		我的领导能够通过与下属沟通而获得一些建议，从而拉近领导与员工的距离
2	自我意识	我的领导能够明确了解其他人如何看待其能力
3		我的领导能够明确了解何时该再次审视面临的关键问题
4		我的领导深知一些不公正行为能对员工产生什么样的影响
3		我的领导能够很清晰地表达自己的想法
4		我的领导勇于承认错误
5	关系透明	我的领导经常鼓励员工大胆发言
6		我的领导会将一件事的利弊很清楚地告诉我
7		我的领导表里如一，不是"笑面虎"
10		我的领导言行一致，尊崇内心
11	内化道德	我的领导在做出决策时定会尊崇本心
12		我的领导要求我在做事时尊崇本心
13		我的领导无论面临何种情况，都会保持很高的道德操守

序号	维度	题项
14		我的领导热衷于发现与众不同的看法
15	平衡加工	我的领导一般在做出决定之前都会翻阅相关资料
16		我的领导善于倾听员工们的反馈意见，之后才会下定论

资料来源：Walumbwa F O, Avolio B J, Gardner W L, et al. Authentic Leadership: Development and Validation of a Theory-based Measure [J]. Journal of Management, 2008, 34 (1): 89-126.

表2 建言行为量表

序号	维度	题项
1		我会主动为影响组织发展的问题提出建议
2		我会主动建议对组织有益的新项目
3	促进性建言	我会提出改进本组织工作程序的建议
4		我会主动提出建设性建议，帮助部门实现目标
5		我会主动提出建设性建议，以改善组织运行
6		我会建议其他同事不要有妨碍工作表现的不良行为
7		我会诚实地说出可能给组织造成严重损失的问题
8	抑制性建言	我敢于就可能影响工作效率的事情发表意见，即使这会让其他人难堪
9		我敢于指出问题，即使这会妨碍与其他同事的关系
10		我会主动向管理层报告工作场所的协调问题

资料来源：Liang J, Farh C I C, Farh J L. Psychological Antecedents of Promotive and Prohibitive Voice: A Two-wave Examination [J]. Academy of Management Journal, 2012, 55 (1): 71-92.

表3 人力资源管理强度量表

序号	维度	题项
1		人力资源部开展的工作完全符合我们的需要
2		人力资源部能够为企业带来较高的附加价值
3		在企业里，我能切身感受到人力资源管理措施的重要意义
4		人力资源部门出台的许多措施都没什么用处
5		我经常怀疑人力资源部门出台的措施是否有用
6	独特性	大多数员工不了解人力资源部门的真正职能
7		人力资源部门会定期把他们采取的举措向我们通报
8		人力资源部经常"暗箱操作"
9		在整个企业中，大家都很清楚人力资源部该干什么，不该干什么
10		在我们企业中，人力资源管理人员一般都比较受大家尊敬

序号	维度	题项
11	一致性	我们的人力资源部门采取的措施不能激励员工
12		人力资源部门不能积极地改善员工的行为
13		我们企业中，实施的人力资源管理措施理论上听着很好，实际不实用
14		人力资源部门开发的测评程序未能实现预期效用
15		人力资源管理措施的预期效果与实际效果有很大差异
16		我们的人力资源政策经常变动
17		各种人力资源管理举措释放的"信号"很不一致
18		人力资源部门出台的举措经常前后矛盾，产生严重冲突
19		在我们企业中，人力资源部不会说一套、做一套，所说的和所做的传递的"信号"非常具有一致性
20	共识性	在我们企业中，人力资源管理与各业务部门的管理协调一致
21		人力资源部成员能够就管理其他员工的方式达成共识
22		人力资源部门和高管层有共同的愿景
23		我们的管理层一致支持人力资源管理政策的实施
24		在我们企业中，人力资源管理制度是人力资源部和各级业务管理部门共同制定的
25		我觉得奖金和其他报酬的分配都很公平
26		我认为晋升是公平的
27		如果表现良好，我们会得到应有的赏识与奖励
28		我们的奖惩和绩效严格挂钩
29		人力资源部门制定决策时，经常存在"偏心"的现象
30		某些员工会受到优待，因为他们和人力资源部职员有"关系"
31		我们企业的人力资源部在制定决策时总是使用"双重标准"

资料来源：Delmotte J，De Winne S，Sels L. Toward an Assessment of Perceived HRM System Strength：Scale Development and Validation［J］. The International Journal of Human Resource Management，2012，23（7）：1481-1506.

表4　组织政治知觉量表

序号	维度	题项
1	一般政治行为知觉	我所在的组织内，会有员工打压别人，只为了自己能够晋升
2		我所在的组织，存在一个其他员工都望而生畏的小团体

续表

序号	维度	题项
3	保持沉默 静待好处 知觉	我所在的组织不鼓励员工发声，因为这些言论会冒犯权威
4		我所在的组织内存在员工随大流的行为
5		我们组织内的员工最好与权力大的人站在同一队
6		我所在的组织内，员工不要太多事，不然会有很多麻烦
7		我所在的组织内，员工不发言为上策，发言反而不好
8		我所在的组织内不太需要"忠言逆耳"，更需要"拍马屁"讨好
9		我所在的组织内，多考虑其他人的言语比自己拿定主意要强得多
10	薪酬与晋升 知觉	我所在的组织内，即使员工晋升，也都会隐忍不炫耀，否则会招致不幸
11		我所在的组织内，员工的薪酬与晋升政策没有起到实质性的作用
12		我所在的组织内，并不是说员工符合了规章制度就一定能得到晋升
13		我所在的组织内，员工的薪酬与晋升政策实行起来并不令人满意
14		我所在的组织内，员工的薪酬与晋升政策在实际上不太起作用
15		我所在的组织内，员工的相关政策不够公平

资料来源：Kacmar K M，Carlson D S. Further Validation of the Perceptions of Politics Scale：A Multiple Sample Investigation ［J］. Journal of Management，1997，23（5）：627-658.

2. 行为塑造篇

（1）人力资源管理强度对员工主动性行为的激发机制

表1　人力资源管理强度量表

序号	题项
1	我知道企业的人力资源管理目标和实践
2	我理解企业的人力资源管理目标和实践
3	我接受企业的人力资源管理目标和实践
4	我的直接主管和人力资源部门在进行人力资源管理工作时遵循同样的原则与指导方针
5	我能够感受到所在企业的一系列人力资源管理政策带来的积极影响
6	我们企业的人力资源管理人员之间能够实现协调一致
7	我们企业十分重视对人力资源管理工作的投资

资料来源：Hauff S，Alewell D，Hansen N K. HRM System Strength and HRM Target Achievement—Toward a Broader Understanding of HRM Processes ［J］. Human Resource Management，2017，56（5）：715-729.

表 2　主动性行为量表

序号	题项
1	我会去改善小组或部门的工作程序
2	我会为公司提出新的、更有效的工作方法
3	我会为改进组织内部的运作流程提出建设性意见
4	我会去纠正错误的程序或做法
5	我会对团队面临的紧迫问题提出解决方法
6	我会引入新的结构、技术或方法提高效率

资料来源：Fuller J J B, Marler L E, Hester K. Bridge Building within the Province of Proactivity [J]. Journal of Organizational Behavior, 2012, 33 (8)：1053–1070.

表 3　内部动机量表

序号	题项
1	我喜欢解决对我来说完全陌生的问题
2	我喜欢尝试解决复杂的问题
3	问题越难，我就越喜欢尝试解决它
4	我希望我的工作能为我提供增加知识和技能的机会
5	好奇心是我做很多事情的驱动力
6	我想知道我的工作到底有多出色
7	我更喜欢自己解决问题
8	对我来说，最重要的是享受我的工作
9	对我来说，有自我表达的机会很重要
10	无论项目的结果如何，如果我觉得自己获得了新的经验，我都会感到满意
11	当我能设定自己的目标时，我会更自在
12	我喜欢沉浸于工作，以至于忘了其他一切
13	对我来说，能做我喜欢做的事是很重要的
14	我更喜欢做我能做得好的工作而不是那些需要考察能力的工作
15	我喜欢相对简单、直接的任务

资料来源：Amabile T M, Hill K G, Hennessey B A, et al. The Work Preference Inventory：Assessing Intrinsic and Extrinsic Motivational Orientations [J]. Journal of Personality and Social Psychology, 1994, 66 (5)：950.

表 4　工作压力量表

序号	题项
1	因为工作，我感到很大压力
2	我的工作压力很大
3	工作中很少有没有压力的事情

资料来源：Motowidlo S J, Packard J S, Manning M R. Occupational Stress：Its Causes and Consequences for Job Performance [J]. Journal of Applied Psychology, 1986, 71 (4)：618.

（2）人力资源管理强度对员工反生产行为的抑制机制

表1　人力资源管理强度量表

序号	题项
1	我知道企业的人力资源管理目标和实践
2	我理解企业的人力资源管理目标和实践
3	我接受企业的人力资源管理目标和实践
4	我的直接主管和人力资源部门在进行人力资源管理工作时遵循同样的原则与指导方针
5	我能够感受到所在企业的一系列人力资源政策带来的积极影响
6	我们企业的人力资源管理人员之间能够实现协调一致
7	我们企业十分重视对人力资源管理工作的投资

资料来源：Hauff S，Alewell D，Hansen N K. HRM System Strength and HRM Target Achievement—Toward a Broader Understanding of HRM Processes［J］. Human Resource Management，2017，56（5）：715-729.

表2　组织政治知觉量表

序号	维度	题项
1	一般政治行为知觉	我所在的组织内，会有员工打压别人，只为了自己能够晋升
2		我所在的组织，存在一个其他员工都望而生畏的小团体
3	保持沉默静待好处知觉	我所在的组织不鼓励员工发声，因为这些言论会冒犯权威
4		我所在的组织内存在员工们随大流的行为
5		我们组织内的员工最好与权力大的人站在同一队
6		我所在的组织内，员工不要太多事，不然会有很多麻烦
7		我所在的组织内，员工不发言为上策，发言反而不好
8		我所在的组织内不太需要"忠言逆耳"，更需要"拍马屁"讨好
9		我所在的组织内，多考虑其他人的言语比自己拿定主意要强得多
10	薪酬与晋升知觉	我所在的组织内，即使员工晋升，也都会隐忍不炫耀，否则会招致不幸
11		我所在的组织内，员工的薪酬与晋升政策没有起到实质性的作用
12		我所在的组织内，并不是说员工符合了规章制度就一定能得到晋升
13		我所在的组织内，员工的薪酬与晋升政策实行起来并不令人满意
14		我所在的组织内，员工的薪酬与晋升政策在实际上不太起作用
15		我所在的组织内，员工的相关政策不够公平

资料来源：Kacmar K M，Carlson D S. Further Validation of the Perceptions of Politics Scale：A Multiple Sample Investigation［J］. Journal of Management，1997，23（5）：627-658.

表3 反生产行为量表

序号	维度	题项
1	组织偏差行为	在工作中，我有时会谎报工作时长
2		我有时会偷用公司的一些物品
3		我会在未经允许的情况下把单位的一些日用品或者工具带回家
4		我有时会上班迟到
5		我有时会比规定的时间多休息一会儿
6		我有时会在未经允许的情况下提前下班
7		我有时会故意放慢工作速度
8		工作中，我并不是很努力
9		工作中，我偶尔会走神
10		我有时会为了自己的事放下公司的工作
11		我有时会在工作时间里上网
12		我有时会浪费公司的办公用品和原材料
13		我有时会编造理由请假，如谎称自己生病
14	人际偏差行为	我有时会有意对别人说一些不礼貌的话
15		我有时会对同事/领导表现得很粗鲁
16		工作中，我曾与领导/同事发生争吵
17		我有时会隐瞒我同事/领导需要知道的一些信息
18		工作中，我有时会说同事和领导的一些闲话
19		我有时会掩盖自己犯的错误
20		工作中，我会偏袒某些人
21		我有时会很不情愿回与工作有关的电话
22		我有时会故意不答复与工作有关的电子邮件或者备忘录
23		我有时会拖延一些对他人很重要的工作

资料来源：Yang J, Diefendorff J M. The Relations of Daily Counterproductive Workplace Behavior with Emotions, Situational Antecedents, And Personality Moderators：A Diary Study in Hong Kong ［J］. Personnel Psychology, 2009, 62（2）: 259-295.

表4 集体主义倾向量表

序号	题项
1	我所在组织中的人应该愿意为团队做出牺牲（譬如不时加班、尽力助人等）
2	我所在的组织中的人应该意识到他们有时必须为团队的整体利益做出牺牲
3	我所在的组织中的人应该认识到他们不会总是得到自己想要的

序号	题项
4	应该让人们意识到，要想成为组织的一部分，有时候必须做自己不想做的事情
5	我所在的组织中的人应该尽力互相合作，而不是试图独自解决问题

资料来源：Wagner J A，Moch M K. Individualism-collectivism: Concept and Measure ［J］. Group & Organization Management，1986，11（3）：280-304.

（3）人力资源管理强度对员工知识共享行为的激发机制

表1　人力资源管理强度量表

序号	题项
1	我知道企业的人力资源管理目标和实践
2	我理解企业的人力资源管理目标和实践
3	我接受企业的人力资源管理目标和实践
4	我的直接主管和人力资源部门在进行人力资源管理工作时遵循同样的原则与指导方针
5	我能够感受到所在企业的一系列人力资源政策带来的积极影响
6	我们企业的人力资源管理人员之间能够实现协调一致
7	我们企业十分重视对人力资源管理工作的投资

资料来源：Hauff S，Alewell D，Hansen N K. HRM System Strength and HRM Target Achievement—Toward a Broader Understanding of HRM Processes ［J］. Human Resource Management，2017，56（5）：715-729.

表2　自我效能感量表

序号	题项
1	如果我尽力去做的话，我总是能够解决难题
2	即使别人反对我，我仍有办法取得我所要的
3	对我来说，坚持理想和达成目标是轻而易举的
4	我有自信能有效地应付任何突如其来的事情
5	以我的才智，我一定能应付意料之外的情况
6	如果我付出必要的努力，我一定能解决大多数的难题
7	我能冷静地面对困难，因为我很信赖自己处理问题的能力
8	面对一个难题时，我通常能找到几个解决方法
9	有麻烦的时候，我通常能想到一些应付的方法
10	无论在我身上发生什么事情，我都能够应付自如

资料来源：Schwarzer R，Born A，Iwawaki S，et al. The Assessment of Optimistic Self-beliefs: Comparison of the Chinese，Indonesian，Japanese，and Korean Versions of the General Self-efficacy Scale ［J］. Psychologia，1997，40（1）：1-13.

表3 信息素养量表

序号	题项
1	在工作中，我善于快速地识别完成任务所需要的信息
2	在工作中，我能有效地获取完成任务所需要的信息
3	在工作中，我经常准确地分析出信息所包含的意义
4	在工作中，我经常利用所获取的信息实现创新和改进
5	公司经常对我的信息检索技术进行培训（如计算机基础、网络检索等）
6	公司重视对我的知识基础的考核（如业务知识、相关法律知识等）

资料来源：王宗军，蒋振宇. 从知识获取到创新能力：信息素养的调节效应［J］. 科研管理，2020，41（1）：274-284.

表4 知识共享量表

序号	题项
1	在我学习了新知识后，我会让部门的同事也能够学习到它
2	我与我部门的同事共享我所拥有的信息
3	我让我部门的同事共享我所拥有的技能
4	在我学习了新知识后，我会让部门之外的同事也能够学习到它
5	我与我部门之外的同事共享我所拥有的信息
6	我让我部门之外的同事共享我所拥有的技能
7	当我询问我部门的同事他们所知道的信息时，他们会告诉我
8	当我询问我部门的同事他们所拥有的技能时，他们会告诉我
9	当我询问我部门之外的同事他们所知道的信息时，他们会告诉我
10	当我询问我部门之外的同事他们所拥有的技能时，他们会告诉我

资料来源：Hooff B V D，Ridder J A D. Knowledge Sharing in Context：The Influence of Organizational Commitment，Communication Climate and CMC Use on Knowledge Sharing［J］. Journal of Knowledge Management，2004，8（6）：117-130.

3. 效能涌现篇

（1）人力资源管理强度和高承诺组织匹配对员工工作绩效的影响机制

表1 高承诺组织量表

序号	题项
1	我们公司更倾向于内部晋升而不是外部晋升
2	我们公司的招聘程序很严谨
3	我们公司的培训课程和活动较为丰富
4	我们公司不轻易解雇员工

序号	题项
5	我们公司的员工有工作轮换的机会，岗位工作范围广泛
6	业绩考核时，我们公司更强调团队业绩，而不是个人业绩
7	业绩考核时，我们公司更强调行为导向，而不是结果导向
8	业绩考核时，我们公司更强调未来发展，而不是过去目标的实现
9	我们公司有良好的薪酬和附加福利
10	我们公司的股票、期权或利润会与员工分享
11	我们公司强调收入、地位和文化的平等性
12	公司通过员工建议制度、抱怨制度、士气调查等手段让员工提意见
13	我们的公司开放沟通，广泛共享信息
14	我们公司强调不断进取
15	我们公司强调团队工作，而不是个人奋斗

资料来源：Xiao Z X, Tsui A S. When Brokers May Not Work：The Cultural Contingency of Social Capital in Chinese High-tech Firms［J］. Administrative Science Quarterly, 2007, 52（1）：1-31.

表2 人力资源管理强度量表

序号	题项
1	我知道企业的人力资源管理目标和实践
2	我理解企业的人力资源管理目标和实践
3	我接受企业的人力资源管理目标和实践
4	我的直接主管和人力资源部门在进行人力资源管理工作时遵循同样的原则与指导方针
5	我能够感受到所在企业的一系列人力资源政策带来的积极影响
6	我们企业的人力资源管理人员之间能够实现协调一致
7	我们企业十分重视对人力资源管理工作的投资

资料来源：Hauff S, Alewell D, Hansen N K. HRM System Strength and HRM Target Achievement—Toward a Broader Understanding of HRM Processes［J］. Human Resource Management, 2017, 56（5）：715-729.

表3 主动担责行为量表

序号	题项
1	我经常尝试为工作小组或部门改进工作流程
2	我经常尝试采取更有效的工作方法
3	当工作小组或部门遇到问题时，我经常尝试提供解决方案

资料来源：Parker S K, Collins C G. Taking Stock：Integrating and Differentiating Multiple Proactive Behaviors［J］. Journal of Management, 2010, 36（3）：633-662.

表4　工作绩效量表

序号	题项
1	该员工总是完成他/她的工作描述中规定的职责
2	该员工从不回避他/她的分内工作
3	该员工能够满足工作要求
4	该员工能够很好地履行他/她的工作职责
5	该员工经常无法履行他/她的基本职责

资料来源：Janssen O，Van Yperen N W. Employees' Goal Orientations，the Quality of Leader-member Exchange，and the Outcomes of Job Performance and Job Satisfaction ［J］. Academy of Management Journal，2004，47（3）：368-384.

（2）人力资源管理强度对员工创造力的影响机制

表1　人力资源管理强度量表

序号	维度	题项
1	独特性	人力资源部开展的工作完全符合我们的需要
2		人力资源部能够为企业带来较高的附加价值
3		在企业里，我能切身感受到人力资源管理措施的重要意义
4		人力资源部门出台的许多措施都没什么用处
5		我经常怀疑人力资源部门出台的措施是否有用
6		大多数员工不了解人力资源部门的真正职能
7		人力资源部门会定期把他们采取的举措向我们通报
8		人力资源部经常"暗箱操作"
9		在整个企业中，大家都很清楚人力资源部该干什么、不该干什么
10		在我们企业中，人力资源管理人员一般都比较受大家尊敬
11	一致性	我们的人力资源部门采取的措施不能激励员工
12		人力资源部门不能积极地改善员工的行为
13		我们企业中，实施的人力资源管理措施理论上听着很好，实际不实用
14		人力资源部门开发的测评程序未能实现预期效用
15		人力资源管理措施的预期效果与实际效果有很大差异
16		我们的人力资源政策经常变动
17		各种人力资源管理举措释放的"信号"很不一致
18		人力资源部门出台的举措经常前后矛盾，产生严重冲突
19		在我们企业中，人力资源部不会说一套、做一套，所说的和所做的传递的"信号"非常具有一致性

续表

序号	维度	题项
20	共识性	在我们企业中,人力资源管理与各业务部门的管理协调一致
21		人力资源部成员能够就管理其他员工的方式达成共识
22		人力资源部门和高管层有共同的愿景
23		我们的管理层一致支持人力资源管理政策的实施
24		在我们企业中,人力资源管理制度是人力资源部和各级业务管理部门共同制定的
25		我觉得奖金和其他报酬的分配都很公平
26		我认为晋升是公平的
27		如果表现良好,我们会得到应有的赏识与奖励
28		我们的奖惩和绩效严格挂钩
29		人力资源部门制定决策时,经常存在"偏心"的现象
30		某些员工会受到优待,因为他们和人力资源部职员有"关系"
31		我们企业的人力资源部在制定决策时总是使用"双重标准"

资料来源:Delmotte J, De Winne S, Sels L. Toward an Assessment of Perceived HRM System Strength: Scale Development and Validation [J]. International Journal of Human Resource Management, 2012, 23 (7): 1481-1506.

表2 员工主导型社会化策略量表

序号	维度	题项
1	社会学习策略	我会通过观察同事的表现来学习我在公司中该如何表现
2		我经常注意观察老员工是如何与公司相处的
3		我会模仿优秀员工的做法
4	信息寻求策略	通过公司培训程序,我会主动了解公司的员工行为规范
5		通过公司的宗旨和使命,我会主动了解公司的价值观念
6		通过实际工作活动,我会主动体验公司的管理风格
7	行为管理策略	我在工作中根据公司赞许的方式行动,逐步适应公司的要求
8		我与同事建立了良好的关系,与大家保持一致
9		我会调整自己的行为习惯,适应公司要求

资料来源:陈卫旗. 组织与个体的社会化策略对人—组织价值匹配的影响 [J]. 管理世界, 2009 (3): 99-110.

表3 情感承诺量表

序号	题项
1	我将公司的难题视为我自己的难题
2	我没有感到和公司有情感上的依恋关系
3	这个公司对我而言有着很多的个人意义

续表

序号	题项
4	如果可以重新选择，我仍旧选择这家公司
5	我向我的朋友称赞这是一家很好的公司
6	我喜欢这家公司

资料来源：吕福新，顾姗姗. 心理所有权与组织公民行为的相关性分析——基于本土企业的视角和浙江企业的实证［J］. 管理世界，2007（5）：94-103.

表4 创造力量表

序号	题项
1	该员工会提出实现目标的新方法
2	该员工会想出既新颖又实用的创意来提高绩效
3	该员工会寻找新技术、流程、技巧或产品理念
4	该员工会提出改进产品或服务质量的创意
5	该员工经常能想出好主意
6	该员工不怕冒险
7	该员工与别人分享创意
8	该员工一有机会就能表现出他在工作上的创造性
9	该员工善于为新创意的实施制定计划方案
10	该员工经常会产生新的、创新性的想法
11	该员工会提出有创造性的解决问题的方案
12	该员工在处理问题时总是有新的办法
13	该员工会提出完成工作任务的新方法

资料来源：Zhou J, George J M. When Job Dissatisfaction Leads to Creativity：Encouraging the Expression of Voice［J］. Academy of Management Journal，2001，44（4）：682-696.

（3）人力资源管理强度对公司创业的影响机制

表1 市场导向量表

序号	维度	题项
1	竞争对手导向	我们的销售人员定期分享竞争对手的战略信息
2		高层管理人员定期讨论竞争对手的优势和策略
3	客户导向	我们的业务目标主要是由客户满意度驱动的
4		我们的策略是由我们如何为客户创造更大价值的信念驱动的
5		我们定期、系统地测量客户满意度
6	跨职能协调	我们所有的业务职能都是为了满足目标市场的需求而整合的
7		我们所有的业务职能都对彼此的需求和要求做出回应

资料来源：Hult G T M，Ketchen D J，Slater S F. Market Orientation and Performance：An Integration of Disparate Approaches［J］. Strategic Management Journal，2005，26（12）：1173-1181.

表 2 公司创业量表

序号	维度	题项
1	创新	在过去的三年里，我们公司在研发上投入了远高于行业平均水平的资金
2		在过去的三年里，我们公司拥有世界级的研发设施
3		在过去的三年里，我们公司向市场推出了大量的新产品
4		在过去的三年里，我们公司获得的专利比主要竞争对手多得多
5		在过去的三年里，我们公司在行业内率先进行突破性创新
6	冒险	在过去的三年里，我们公司进入了许多新的行业
7		在过去的三年里，我们公司大大拓展了国际业务
8		在过去的三年里，我们公司收购了许多不同行业的公司
9		在过去的三年里，我们公司成立或赞助了几个新的企业
10		在过去的三年里，我们公司专注于提高当前的业绩，而不是进入新的行业
11	战略更新	在过去的三年里，我们公司剥离了几个无利润的业务部门
12		在过去的三年里，我们公司改变了每一个业务部门的竞争战略
13		在过去的三年里，我们公司启动了多项计划来提高业务部门的生产力
14		在过去的三年里，我们公司重组业务，以确保各业务单位之间加强协调和沟通

资料来源：Zahra S A. Governance, Ownership, and Corporate Entrepreneurship: The Moderating Impact of Industry Technological Opportunities [J]. Academy of Management Journal, 1996, 39 (6): 1713-1735.

表 3 人力资源管理强度量表

序号	维度	题项
1	独特性	人力资源部开展的工作完全符合我们的需要
2		人力资源部能够为企业带来较高的附加价值
3		在企业里，我能切身感受到人力资源管理措施的重要意义
4		人力资源部门出台的许多措施都没什么用处
5		我经常怀疑人力资源部门出台的措施是否有用
6		大多数员工不了解人力资源部门的真正职能
7		人力资源部门会定期把他们采取的举措向我们通报
8		人力资源部经常"暗箱操作"
9		在整个企业中，大家都很清楚人力资源部该干什么、不该干什么
10		在我们企业中，人力资源管理人员一般都比较受大家尊敬

序号	维度	题项
11		我们的人力资源部门采取的措施不能激励员工
12		人力资源部门不能积极地改善员工的行为
13		我们企业中，实施的人力资源管理措施理论上听着很好，实际不实用
14		人力资源部门开发的测评程序未能实现预期效用
15	一致性	人力资源管理措施的预期效果与实际效果有很大差异
16		我们的人力资源政策经常变动
17		各种人力资源管理举措释放的"信号"很不一致
18		人力资源部门出台的举措经常前后矛盾，产生严重冲突
19		在我们企业中，人力资源部不会说一套、做一套，所说的和所做的传递的"信号"非常具有一致性
20		在我们企业中，人力资源管理与各业务部门的管理协调一致
21		人力资源部成员能够就管理其他员工的方式达成共识
22		人力资源部门和高管层有共同的愿景
23		我们的管理层一致支持人力资源管理政策的实施
24		在我们企业中，人力资源管理制度是人力资源部和各级业务管理部门共同制定的
25	共识性	我觉得奖金和其他报酬的分配都很公平
26		我认为晋升是公平的
27		如果表现良好，我们会得到应有的赏识与奖励
28		我们的奖惩和绩效严格挂钩
29		人力资源部门制定决策时，经常存在"偏心"的现象
30		某些员工会受到优待，因为他们和人力资源部职员有"关系"
31		我们企业的人力资源部在制定决策时总是使用"双重标准"

资料来源：Delmotte J，De Winne S，Sels L. Toward an Assessment of Perceived HRM System Strength：Scale Development and Validation［J］. International Journal of Human Resource Management，2012，23（7）：1481-1506.

表4　等级文化量表

序号	题项
1	我们公司很程序化、正式、结构严谨
2	我们公司的凝聚力依赖于正式的程序和政策

序号	题项
3	我们公司强调绩效和稳定
4	公司领导被认为是协调人和组织者

资料来源: Quinn R, Spreitzer G. The Psychometric of the Competing Values Culture Instrument and An Analysis of the Impact of Organizational Culture on Quality of Life [M]. In Woodman, R. W. & Pasmore, W. A. (Eds.). Research in Organizational Change and Development, Greenwich: JAI Press, 1991, 5: 115–142.

表5　竞争强度量表

序号	题项
1	在我们这一行,竞争者提供的任何东西,其他人马上就能复制
2	价格竞争是我们这一行的标志
3	在我们这一行,每天都能听到新的竞争行动

资料来源: Jaworski B J, Kohli A K. Market Orientation: Antecedents and Consequences [J]. Journal of Marketing, 1993, 57 (3): 53–71.

后记

近年来，众多管理学者在探索、在追问、在反思：如何"研究中国问题，讲好中国故事"。对中国情境的关注是繁荣哲学社会科学的迫切要求，也是管理学者坚定四个自信、实现历史使命的迫切需要。基于此，本书的作者团队持续关注中国的管理实践，从过程观的视角探索中国情境下的人力资源管理问题，经反复讨论与多次修改，本书最终顺利完成。此刻，心潮澎湃，思绪万千！

2013 年，我的两位合作者（山东大学的唐贵瑶教授和香港浸会大学的魏立群教授）和我在《外国经济与管理》上发表了国内第一篇人力资源管理强度领域的系统性综述文章，揭开了我对该领域研究的浓厚兴趣。2016 年，我作为负责人申报的国家自然科学基金面上项目"中国情境下人力资源管理强度研究：结构、影响因素及动态形成机制"（项目编号：71672031）正式获批，进一步坚定了我在该领域进行持续探索的信心，对于我个人的职业发展具有继往开来的里程碑意义。立项之初，我和作者团队以及课题组成员就在思考，如何在既往关注"发掘优异的人力资源管理模式"的基础上，进一步着眼人力资源管理过程，全方位探索"人力资源管理强度"这一核心概念。我们讨论认为，不仅要在人力资源管理的内容上下功夫，更要关注员工对人力资源管理政策的感知与解读，让员工能够对其有清晰的认知、不断地进行解释，并最终形成共享。六年来，作者团队笔耕不辍，探索了中国情境下人力资源管理强度的内涵该如何解读，又该如何表征与测度；解构了授权型领导、家长式领导、真实型领导等领导行为如何与人力资源管理强度相互作用并进一步影响员工的工作结果；厘清了人力资源管理强度如何激发员工的主动性行为、知识共享行为和抑制员工的反生产行为；挖掘了人力资源管理强度对员工工作绩效、创造力和公司创业的影响机制。本书的完成是管理学界在探索人力资源管理强度领域迈出的一小步，却是作者团队从过程观视角进行人力资源管理研究的关键一大步。我们期待，在探索人力资源管理强度的过程中，特别是在中国情境下人力资源管理强度研究的征途中，与更多的学术同行持续发力，不断进步，不断成长！

在同唐贵瑶教授和闫佳祺老师共同撰写本书的过程中，很多人给予了我们帮助！由衷感谢南京大学人文社会科学资深教授、商学院名誉院长、行知书院院长、博士生导师赵曙明教授为本书撰写序言以及在本书撰写过程中给予的无私指导与巨大帮助！由衷感谢教育部长江学者特聘教授、国家杰出青年基金获得者、清华大学陈国权教授，国家杰出青年基金获得者、浙江大学施俊琦教授，亚洲管理学会副主席、*Asia Pacific Journal of Management* 主编、香港浸会大学魏立群教授，海信集团控股股份有限公司总裁贾少谦先生等学界专家与业界人士为本书倾情推荐，并在书稿完成过程中给予了很多富有建设性的宝贵建议！由衷感谢同济大学的罗瑾琏教授和钟竞副教授、山东大学的林伟鹏教授、湖南大学的张龙副教授，我指导的博士研究生焦玉鑫、赵若男，我指导的硕士研究生周舜怡、赵雪冬、范辞涵，我指导的本科生陈宬，他们为部分章节的理论推演、数据收集、数据处理和管理启示提炼做出了重要贡献，促使本书得以高质量地完成！由衷感谢我指导的博士研究生焦玉鑫和硕士研究生李超楠、汤晓娟、乌日罕、金柏宏、周啸，他们在本书的案例采编和书稿校对等方面参与了大量的工作，付出了艰辛的劳动，我为他们在此过程中获得的成长感到欣慰，为他们取得的进步感到骄傲！由衷感谢经济管理出版社的赵亚荣老师，她全程负责本书的编辑工作，为本书的出版提供了很多宝贵的修改意见，让书稿不断完善！

最后，需要说明的是，本书作为国家自然科学基金面上项目（项目编号：71672031）的阶段性成果，对于人力资源管理强度的研究仅仅是一个开始和初步尝试，实为抛砖，意在引玉。不足之处在所难免，敬请学术同行与读者朋友提出宝贵意见！

贾建锋

2022 年 6 月于东北大学文管学馆